CAI XIANG CAI ZI CAI QING

朱昌勤◎著

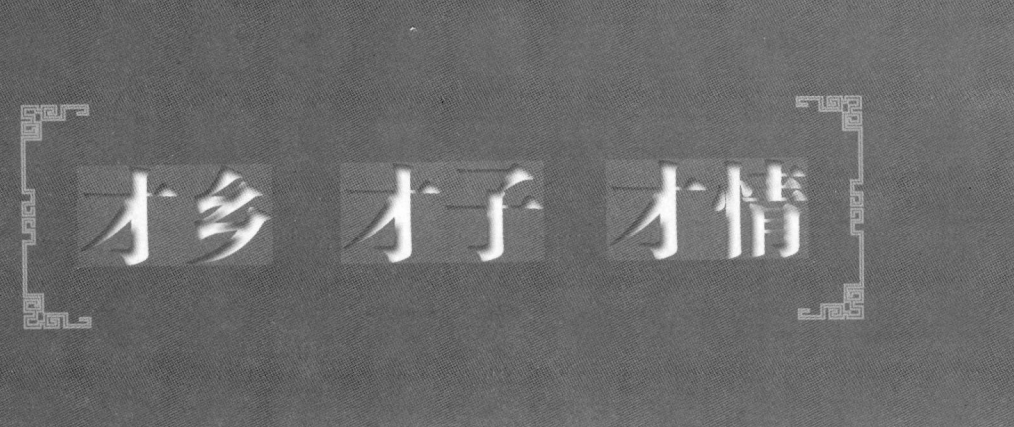

新华出版社

图书在版编目（CIP）数据

才乡 才子 才情 / 朱昌勤著.
——北京：新华出版社，2015.10

ISBN 978-7-5166-2109-7

Ⅰ. ①才… Ⅱ. ①朱… Ⅲ. ①报告文学 – 中国 – 当代
Ⅳ. ①I25

中国版本图书馆CIP数据核字（2015）第257895号

才乡 才子 才情

作　　者： 朱昌勤	
出 版 人： 张百新	**责任印制：** 廖成华
责任编辑： 曾　曦	**封面设计：** 图鸦文化

出版发行： 新华出版社
地　　址： 北京石景山区京原路8号　　**邮　编：** 100040
网　　址： http://www.xinhuapub.com　　http://press.xinhuanet.com
经　　销： 新华书店
购书热线： 010 – 63077122　　　**中国新闻书店购书热线：** 010 – 63072012

照　　排： 图鸦文化
印　　刷： 河北鑫宏源印刷包装有限责任公司

成品尺寸： 170mm×240mm　1/16
印　　张： 19.25　　　　　　　　　　**字　数：** 230千字
版　　次： 2015年11月第一版　　　　**印　次：** 2015年11月第一次印刷
书　　号： ISBN 978-7-5166-2109-7
定　　价： 39.00元

图书如有印装问题请与出版社联系调换：010-63077101

目录 CONTENTS

第一章 序歌 / 1

第二章 东方莎翁的故乡 / 5
　　　　希望皇家剧院上演《牡丹亭》/ 6
　　　　走在东方莎翁的故土上 / 12
　　　　旷世神童 / 18
　　　　十一世纪的改革家 / 25
　　　　千年文化看临川 / 29

第三章 临川才子遍天下 / 39
　　　　一条长长的"星河" / 40
　　　　元勋与将军 / 49
　　　　光照临川之笔 / 60
　　　　在共和国的舞台上 / 68

第四章　临川才子的成因说 / 79
　　临川的"歌德巴赫猜想" / 80
　　不敢有忘是"四苦" / 85
　　一个"痛并快乐着"的转变 / 96
　　长吹不息是"四风" / 100
　　坚持不懈是"四育" / 116
　　用爱之光点亮留守儿童的心 / 127
　　开创"临川教育"的新时代 / 135

第五章　真情回报才子之乡的才子们啊 / 139
　　桑梓情结是炎黄子孙的美德 / 140
　　不忘娘一样不忘故乡 / 143
　　第九个布点就是临川 / 148
　　两代才子的心声 / 156
　　高举智慧与道德的旗帜 / 164
　　在荣誉的史册上 / 170
　　在才子之乡扬才子豪情 / 177

第六章　"临川文化"的春天 / 185
　　给"临川文化"名片抹一重亮色 / 186
　　"戏剧之乡"的戏剧人物 / 192
　　"江南牛王"与书法才子 / 199
　　一个文化局长的文化担当 / 206
　　"临川文化"的春天不会遥远 / 215

第七章　创新型社会的文化功能 / 219
　　从大震惊到大清醒 / 220

科学管理才是创新管理 / 225
积小平安为大和谐 / 231
不可或缺的文化功能 / 240

第八章　一个城区与一座城市 / 245

信心比黄金更宝贵 / 246
大胆的决策 / 250
"三大战役"的主战场 / 255
初战告捷 / 269

第九章　临川新梦 / 275

临川第五梦 / 276
美丽临川 / 280
朝向文明之城的"耐力跑" / 285
和谐临川的畅想曲 / 288
临川为何敢与幸福连在一起 / 291

第十章　尾声 / 297

后记 / 301

第一章
序 歌

时空中的真实故事,
书写着时空中的真实历史;
只有真实的时空故事,
才有真实的历史价值……

临川，对于我们这个世界来说，是一块小小的土地。在共和国的版图上，是一个很不起眼的地方，但在大中华的史书里，却是一个很亮眼的名字。

自古以来，世人似乎对这块乡土，情有独钟，不断地赋予它一个个美好的誉称：文化之乡，才子之乡，教育之乡，秘书之乡，建筑之乡，西瓜之乡……

在历史的时空中，临川拥有一个个金子般亮、号角般响的"临川品牌"：

"临川文化"；

"临川教育"；

"临川才子"。

才子，是临川的"特产"。临川出才子、出能人、出大家，今古同声、世人公认。这里，一代代出才子；这里，一辈辈出能人；这里，一群群出大家。

因此，有民谣曰："人到临川转个身，傻子也会变聪明。"

神话？

神奇？

神秘？

风水先生不明其故。

人才学家不解其理。

基因学家不辨其因。

但临川人自己明白：所有神话、神奇、神秘的故事，都是临川人自己书写而成。

不是神话，而是实话：临川才子苦中来！这里曾经历过家长苦育、孩子苦学、老师苦教、领导苦抓的"四苦"育才的难忘岁月。

不是神奇，而是奇迹：教育新风育新人！这里现在正凭借着"人性化校风""个性化教风""自主性学风"和"理性化民风"的"四风"教育新风，开创"临川教育"的崭新时代。

不是神秘，而是真理：要想育才先育人！这里正秉持着"立志励志教育""道德法纪教育""应用知识教育"和"价值观教育"的教育理念，将努力描绘"临川教育"为国家、为社会培养有用人才的辉煌未来。

"临川文化""临川教育""临川才子"这些响亮的品牌、靠的是什么？谨此，我们可以大胆地结论说：

励志守德、好学精业、家国为重、慈孝传接，就是临川人一代代传承的"临川精神"。正是这种"临川精神"使"文化之邦""才子之乡"闪耀着不同凡响的精神亮度。

临川，有值得骄傲的历史！

临川，有值得自豪的现实！

临川，有值得期待的前景！

当世界都在讲"中国故事"的时候，让我们以真人、真事、真情、真理讲讲"临川故事"吧！

第二章
东方莎翁的故乡

文化的血液在这里流淌，
文化的脉搏在这里跳荡，
这块喷发着文化气息的土地，
便是中国的"文化之邦"……

希望皇家剧院上演《牡丹亭》

2011年6月26日。

英国中部地区。

英伦大地，晴空万里，阳光明媚。一个礼宾车队，疾驰在蓝天白云之下。车窗外的花草林木、楼宇房舍，七彩拉片一般快速闪过。

是日上午，英国时间9时30分，车队忽然停在斯特拉特福镇上。人们的视线中，出现了一个仪态不凡的东方人。

"OK，OK！"

有人认出，这是正在英国进行正式访问的中华人民共和国国务院总理温家宝。他是从伦敦专程来到这个位于英国中部沃里克郡、经过200多公里车程抵达的小镇。这是一个历史悠久、依山傍水、古典精致、美丽优雅、风景迷人的典型的欧洲风情小镇。这个小镇，就是英国文学巨匠莎士比亚的故居所在地，早已成蜚声五洲四海的人文旅游胜地。

车门一开，满眼不同凡响的风采。小镇上的一切，似乎都为纪念莎士比亚这位世界文坛巨匠而静立，包括从一路参观中可以大致看到记录了莎士比亚人生历程的景物。从他出生的故居，到接受洗礼及最后安息的教堂，还有由莎士比亚皇家剧团演绎不息的莎翁的戏剧人生。

小镇是一个英国的也是世界的文化宝库。新华社，人民日报等国内新闻机构详尽地报道了这次温总理在小镇的参观访问过程。

温总理在英国文化高官和文化名流陪同下，踏上了这块文化圣土。清澈舒缓的埃文河，静静地绕城而过。湛蓝的天空下，静谧的小镇仿如一幅迷人的油画，不曾有一丝现代城市的喧哗与浮躁。徜徉于小镇古老而狭窄的街道间，渐向深远，总让每一位游客情难自禁地忘却自我，不知不觉中沉醉、迷失在博大而深邃的历史时空中。在小镇那幽静、和谐与古典的共鸣大美之中，让人真切地感受到，这里处处都散发着独具魅力的文学气息。

这是世界文坛伟人的故里啊！

这是欧洲经典人文的圣地啊！

因此，斯特拉特福小镇，每一年里的每一天，都引无数心怀肃敬的人们，从世界各地接踵而来。此间，一个世界大国的总理，也十分高兴地不远万里而来了。

在我的记忆中，自担任总理以来，温家宝每次出访都是行程紧凑，高密度、快节奏地出席各种外交活动。像这次正式访英期间，安排出专门时间，专程前往世界文学巨匠莎士比亚故乡参观，尚属首次。十分喜爱文学艺术、高度重视中外文化交流的温家宝总理，自青少年时代起，就曾读过莎士比亚的许多作品。莎士比亚故居，是令他心仪已久的地方。

这是一次心怀敬仰的参访。

这是一次神情专注的参访。

在颇有绅士意味的礼仪中，温家宝一行来到了莎翁故居庭院。温家宝总理与专程前来欢迎、陪同他参观的英国文化、奥林匹克、媒体与体育大臣亨特和莎士比亚诞生地基金会荣誉会长韦尔斯教授、主任欧文博士一起，饶有兴趣地欣赏了两位英国女演员精湛表演的《哈姆雷特》经典片段。

一阵掌声过后，温家宝总理情绪高涨，主动与陪同人员交流彼此的观感。

随后，挥笔在留言册上写下：

"给人生带来阳光，给梦想插上翅膀。"

这是对莎士比亚满怀崇敬之情的赞美诗。

接着，温总理向韦尔斯说道："人类的沟通，最重要的是义化的沟通。

在这方面,我们有更多共同语言。在中国,不少莎翁剧作以京剧、话剧等多种形式上演。上海京剧院改编来自《哈姆雷特》的京剧《王子复仇记》,已在德国、法国等国成功演出,并将于今年8月应邀在英国爱丁堡国际艺术节上演出。"

陪同官员们一一点头。

稍许,温家宝总理又微笑着问韦尔斯:"许多中国人熟悉英国的文学作品,不知道英国人对中国的文学作品知道多少?"

温家宝总理友善地抬起头看着韦尔斯。

韦尔斯略加思索,他很显然地意识到,温总理问话的含意。然后认真地说:"现在,越来越多的英国人开始了解中国文化,但还远远不够。西方世界应该更多地了解东方文明。希望有一天,皇家莎士比亚剧院也能上演汤显祖的《牡丹亭》。"

站在一旁的亨特接过韦尔斯的话题,由衷地表示:"温家宝总理对莎士比亚作品的浓厚兴趣和深入的研究,让我们感到一种责任和挑战,就是要更多了解中国的文化。作为文化大臣,我有责任做到这一点。"

韦尔斯与亨特,一位是英国文化名流,一位是英国文化大臣,两人不但都精通并倾心中国文化,而且,他们都不约而同地表达出愿对促进西方更多地了解东方文化与中国文化尽职尽责的愿望。由此,中国文化在现代西方国家乃至世界的深远影响,可窥一斑。

温总理依然微笑着,眼神透着亮光。我敢大胆地推想:其时,温总理对主人的答问颇为欣赏。

尤其值得注意的是,作为莎士比亚诞生地基金会荣誉会长的英国文化名流韦尔斯教授,在莎士比亚的故居与中国国务院总理温家宝的交谈中,特别将汤显祖的《牡丹亭》与莎士比亚的《哈姆雷特》相提并论。就我所知,可以作为东方文化和中国的代表人物和代表作品远不止汤显祖,远不止《牡丹亭》。从这里,足以显见,几百年前的中国杰出的戏剧家、文学家汤显祖与其戏曲作品《牡丹亭》,在现代西方国家乃至世界享有何其崇高的声誉!

千真万确，汤显祖与莎士比亚，是东方、西方文坛当之无愧的两颗巨星。一位是中国明代杰出的戏曲家、文学家，在中国乃至世界文学史上具有举足轻重的地位；一位是英国文艺复兴时期伟大的剧作家、诗人、欧洲文艺复兴时期人文主义文学的集大成者，对西方和世界文学的发展具有深远的影响。他们都是世界文学史上里程碑式的人物。他们的作品都在世界上具有标志性的地位。他们那从灵魂深处传达出的生命之歌，宛如天地的宏音，彰显出人生的真理，成为融合东西方的心灵精髓、超越时空的永恒箴言。近四百年来，他们的文字历久弥新，传遍了全世界，超越了时空，征服了一代又一代的东西方读者。

似乎是历史的庄重安排：汤显祖与莎士比亚，两人均诞生在16世纪，又同卒于1616年。有人感叹："东西方文学巨匠、戏剧伟人同出其时，此一奇也！"人们在惊叹中更是发现，汤显祖与莎士比亚，他们不仅在东西方戏曲文坛同时享有崇高的声誉与地位，而且，他们在剧做主题的选择上也几乎不谋而合，突出表现了爱情至上、嫉恨贪婪及追求和谐的主题。此外，他们的戏曲代表作，均已成为东西方文坛尤其是剧坛永恒的叙事母本，成为后世创作者丰富的创作素材和源泉……对此，人们这样深刻总结道：莎士比亚与汤显祖，他们在相同的时间，不同的国度，造就了自己的伟大与不朽！

我们不妨借此了解一下《牡丹亭》。

《牡丹亭》全名《牡丹亭还魂记》，与《紫钗记》《邯郸记》和《南柯记》合名称《玉茗堂四梦》，也称《临川四梦》。它是一部爱情剧。剧本通过杜丽娘和柳梦梅生死不渝的爱情，歌颂了男女青年在追求自由幸福的爱情生活上所作的不屈不饶的斗争，表达了挣脱封建牢笼、粉碎宋明理学枷锁、追求个性解放、向往理想生活的朦胧愿望。有专家指出，《牡丹亭》的意义在于用形象化的手法，肯定了爱欲的客观性与合理性，否定了"存天理而夷人欲"的偏见，并对不合理的"文明"提出了强烈批判。

《牡丹亭》的爱情描写，具有早它以前一些爱情剧所无法比拟的思想高度和时代特色。作者明确地把这种叛逆爱情当作思想解放、个性解放的一个突破口来表现，不再停留于反对父母之命、媒妁之言这一狭隘含义之内。作者让剧中的青年男女为了爱情，出生入死，除了浓厚浪漫主义色彩之外，更重要的是赋予了爱情能战胜一切、超越生死的巨大力量。戏剧的崭新思想是通过崭新的人物形象来表现的，这是《牡丹亭》最突出的成就之一。它鲜明地塑造了杜丽娘这一人物，为中国文学人物画廊提供了一个光辉的形象。它把浪漫主义手法引入传奇创作，在人物塑造方面注重展示内心世界。语言华艳，意境深远。因此，专家都说，它一问世，便"家传户诵"，"几令《西厢记》减价"。

基于这样永恒的人性价值和高超的艺术水准，《牡丹亭》与《哈姆雷特》一起登上世界最高舞台就毫不足怪了。因此，江西省有位领导干部也是历史学家说："既然汤显祖是东方的莎士比亚，那么莎士比亚不就是西方的汤显祖么？"我以为，可以这么说，甚至应当这么说。西方之彼者，不正是东方之此乎？这可决不是一句趣话，因为此二人相似之处实在太多了。

著名原型批评家弗莱说过，"伟大的诗人在于其伟大的主题，在戏剧中也不例外。"以此观之，就生卒的时间巧合、作品主题的不谋而合、创作成就的杰出与不朽等而言，汤显祖与莎士比亚驰誉东西方文坛，比肩世界文化之林，真的堪称世界文学史上的奇迹。

千百年来，世界文化伟人的故乡，总是令人那般心怀崇敬、魂牵梦绕且充满憧憬与遐想。亦如莎士比亚故乡斯特拉特福小镇游客的络绎不绝，被誉为"东方莎士比亚"的汤显祖的故乡，在人们心中同样是誉满华夏、蜚声海内外的人文圣地。

"东方莎翁"的故乡，在哪里？

在现今秀美江西的抚州市临川区。

临川，一个960万平方公里的土地上与日月同光的文化符号！

这是中国的"斯特拉特福"！

"吾邦山水秀，雄丽冠江右"。从古至今，这里文风昌盛，名儒巨公，彬彬辈出，素以"才子之乡""文化之邦"为世人瞩目。

在读罢温总理到访莎士比亚故乡的消息后，我十分兴奋，很受鼓舞。作为江西本土的文化人，我听说当代英国文化名流，希望有一天英国皇家莎士比亚剧院也能上演汤翁的《牡丹亭》，实在颇为感慨。

《牡丹亭》早当走上世界的舞台！

果然有好消息传来。

2012年12月13日，我在人民日报读到一篇题为《为什么是牡丹亭》的报道。2013年4月1日，我又在文艺报读到了《舞剧牡丹亭何以成功走出去》的消息。前文说的是《牡丹亭》在国内舞台上十分走俏，"在戏曲界俨然已有'唯我独尊'的超然之势"。据权威人士说，400年来，在戏剧舞台上《牡丹亭》至今已有30多个版本。戏曲艺术家张军说，仅他就已演过8个版本了。"一部传统戏，从青春版到厅堂版再到实景园林版"，风靡海内外，演出上千场。后文说的是《牡丹亭》在国外演出的盛况。2012年初，根据汤显祖的同名昆曲名作改编而成的舞剧《牡丹亭》成功登陆美国纽约林肯表演艺术中心大卫·寇克剧院，前线文工团则一举成为首个在此上演完整舞剧的中国表演团体。时隔一年，《牡丹亭》作为中国对外文化交流品牌项目"中华风韵"系列之一，又一次应邀赴澳大利亚、新西兰两个国家的四个主要城市进行巡演并获得热烈反响。当地媒体报道：演出"场场爆满""一票难求"。观众观看后有"梦幻般"的"震撼"。

作为一个作家，我感到有责任更多地了解汤显祖，宣传汤显祖。于是，我曾数十次来到临川，在临川的历史时空中，放牧猎求的心目，展开想象的翅膀……

走在东方莎翁的故土上

远色入江湖，烟波古临川。

汤显祖这句赞叹家乡临川景致的诗句，让每一位未曾涉足临川的人，脑海中早已知晓了临川境内的水秀山灵，风光旖旎。"仁者乐山，智者乐水"。正是因临川的奇山秀水造化成的"地气殊异，山川炳灵"，才赋予了这片土地的神韵与才气。我在这块土地上充分感知到，大量文化遗存和壮美自然风光都有机地结合在一起。

穿行在自然景观和人文景观交相辉映的临川，敬重、激情、憧憬的复合情感，时时涌上我的心头。立于这片土地上沉思与遐想，站在这片天空下感知与寻访。我仿佛是站在历史长河的这端，遥望幽远深邃的大明朝。正是：日月凌空，思接千载；心骛八荒，心驰神往。

"似这般花花草草由人恋；生生死死随人愿；便酸酸楚楚无人怨……"是哪里的天地毓秀，生这群美慧并存的女子？是何处的笙笛弦管，演那些悲喜与共的人生？这轻吟慢哝、于庄重中又不失至真至情的哀婉吟唱，让人如此难抑心底的伤悲，像雨似雾一样散开，泪似江水一泻千里……

"一往而深，生者可以死，死可以生。"这不正是《牡丹亭》中杜丽娘那感慨缠绵、震撼人心的唱词么？

这是歌唱生命的本质啊！

这是感叹人生的本真啊！

这正是享有"东方莎士比亚"美誉、与莎士比亚齐名，在中国乃至世界文学史上都有着重要地位、中国明代杰出戏曲家汤显祖的传世戏曲杰作《牡丹亭》啊！

于是，我才大悟方知，此间正立于的时空，就是"东方莎翁"汤显祖的故乡——当今的江西抚州市临川区。

但此时的临川远非汤翁眼里的临川。是日近晚时分，我于临川城区至高的楼顶举目北望，延伸向远方的葱郁，迤逦铺展在坦荡的大地。夕阳衔山、层林尽染，城乡繁华，一切凝练成一幅精美的现代图画。下得层楼，我如在图画中漫步四顾。在楼房相间的一片空地上，有一座镌刻着"汤家玉茗堂"五个大字的石碑。这里，就是汤显祖的故居：玉茗堂遗址，汤氏的青少年时代，就是在这里度过的。

面对一块孑然而立的石碑，我在内心深处自然地升腾起对汤显祖这位临川文化伟人的缅怀与肃敬。不，他不仅属于临川，也属于中国和世界；他不仅属于明代，而且属于整个历史。

历史沧桑！

晚霞如一匹阔广而明艳的彩绸，横披在临川城东文章桥左侧的汤家山上。山顶的天空，夕阳的光芒被连绵的群山和苍茫的暮色吸收了，只留下残缺的红色半圆，贴在山脊的剪影上。这是汤显祖的家乡，依想：这也曾是汤显祖的夕阳和晚霞。高丘今寂寞，芳苍零落痛余香。时间过去了近四百年，汤显祖走了，汤显祖早已走远了，而夕阳晚霞依旧。

晚霞里，仰视庄肃的汤显祖墓，我无法想象，四百年前的汤显祖，在这座山上和同龄伙伴们相逐嬉戏的时候，是否已深刻地领会了自己的命运？树高千丈，叶落归根。当汤显祖迈着疲惫的步伐，回归在宦游四方却时时魂归梦绕的故乡临川时，是否已意识到，这已不仅是属于他自己灵与身的归乡，而是一位华夏不朽文学巨匠的归乡。在故乡临川，汤显祖舒展开了他生命最为绚丽的人生画卷，同时也为临川文化书写了辉煌厚重的篇章，为华夏戏曲文化树立起了一座永远的丰碑。

据史料所载，汤显祖弃官归乡后，于临川城内购得一处旧舍，辟为新居，号为"玉茗堂"。当中，除其全家居所之外，大部分为"玉茗书院"的区域，包括院门前的毓霭池和芙蓉馆、四梦台、省兰堂、寒光堂等建筑部分。其中，四梦台前部是汤显祖用于戏曲学习的排练场，台后有清远楼，系整座院中的最高建筑。

明末清初，玉茗堂在清兵的一把战火中化为了灰烬。直到清康熙三十二年（公元1693年），汤显祖之弟寅祖的长孙汤秀琦，捐资赎回玉茗堂旧址，重建玉茗祠，以奉祀汤氏兄弟。清同治十二年（公元1873年），一个署名为"西蜀居士"的四川人，自认《牡丹亭》中的杜丽娘为同乡，便在玉茗堂旧址上刻立一座"汤家玉茗堂"的石碑。后来，这一石碑，就成为人们辨别确认玉茗堂位置的唯一标志。

南朝四百八十寺，多少楼台烟雨中。岁月与风雨，最终销蚀了重建的玉茗堂的砖墙和梁柱。然而，却永远无法黯淡汤显祖彪炳文史的光辉和"玉茗堂四梦"的异彩。

多少年来，除传世的不朽杰作外，与汤显祖息息相关的人与物渐渐远去，遗散于遥远的历史时空之中。然而，即使是仅存的那些剥蚀的碑刻和石基，却越发激起我对一代大文豪传奇人生的热切追寻。

亦如我者，大有人在。我国现代著名作家、学者、记者和杰出的爱国人士曹聚仁先生也曾在临川寻觅日久。他所著的《万里行记》一书中，有一篇题为《三访牡丹亭》的游记。曹先生在文中写道："既于抗战初期，到了汤显祖写作《牡丹亭》的玉茗堂"，"住在西大街的一家旅寓中。西大街的一端，接上了若士路，汤氏生前作曲的玉茗堂，遗迹犹存。我徘徊于玉茗堂前，缅怀汤氏生平胜事，无限低徊……"

战火纷飞的年月，曹先生不远千里，于颠沛奔波中辗转来到临川，拜谒汤翁遗迹。在游记的字里行间，曹先生对汤翁的深切缅怀之情、无比敬重之心，跃然纸上，感发人心。后在曹先生所著《中国学术思想史随笔》一书里的《鹅湖之会》一章中，他再次写到玉茗堂："我又翻过了武夷山，沿盱水经金溪往临川。临川为王安石的故乡，这位大政治家，他走的正是经验派的路子。我在临川，在西大街相近的若士路上参访了汤显祖的玉茗堂，那是他写《临川四梦》的所在……"

玉茗堂的遗迹，触动了曹先生和许许多多人士的情感深处。亦如莎翁在故居的点滴留存，都成为了人们内心深处的无限遐想和敬仰。当心怀无限敬仰的人们从四面八方纷至沓来，于西大街、若士路和沙井巷热切寻觅玉茗堂旧影，面对着仅一碑一柱的符号留存，在他们丝毫不失敬重的神情里，分明可见，都有"无限低徊"惆哉怅然的慨叹。

新中国成立以来，为了永远缅怀汤显祖这位临川人文厚土上的文化伟人，永志其对中华文化作出的不朽贡献，1957年，在汤显祖逝世三百四十一周年之际，党和人民政府在经济条件十分困难的情况下，拨出专款，培修了他的墓地，抢救性保护了玉茗堂遗址。同时，汤显祖墓和玉茗堂遗址一起被列入江西省级文物保护单位。随后，为了人们更深入、完整地了解汤显祖及其艺术成就，上世纪八十年代始，临川有关部门建立了汤显祖陈列室。

真正让故居值得保存的，并非故居建筑本身，而是故居主人的一切。为充分展现汤显祖杰出的艺术成就，传承其博大的人文胸襟，崇尚其高洁的品格风骨，1995年10月，在原汤显祖陈列室基础上建设了占地80亩的汤显祖纪念馆，正式落成并对外开放。

我迈着朝圣般的步履，踏入位于临川南郊的汤家山纪念馆，在一幅幅图文的诠释、一件件实物的印证和馆员声情并茂的解说中，第一次如此完整、真切地走进了已经远隔四百年的这位中国文坛巨匠充满传奇色彩的人生历程，由此也真正深深感悟到了汤翁思想的深邃、情操的高洁、胸襟的博大。

临川区云山乡，一个地名与其人间仙境般景致如此般配的地方，这里就是汤显祖祖籍的所在地。亦如我出于一种由衷的敬重，近年来海内外慕汤翁传世之名而专程来临川者中，不少人跋山涉水，探访到此。山峦起伏，秀水环绕，镶嵌在青山绿水间的民居，层次分明，错落有致。远离尘嚣的云山乡，旷幽恬静，民风淳朴，留给每一位造访者难以忘怀的清澈印记。

汤翁祖居何处在？后裔遥指云山脚。我伫立在旷野，久久凝望云遮雾绕的山脉，耳畔恍如突然聆听到那天籁般的精律雅韵，曰："春雨杏红，晓烟杨柳。云雨雪风，晚照对晴空。人间清暑殿，天上广寒宫……"

汤翁的祖上，就是临川域内戏坛名家、曲艺高手。

打开如今珍藏于汤显祖纪念馆内的《文昌汤氏宗谱》，人们惊奇地发现：生息与繁衍于临川这方沃土上的汤氏，汤翁祖一系自其而上的四代，均有文名：

汤显祖高祖、曾祖，以藏书丰盈、读书好文而在当时的临川，赫赫有名。汤显祖祖父汤懋昭，一生博览群书，善为诗文，被临川乃至豫章学界推为"词坛名将"。汤显祖之父汤尚贤为一位品格端方、学识渊博的儒者，家中藏书达四万余卷，是明嘉靖年间著名的老庄学者、养生学家和藏书家。特别值得指出的是，汤尚贤极为重视家族教育，为弘扬儒学，他在临川城唐公庙创建"汤氏家塾"，并聘请江西理学大师罗汝芳为塾师，课教宗族子弟。汤尚贤生子汤显祖、汤儒祖、汤奉祖（汤凤祖）、汤会祖、汤良祖、汤寅祖。子幼时，汤尚贤均视其为掌上明珠，悉心教诲，精心培育。汤显祖的母亲吴氏，出身于临川一个道学世家，在良好的家规教导和家风熏陶下，亦是自幼熟读诗书，成长为一位知书达理、涵养极高的贤惠女性。汤显祖伯父汤尚质，酷爱戏曲，在临川一域内，无论是在戏曲创作上还是在戏曲演艺方面，均颇富戏名曲誉。

此时，我似乎更加参悟到，人们神仪向往此地，不仅是这方美如仙境般的山水、醇厚的民风与乡土，还有汤氏书香门第的浓厚家风。我感知到，满腹经纶的祖辈与父辈们严谨的治学态度，对晚辈在求学进取方面的严格要求，在幼年汤显祖的心灵中打下深刻的烙印。天资聪慧的汤显祖，5岁时进家塾读书，勤奋好学，博览群书，少年时即表现出过人的才学。12岁的汤显祖便能文善诗，13岁时从师学古文诗词，14岁便补了县诸生，21岁高中举人。

现在，馆内既保留了一种原始林木状态，又栽种了许多适合观赏的经济林木。在馆内，春有鸟语花香，夏有树木蔽阴，秋有鱼肥硕果，冬有雪松傲立。在馆内，还将抚州的林木资源集中展示，辟有玉兰园、山茶园、松柏园、桂花园和桃花岛，引种了香榧、银杏、金钱松、红枫等国家珍稀植物，在另一个意义上成为抚州林业的"世博园"。汤显祖纪念馆的主展厅清远楼是一座仿明建筑的两层楼阁,一楼是展厅,通过绘画和实物照片等形式,展示了汤显祖正直的一生及其流传千古的"临川四梦"。二楼则是戏剧舞台四梦台。据说,在这舞台上,经常上演汤翁的"四梦"折子戏,让人们在悠扬的音乐中,领略抚州光辉灿烂的文化艺术。

登楼眺望,城外"英巨"和"灵谷"两峰尽收眼底。这就是让"东方莎翁"汤显祖魂牵梦萦一生的故乡厚土。他生于斯,长于斯,源于斯,殁于斯,至今已近四百年。

时间凝固了。我在汤显祖的故土,仿佛依然看见他还十分生动地活在充满着爱与情的世界……

旷世神童

临川，值得大书特书的，何止一个汤显祖！

在中国古代的人文史上，晏殊这个名字，十分夺目。晏殊之"殊"，门庭殊，身世殊，才志殊。这个旷世神童，俨如旷世"神通"，令一代代有志者、有为者自愧不如，终生不及，永世难忘。

一定的地理区域可以看成是相应地区文化的载体，具有一定特色的地区文化的形式符号。我漫步在晏氏家庙的前边，晏氏古井静静地躺在那里，仿佛诉说着千年的古老岁月。"共同一口蟛"五个烫金大字，在阳光下闪闪发光，铭记着古老的历史。井的历史已不可考证，但作为前人的水源，这口井孕育了晏家人的祖祖辈辈，对晏氏家族的源远流长，可谓是功不可没。修缮过的古井上，刻着一首诗：

山上大树何其多，

子孙心中有几棵。

不是珠玉妙词在，

世人哪知有晏殊。

大凡不同凡响的人物，都有不同凡响的故事。

晏殊出世，民间有着一个神奇的传说。

晏殊的太爷爷延昌公，学识渊博，精通地理。年青时便是远近闻名的风水专家。人到中年时，延昌公产生了"给自己寻一风水宝地，以图子孙繁荣、世代昌盛"的想法。为此，他从家乡出发，开始云游四海，遍历名山大川。在走过千山万水后的一日，延昌公来到了临川郡北抚河边的一个口岸。是时，天色已晚，夜幕降临，远眺波光十色的抚河水面，一边是鱼舟唱晚，一边是翔鸟纷归。由于劳累疲惫，吃罢晚饭，在安歇之所，延昌公很快就酣然入梦。梦中，延昌公得到一首诗，曰作：白鹤池中舞，仙人下象棋，有人遇此地，世代着朝衣。

好神奇的梦！

次日晨起后，延昌公继续赶路。走罢几里许，来到临川一个名为"门家港"的地方。门家港地处抚河中下游，乃当时通豫章（南昌）往临川的水陆交通要地，行人商贾，络绎不绝，繁极一时。

停经此地时，忽然，眼前的一幕图景令延昌公甚为惊讶，只见两只白鹭在文港河的水面上嬉戏蹦跳，不久又看见两个头上扎着丫髻的放牛娃坐在地上下石棋玩耍。这不正是与梦境相应验吗？莫非这里就是我要找的那个归宿地。真是踏破铁鞋无觅处，得来全不费功夫。

晏殊的太爷爷喜出望外，他赶紧拿出随身携带的罗盘左勘察右测量，测来测去，有栋油榨房就是这块风沙宝地的中心点。晏殊的太爷爷再仔细地察看这栋油榨房，更惊奇地发现：油榨房前面有一口水塘，还有两个低洼的蓄水池，水塘、蓄水池正好和文港河相通。油榨房的后面四五里远的丘陵地带，正好有五座山峰与油榨房相对峙。这不正又应验了东晋风水专家郭璞所说的"前有三坳水，后有五峰望，秀水入明塘，后代出卿相"吗？此乃风水宝地，天赐我也。延昌公大喜大悦。

天机不可泄露。后一打听，原来这栋油榨房是文港附近的张罗村张员外的房子。张员外有良田千亩，家财万贯，是当地有名的大富人。他乐善好施，修桥补路，是远近闻名的大好人。他建造这栋油榨房是免费为附近村民提供帮助的。

怎样才能得到这栋油榨房？用钱恐怕是买不到的。就在晏殊的太爷爷十分为难的时候，一个貌若天仙女子向他走了过来。她一见晏殊的太爷爷忽然眼前一亮，不知不觉地停止了脚步，好像他就是自己要挑选的意中郎君。晏殊的太爷爷，正值风华正茂，长得眉清目秀，相貌堂堂正正，举止文质彬彬，真可谓是一表人材。晏殊太爷爷一见凝望他的女子，连忙向那女子走去，见那女子长得身材苗条，柳叶眉，丹凤眼，樱桃小嘴，皮肤白里透红，情窦初开，心里好不喜欢。他俩面面相觑，有如一见如故。说来也巧，这位漂亮的女子原来就是张员外的掌上明珠。这位千金小姐年方十八，在此之前，前来求亲说媒的人不计其数，一个个都被她拒之门外。今天与来人相见，爱慕之心，油然而生，互赠礼物，私定终身。天缘也！

　　如此这般奇遇，好像是老天有意安排的。晏殊的太爷爷不再走了，决定娶张员外的千金小姐为妻，在文港这块风水宝地上结婚生子，安家落户。经得双方大人同意，择定黄道吉日，准备迎娶新娘。结婚那天，张员外的女儿金不要，银不要，哭着不肯出嫁。问其原因，她说，晏殊的太爷爷虽是官宦子弟，但毕竟是个外乡人，上无片瓦，下无寸土。我舍不得离开父母，跟他飘落在外。我只想要那栋油榨房作为嫁妆陪嫁，今后在文港有个安身落脚的地方。心爱的女儿何况要的只是个油榨房，就是要金山银山也会给啊。张员外是个爽快人，毫不犹豫地答应了女儿的要求，并当场立字为据，把那栋油榨房当作嫁妆送给了女儿。

　　就这样，晏珠的太爷爷得到了油榨房，并在附近置田耕种，安居乐业，小两口儿的生活过得既舒心又快乐。

　　时间过得真快。转眼间，一晃三十多年过去了，晏殊的太爷爷已经是垂暮的老人了。在他临终的时候，把大儿子叫到跟前，说："我死了之后，把我葬在我睡的床底下，挖到青石板不要再挖了，一定要看到有'头戴铁帽，鱼上树，马骑人'的人从此经过，才可以下葬。以后这个地方就是我的墓地，这里不要再住了，离这里四五里远的抚河边，有个芦苇洲，那里有沙有河，是个建房定居的好地方，以后就把那个地方叫'沙河'吧。不出三代，我们晏家就会子孙兴旺，荣华富贵，世代着朝衣。"晏殊的太爷爷叮嘱再三，安然闭目仙逝。

在破土挖穴安葬的那天，果然挖掘到了一块青石板，按照嘱咐不再挖了，要等的就是棺木下葬。时间快到午时，怎么还不见"头戴铁帽，鱼上树，马骑人"的人来呢？请来安葬的八仙等了很久已经等得不耐烦了。出于好奇，八仙偷着撬起那块青石板。怪！青石板下面有两条白鳝，白鳝是稀世之物，世间少有。一不小心，一条被锄锹弄伤了，另一条被抓起放入附近的水潭中，这就是后来传说的"白鳝潭"的来历。"白鳝潭"的位置就在现在文港中学学校里面。八仙打开青石板，看到了两条鳝，并且误伤了一条，惊恐万分，吓得连忙把青石板盖好。还差点时间，就要到午时了，如果再这样等下去，恐怕就会错过下葬的时辰。谁知，就在八仙准备下葬的刹那间，恰好，有个买锅的汉子，头上顶着一口铁锅；接着，又见一个卖鱼的小伙子，手撑着挂着干鱼的树丫；紧接着，又有一个木匠师傅，肩上扛着一只木马，由远而近走了过来。就在正午的这个时刻，天上突然雷声巨响，晏殊太爷爷的墓不知不觉填土合上了。

按照嘱咐，晏殊的爷爷从此带着家人迁往文港沙河建房定居。沙河，确实是个好地方，原来是抚河边上天生的一个芦苇洲，形状像一只大洲排，系在抚河岸边，抚河水像一个"之"字绕洲而流。

又过了六十多年，到了公元991年12月21日那天，有只白鹤飞到晏殊家里的屋顶上，怎么也不着声，怎么也不走。就在当天半夜亥时，天上又一雷声巨响，晏殊出生了，那只白鹤也神奇般的不见了。

以上所述，当然只是据载的民间传说，不必多加究竟。

晏殊出生三年多，不会说话，也不会走路。身材虽然瘦小，但眼睛却炯炯有神。整天要家人抱着。这样一来，累坏了一家子人，也愁得一家子人长吁短叹，好不烦心。父母听从了算命先生的话，以为是前世作了孽，今生生了个这样的孩子来讨债。为了消灾免难，晏殊的父亲决定把他抛弃到抚河水边去，是死是活，一切听天由命。于是横着心，忍着痛，背着晏殊往河边走去。走至沙洲上，想停下来歇歇再看看可怜的儿子最后一眼。就在这里，晏殊看到沙洲上有很多鸟的脚印，大声地喊："父亲，父亲，你看，这里有好多"个"字。"个个个,儿子在父亲背上驼,子把父当马,父愿子成龙。"晏殊边喊边从父亲背上跳下来,跑着去数'个'字。父亲看着晏殊突然会走路,并且拔脚就能跑;听着晏殊会说话,并且出口能成章,惊喜万分,拉着晏殊的小手一口气跑回到家里。他连声说:"祖宗有福,祖宗有福。"为此一家人高兴得不亦乐乎。还特地给他取了个大名叫晏殊。希望他长大以后不同凡响,将来能成大器,光宗耀祖。

晏殊是个"神童",自此,方圆几百里传开了。

的确,晏殊天资聪颖,三岁的时候能断文认字,五岁的时候能题诗作对。至今留传着《题所居道傍白塔》诗:"白塔青松古道西,塔高松矮不能齐,时人莫讶青松小,他日松高塔又低。"晏殊七岁的时候,且博览群书,"知学问,能文章",琴棋诗画,样样精通。由于他幼慧早发,诗、赋、论,无所不通。

此间,我久久地站在晏氏家庙前,晏氏家庙的文雅与古朴,使我的心灵深处,依如涌动着一条长河大川。

从小聪明好学,而有"神童"之称的晏殊,引起许多有识之士的关注和关心。景德元年(公元1004年),江南按抚张知白闻知,极力举荐他进京。公元1004年,14岁的晏殊果未让对他有知遇之恩的江南按抚张知白失望,宋真宗召晏殊与他人同试廷中。他神情自若,提笔立成。求贤若渴的真宗甚为惊喜,不拘一格降人才,当即赐晏殊进士出身。第3天复试"赋"时,晏殊看题后奏道:此赋题自己以前曾做过,请求另改他题。闻此,真宗对晏殊之诚实与才华,更为赞赏。于是,亲授其秘书省正事,留秘阁读书深造,以示对才华横溢的临川才子晏殊的格外器重和爱惜。

晏殊学习勤奋,交游持重,深得直使馆陈彭年的器重。三年后,召试中书,任太常寺奉礼郎。从此,晏殊步入政坛,并迅速成为当朝政治权力的核心人物。在从秘书省正字官至知制诰、进礼部侍郎。从步入政坛一开始,晏殊就表现出不凡的政治才华,深得真宗赏识。他学识渊博,办事干练,真宗每遇疑事,常以方寸小纸细书向其咨询。晏殊也将自己的答奏慎密封呈,多获真宗采纳。

逐渐，晏殊被真宗倚为朝中股肱。在朝为官50多年的过程中，晏殊以其卓越的政治才能和彪炳史册的政治成就，留给后世为官当政者仿效的楷模。翻阅史册典籍，其中，有关晏殊奉清俭、性刚简、倡新政、废时弊、兴管学、擢贤才等记载甚多。

乾兴元年（公元1022年），年仅十岁的仁宗继位，刘太后听政。宰相丁谓和枢密使想独揽大权，朝中议论纷纷，束手无策。晏殊提出"垂帘听政"的建议，得到大臣们的支持。天圣五年（公元1027年）前后，晏殊因反对张耆升任枢密使，违反了刘太后的旨意，加之在玉清宫怒以朝笏撞折侍从的门牙，而遭到御史弹劾。天圣五年，晏殊以刑部侍郎贬知宣州，后改知应天府。尽管连遭贬黜，然晏殊的治世心思与有为激情，无丝毫消退。

在贬知宣州、应天府期间，晏殊在勤政为民的同时，十分重视书院的发展，大力扶持应天府书院，力邀范仲淹到书院讲学，培养了大批人才。该书院（又称"睢阳书院"）与白鹿洞、石鼓、岳麓合称宋初四大书院。这是自五代以来，学校屡遭禁废后，由晏殊开创大力发展教育之先河。

庆历三年（公元1043年），在宰相任上时，晏殊又与枢密副使范仲淹一起，倡导州、县立学和改革教学内容，官学设教授。自此，北宋一朝京师至郡县，都设有官学。这就是史上有名的"庆历兴学"。

晏殊大力办学的精神，给临川才子的启示、鼓舞更大。其时，一大批热心教育的临川才子，纷纷仿效晏殊办应天府书院的模式，在家乡办起了书院。李觏首先在南城创办了盱江书院，前来求学的一时就有1000多人。乡村教育家杜子野在宜黄办起了鹿冈书院。随后，曾巩在临川办起了兴鲁书院，亲自制订校规并任教，还聘请欧阳修、王安石等名人来书院教授出徒，因此名声大振。从此，书院教育便在临川各地先后办了起来，出现了一个办学的高潮。这对临川文化的发展起到了很大的促进作用。

这一切，无不说明，晏殊是临川文化史上功勋卓著的奠基人、开拓者。多年身居要位的晏殊，却平易近人。他唯贤是举，范仲淹、孔道辅、王安石等均出自其门下。韩琦、富弼、欧阳修等经他栽培、荐引，都先后得到重用。

韩琦连任仁宗、英宗、神宗三朝宰相。富弼身为晏殊女婿，但晏殊举贤不避亲，晏殊为宰相时，富弼为枢密副使，后官拜宰相。

晏殊病卒于家，仁宗亲临祭奠。谥元献。

我因之叹曰：晏殊不朽矣！临川生光！

十一世纪的改革家

临川熠熠生光的古人,的确多有人在。

而且,他们都是"文化之邦""才子之乡"的奠基性人物。

而且,他们都是"文化之邦""才子之乡"的标志性人物。

北宋王朝和此前的历代王朝一样,在开国近百年之后,虽然仍可称得上是国泰民安,但是内部的各种问题也逐渐暴露出来。宋仁宗时,官僚队伍庞大,行政效率低下,人民生活困苦,辽和西夏威胁着北方和西北边疆。此时,北宋王朝统治者的内心深处,开始产生了内忧外患的深沉忧虑。

这样的历史背景下,一个注定要在浩瀚史册中留下悲壮记述的历史事件——熙宁变法应时而生。这场统治阶层试图拯救时弊、富国强兵的变法运动,虽最终归于失败,但却对北宋历史的发展产生了巨大的影响。而对于临川文化史册而言,更为重要的是,因为"熙宁变法"令一个历史文化名人的名字,使得已光耀彰显的临川文化名人谱,又增添了一颗熠熠生辉的历史文化巨星。

他,就是被世人尊称为王荆公的王安石。

王安石,抚州临川人,字介甫,号半山,谥文,封荆国公,中国历史上杰出的政治家、思想家、学者、诗人、文学家、改革家,唐宋八大家之一。

王安石出生在一个地方小官吏家庭。其父曾为临江军判官,一生在南北各地转调,几任州县官。也正因如此,王安石从小正是在随父宦游南北各地的成长岁月里,增加了社会阅历,开阔了世间眼界,目睹了人民生活的百般艰辛。因之而对宋王朝"积贫""积弱"的局面，有了一定的感性认识，青年时期便立下了"矫世变俗"之志。

庆历二年（1042年）三月，王安石考中进士，授淮南节度判官。之后调任鄞县（今浙江省宁波市鄞州区）。他为人正直，执法严明，为百姓做了不少有益的事。他组织民工修建堤堰，挖陂塘，改善农田水利灌溉，便利交通。在青黄不接时，将官库中的储粮低息贷给农户，解决百姓度荒困难。1058年（嘉祐三年）冬，王安石改任三司度支判官。次年春，他到了京城开封，上万言书。他指出，法度必须改革，以求其能"合于当日之变"。他认为变法的先决条件是培养人才，因此他主张废除科举制度，官吏应从基层（"乡党"）选拔。

史料称：1070年，王安石任同中书门下平章事，位同宰相，在全国范围内推行新法，开始大规模的改革运动。所行新法在财政方面有均输法、青苗法、市易法、免役法、方田均税法、农田水利法；在军事方面有置将法、保甲法、保马法等。同时，改革科举制度，为推行新法培育人才。这些措施在一定程度上限制了大地主和豪商对农民的剥削，促进了农田水利事业的发展，国家财政状况有所改善，军事力量也得到加强。后王安石被列宁称为"中国十一世纪的改革家"。毛泽东也称赞"王安石最可贵之处在于他提出了'人言不足恤'的思想"。变法使朝廷垄断了商品贸易，不仅是大官僚、大地主、还有小商人的利益均遭侵犯，社会原有秩序遭到破坏，因之遭到保守派的激烈反对，特别是曹太后、高太后的顽固阻梗。加上在实施过程中过分求大求快，许多官吏借机敲诈盘剥，使农民的利益受到损害，而上书直谏变法危害的贤良才能大臣均遭王安石罢黜或贬官或流放，导致税吏越发恣意妄为、胆大包天。且此种情况，愈演愈烈，使实际效果与主观设想相差甚远。王安石处于"众疑群谤"之中。宋神宗迫于皇帝贵戚和反对新法大臣的压力，于1074年四月接受王安石辞去相位，再任江宁知府。次年虽又起用为相，但因新法派内部分裂及保守派的挑拨离间，王安石实际上难有作为，至熙宁九年十月再次罢相，出任江南签判，次年隐退江宁，过着闲居生活。

1085年，哲宗即位，年仅十岁，由太皇太后高氏临朝听政，启用反对变法的司马光为相。在苏轼的几番上奏下，废除了大多数为害甚巨的新法。王安石在忧愤和遗恨中于翌年四月去世，葬于江宁半山园。王安石晚年封荆国公，世称王荆公、王文公、临川先生。死后被追封为"太傅"；绍圣年间，赐谥号为"文"，配享神宗的庙庭。徽宗时，又配享文宣王庙。而钦宗时，皇帝下诏停止他文宣王庙配享。高宗采纳赵鼎、吕聪的意见，削去其"舒王"的封号。

但王安石思想不朽。

但王安石文章不朽。

王安石执政之所以能敢作敢为，矢志改革，是受其进步的哲学思想所支配，他把"新故相除"看作是自然界发展变化的规律，从而树立了"天命不足畏，众言不足从，祖宗之法不足用"的大无畏精神。这些进步思想在他的文学作品中也闪烁着夺目的光彩。

"翰林风月三千首,吏部文章二百年。老去自怜心尚在,后来谁与子争先"。在欧阳修的诗作中，竟然将王安石比作自己生平最敬佩的文学家李白和韩愈。其时，在北宋文坛，欧公已是公认的文坛盟主兼前辈，欧公以此身份，对王安石作出这等评价，足见其对王安石文学才华与诗文成就的高度肯定和推崇备至。

为实现自己的政治思想，王安石把文学创作和政治活动密切地联系起来，强调文学的作用首先在于为社会服务。他反对西昆派空泛的靡弱文风，认为"所谓文者，务为有补于世而已矣。所谓辞者，犹器之有刻镂绘画也。诚使巧且华，不必适用；诚使适用，亦不必巧且华。要之以适用为本，以刻镂绘画为之容也。"在文学创作上，王安石有着多方面的成就，《王临川集》《临川集拾遗》等为王安石之存世佳作。

王安石一生存世诗作共 1500 余首，其诗作不仅数量多，且自成一家，特色彰显。专家指出：王安石为文兼取韩非的峭厉、荀子的富丽和杨雄的简古，融会贯通，形成峭刻幽远、雄健刚直、简直自然的独特风格。其散文大都是书、表、记、序等体式的论说文，阐述政治见解与主张，雄健简练、奇崛峭拔，一扫自宋初以来风靡已久的"西昆体"浮华诗文之弊端，可谓开一代诗文新风，对后世文坛的影响巨大而深远。黄庭坚、杨万里等诗文大家，多受其影响。特别值得一提的是，其词作数量虽不多，但艺术性极高，且与范（仲淹）词一起开创了豪放词风的先声，对后人影响巨大。

在古时临川才子群中，王安石有其独特的地位。

千年文化看临川

上述的几位古时的临川文化巨星的故事,使我的临川文化情结,倍加深厚,甚至于连发奇想。

有人说,在中国,2000年帝王史看西安,1000年建筑史看北京,100年经济史看上海。我说,千年文化史看临川。我信口开河?我随意胡说?我没有这么狂妄。我没有这个胆量。作为举世公认的中国才子之乡和文化之邦,临川的文化底蕴,临川的文化现象,临川的文化价值,不容忽视,的的确确不同凡响,令人惊叹,令人惊奇,令人惊喜。我之所以不惜笔墨地传袭汤显祖、晏殊和王安石等几个临川人文巨星的史料,其目的就是想借以佐证我千年文化看临川的动议。其实,我萌发这个意想的依据,还缘于许许多多的临川文化流源和文化现象。

每一个诞生文明、繁衍文化的地方,无论历经多少绵长的岁月更迭,无论历经多少世事的沧桑演变,在其人与物的身上,总会打上这个地方漫长的人文积淀的深厚烙印。而这些深厚的烙印,又总是以或隐或显的文化元素与文化标识,存在于人与物中间。这些或隐或显的文化元素与文化标识,就犹如一个地域文化沧海里的一颗颗闪亮的珍贝,拾起并解读这些珍贝,是我们认识和诠释一个地域的文化历史的必由之路、必定之举。

长江中下游平原,地势平坦,土地肥沃,是江南较早被开发的地区之一,也是早熟而发达的农耕经济地区。临川就属这个地区。我此间走在临川的土地上,清清溪水在脚下潺潺流过,犹如一缕丝巾在不停地拭擦着大地上的尘埃。阳光下,厚重的黄土地上,展示着浩浩绿海。我站在这块土地上,仿佛也有"思接千载""视通万里"的感慨。

江西临川,不仅是华夏文化版图中蜚声海内外的文化乡邦与才学圣土,而且,千百年来,其文化之光从星火闪烁直至璀璨夺目,最终跃升为中华文化光耀世界的文化精华的一个组成部分。从一域文脉的传承、凝积,到生生不息、横纵传播和多元衍伸的临川文化,终成光辉璀璨的华夏文化历史星空里最耀目的星座之一。

"临川文化,华夏奇葩。"1992年11月,在北京人民大会堂隆重召开的《弘扬中国临川文化暨兴建汤显祖文化艺术中心》新闻发布会上,时任文化部常务副部长高占祥欣然题写了这引人注目的八个大字。与会的中国炎黄文化研究会学者代表们,也庄重而激情地坦言:"临川文化,的确是华夏文化中的一朵奇葩"。

好一朵华夏文化奇葩!

作为江西人的我为之骄傲、为之自豪。

九州华夏,文化之参天巨树根深叶茂,其内涵丰繁厚重、博大精深。而那被誉为华夏文化奇葩的地域文化,是那般的令人梦绕魂牵,在人们的内心深处生发出醇香悠远的巨大魅力,引发人们对其文化源头的热切追寻,激起人们对其文脉的纵览探究,更有对其博大精深文化内涵的深情领略。

文学艺术思维中特有的"思接千载""视通万里"的特点,使文艺作品中所呈现的时空有别于现实生活中的时空,还得说到汤显祖。在汤显祖以"临川四梦"为代表的戏曲中,所呈现出的,不仅是不同于作为物质存在形式的"实有时空",而且也与我国一般戏曲所采用的"虚拟时空"多有不同。在汤显祖以傲然卓立之才华、用毕生心血创造的戏曲文学殿堂里,人们深切体悟到作者对世俗的激越愤慨,对人生的凝想沉思,对理想的热切追求。这一成就,不仅成为了日后临川戏剧欣荣繁盛的直接发端,而且为后来的中国戏剧创造提供了优秀的范本。

汤显祖以他的《牡丹亭》等剧作，成为中国文学史上和关汉卿、王实甫齐名的戏曲家。他以自己的浪漫主义文学艺术珍品，代表了明代戏曲创作艺术成就的最高巅峰。同时，汤显祖还成为了后世很多大师级人物心目中的知己，他们很多的灵感均发自于对汤显祖的自我解读，并生发出了许许多多优秀的作品。由此而去，400多年来，汤显祖戏曲作品的巨大感召力所形成的强大影响力和张扬力，从16世纪一直延展到二十世纪，并直奔21世纪。临川的前贤者们，用宽广的胸襟与睿智的思想，为在历史时空中前行的临川文化，一回回开启一道道尘封的大门。绚丽的文化之光从这一道道的大门投入而来。于是，临川文化在前行时空的光明大道上，才得以渐行渐远、渐深渐大。

战争频繁的五代，北方王、李、吴、曾、晏、陈等世家大族，相继避难南来，卜居临川。临川人口逐渐增多，生产迅速发展，商业、手工业日趋繁荣。

在华夏文化生生不息的传承与繁盛进程里，由唐及宋、自宋而明、随着中国政治、文化中心的渐次南移，江南经济文化的逐步繁盛，一个有着鲜明地域特征的文化昌盛期，卓尔不群、魅力独具。这个文化昌盛期，生成于秦汉，兴盛于两宋，延绵于明清，影响于当今。

唐宋两代，在这一历史文化昌盛期里，一大批卓越的政治家、诗人、词人、古文家、哲学家、戏剧家、地理学家、医学家、历史学家相继涌现，他们的思想与文化创造成就，对后来中华民族文化投射的深远影响，就是永载史册、永不暗淡的"临川之笔"的光照。

如此多天才般的文哲大家，在数百年间先后诞生在中华大地上的同一个地域，列织成群星荟萃、光辉夺目的地域文化历史星空。无论是细读卷帙浩繁的《中国文化史》，还是遍览各地的文化史志，此一文化历史现象，堪称前无始兮后无终。

呈现这些文化历史现象的地理区域，就是自唐代始江南西道的江西省抚州临川区。

纵观历史，古临川治属相当于现在抚州市的绝大部分，并囊括了庐陵、豫章、瓯闽部分。东连吴越，西接潇湘，南控闽粤，北襟江湖，横跨吴、越、楚三地。为古代通往闽粤沿海地区的要冲。这里，地气殊异，山川炳灵，林奇谷秀，且土地肥沃，气候温和。江山形胜而人稠勤富，交通便利而商贾常行。

"文章之美，江左莫逮"。众所周知，这是《宋书》本传对中国山水诗的开创者东晋诗人谢灵运的评价。然而，初唐四杰之一的王勃在放颂《滕王阁序》、赞誉谢灵运时，却运句曰："邺水朱华，光照临川之笔。"谢灵运曾任临川内史，王勃以"临川"代称谢灵运，绝非简单地以其官职代称其人名，其真正的深意，是要将谢灵运之诗才与临川文化之影响与地位，统摄于"临川"一词之中，并提同彰。

由此可见，自东晋时代，临川故郡就已是享誉九州的文化厚土，若非如此，怎能令初唐诗坛之俊才王勃为之折服？当时的故郡临川，何以文名九州？其文名何来？

翻开厚重的《临川县志》，沿着历史潮涌而来的方向，我们一直追溯到由西晋皇室后裔司马睿在南方建立起来的统治形式特殊的东晋王朝。然而，在中国历史上，东晋一朝却出现了政治、经济与文化极不协调的发展。政治上萎靡并日渐迟暮的东晋王朝，在经济发展上却日渐荣盛。尤其让人惊叹的是，当中国文化自曹魏开始以铿锵行进的步伐迈入到东晋一朝并延续到南北朝，留下了一条辉映星河的发展轨迹，成就了一个光照千秋的发展高峰。

文化之光在门阀大族致力于南方的庄园普照。北方大族及大量汉族人口迁行江南，使得江南的名士与渡江的中原人士有了更多的交流机会，促进了社会文化的发展。中国的文学发展一直处于大步前进的时期，其中以东晋年间的文人最著名。东晋出现了山水诗人谢灵运、田园诗人陶渊明等人，他们对旧体诗作出改革，为后来隋、唐的诗文盛世创造了前提条件。在社会生产上，北方的手工业技术与南方的技术相互融合，使东晋的手工业水平比西晋有了大幅度的提高。南下的北方农民和土著农民辛勤劳动，开辟南方广大的山泽荒野，促进了江南的开发，促进了长江流域的经济发展。

"南州实炎德，桂树陵寒山。铜陵映碧涧，石磴泻红泉……恒充俄顷用，岂为古今然？"这首题为《入华子冈是麻源第三谷》的诗作，是谢灵运在任临川内史时所创作的诗歌代表作,也是目前发现的最早描写临川山水风光的诗篇,在临川文学史上占有重要位置。

荆楚、吴越文化并汇于此,中原、闽粤文化滋润其中。秀美的风光,发达的农业,悠久的历史,丰厚的文化积淀,优越的地理位置,孕育出灿烂的"临川文化"。魏晋以来,临川古郡,抚河两岸,初现才人聚出,文事昌盛,素有"才子之乡,文化之邦"的誉称。如今,我徜徉在这片被灿烂文化浸润了千年的厚重大地上,心间盈满神圣、庄重和深思。我以虔诚的仰望,将凝视的目光投向临川文化璀璨的历史星空。我期冀,聆听到从亘古而来的文化歌吟。

一千多年前,当王勃来到豫章故郡、游历临川,登临滕王阁遥对天宇作《滕王阁序》时,为何竟以那般的豪情与胆略,将"临川之笔"写入那篇注定要传诵千古的《滕王阁序》。因此,有人说,王勃不仅是初唐诗坛杰出的俊才,他还是一位能预知未来文化的先知。不知是文化前行的历史应了王勃的预言,还是受了这位天才般少年才子对临川文化深深折服的感召,在由唐及宋再由元至明的四朝,"临川之笔"在临川这一隅里,书就了中华文化史上光辉永照的篇章,甚至有文史学家说,书就了中华文化史上的半壁江山!

耐人寻思、值得注重的"半壁江山"啊!

东晋文化,不愧为中华文化历史长河里的一片夺目的浪花。在卷帙浩繁的中国文史典籍中,晋代无论是诗文书画还是玄道学理,均有显著的记述篇章。而在这些篇章里,总是闪现着临川文化的璀璨光芒。

"王修龄(即王胡之)问王长史(即王濛):'我家临川,何如卿家宛陵?'长史未答,修龄曰:临川誉贵……"闲阅《新说新语·品藻》,并无刻意地找寻,又是顿时惊叹——"临川"二字又入文典!查询多种权威史料方知,此处"我家临川"即"书圣"王羲之。因其二十七岁左右做过短暂的临川内史,故有"王临川"之称。

站在今天的抚州文昌桥头,在不息的车流与人流之中,我静静伫立。"书圣"王羲之在任临川内史时,因见此处地势高,临近抚河,视野开阔,纵览风云,便在此地建造房宅,名曰"新城"。于新城内,"书圣"王羲之日日苦练书法,并常在院内一水池里洗笔，此池总是常年墨色，至日久，"墨池"就逐渐成为了人们对此地的称谓。至宋代，墨池之地为当时州学学舍，教授王君盛写"晋右军洗墨池"6字，刻字彰显墨池，又告之唐宋八大家之一的曾巩为墨池写一篇"记"。庆历八年九月十二日，曾巩挥毫书写《墨池记》，后刻写于此。《墨池记》全文285字，介绍了墨池来历，颂扬了王羲之苦练书法的精神，"盖亦以精力自致者，非天成也。"如今，重修的王右军洗墨池，小巧玲珑，布局缜密，茂林修竹与古代建筑交相辉映。池固盛名，"记"又增辉，堪称双绝，成为临川又一处融人文景观与自然风光为一体的名胜古迹。洗墨池掩映在树龄达数十年之久的两棵挺拔的枫杨树下，呈长方形，中间架有一座石桥。石桥桥头刻有对联：虎踞龙蟠绵世泽，鹏搏凤起壮人文。桥面石柱刻有"山环水绕，秀毓灵钟"。洗墨池右侧即是曾巩千古名作《墨池记》碑文，碑基为巨形龟石，系明代中期石刻。

临川文化是赣文化（江右文化）的重要支柱，是指以临川古治属核心，辐射而涵盖现今抚州市十余县（区）的区域性文化。临川文化是独具特色、自有特征、承上启下、继往开来的区域文化。它是地方社会经济发展的心力资源，建构赣文化的重要依据，的确是华夏文化的一朵奇葩。据说，仅列入《四库全书》存目的论著，临川籍人氏著述就有近206部共28883卷之多！古往今来，无人精确地统计过历史上曾有多少才俊被临川过化后而成就为"临川之笔"。也不知这些"临川之笔"又曾将多少才俊"点石成金"了！"临川才子"成为一句流行于天下千年之久的惯用语。

临川文化，不仅仅是笔墨文化著称于世，政治文化、技工文化、医理文化、宗教文化、农耕文化、建筑文化以及美食文化等众多方面，也辉煌于史册。

与才子辈出一样，政治精英不断问世于临川。政治文化，大放光华。赣东大地自古英豪辈出，从唐以来，南城、金溪、乐安、临川等县区内的武举现象非常独特，各类军事人物不断涌现。如：唐代资溪的邓氏家族、宋明的乐安流坑董氏家族、明代宜黄的谭纶等，他们的军事思想与著述有待发掘与研讨。我不敢乱多嘴舌。而近现代的赣东涌现出红色革命根据地的无数革命英烈,如:抗击外族侵略的爱国人士周复、李世璋、武惕予、赵醒侬、傅烈、周建屏、李井泉、舒同、黄火星等,再者,还有毛泽东、周恩来、邓小平、彭德怀等一大批老一辈革命家,他们在临川文化区内的光辉业绩和军事思想均有待深入考证和考究。

临川科学技术的文化成就,也十分显著。在医学方面,江西历史上十大名医,抚州就有七家。南宋有陈自明著《妇人大全良方》,其医学主张,倡导"胎教",提倡"三十而娶",晚婚晚育,优生优育。元代有危亦林著《世医得效方》。明代有龚延贤著《万病回春》《青世保元》《小儿推拿秘旨》。李梴的《医学入门》今已传至日本与越南。又如:在基本学科中,吴嘉善著述《算术三一种》,饶毓泰奠定了中国现代物理学的基础,余瑞璜是"世界第一流的晶体学家",丁渝开创我国波谱学之先河,吴式枢在理论物理领域纵横驰骋,邓从豪在量子化学上独树一帜。在工程技术方面,朱仙舫高擎中国纺织工业大旗,罗英为中国近代桥梁建设之先驱,程教刚、鲁承枫、艾怀瑜、赵兰台、黄育贤、陈平瑞、王虚中、黄强等在交通、机械、建筑事业上均取得令人瞩目的成就。在农业科学方面,艾延年的《农学录》至今为农学界所推崇。许调履有"江西农学泰斗"之称。王云森则是中国近代土壤科学的创始人……

临川名家之多,真是灿若星河!

文化之于一个民族,是精神之根;文化之于一个地域,则是活力和灵魂。文化,其重要的价值或称魅力之一,在于其是一种可激活人潜在而巨大创造力的原动力!

临川文化,内涵丰富,包罗广泛。它包括锐意进取、改革创新的革新文化;敏而好学、锦绣文章的才子文化;如梦如画、充满理想的梦幻文化;心如止水、以善为本的宗教文化;奔放粗犷、原汁原味的戏曲文化。真正是涵盖政治、经济、军事、教育、天文、地理、历史、宗教、文学、艺术等各个领域。既有典籍藏书,又有实物遗产,既有名人典故,又有历史传说,可谓丰富多彩,多门多类。现有各级文物保护单位234处,其中省级以上31处,国家级非物质文化遗产4处。丰富的内涵构成了富有多元性、原生性和传承性的人文生态环境,是八方游客青睐的精神文化大餐共同享用之所在。

临川文化,在千百年的发展历程中,孕育出自己独特的文化精神,这就是:勤勉务实、自强不息的奋斗精神;突破陈规、革故鼎新的改革精神;打开门户、兼容百家的开放精神;刚直不阿、清正廉洁的自律精神。

临川文化是一种典型的农耕文化。农耕文化传统的最大特点是靠天吃饭,一日不耕,一日不食。在农耕文化熏陶下的临川人,形成了一种勤勉务实、自强不息的奋斗精神。他们认为:只有勤勤恳恳、脚踏实地、艰苦奋斗、自强不息,才能生存下来和改变自己的命运。这种勤勉科学、自强不息的精神,既表现于平民百姓"脸朝黄土背朝天"的艰辛劳作中,又在"以诗书求闻达"的临川才子身上得到了生动的体现和印证。

临川文化虽然地处内陆地区,但并不封闭保守。临川人自古以来就以开放的胸襟,吸收各地的先进文化,尤其是当时比较先进发达的中原文化。之于前面提到,在中国历史上,中原地区发生过两次大规模的南迁:一次是西晋末年、东晋初年("五胡十六国"时期);另一次是"五代十国"时期。在这两次南迁中,临川人民都以博大的胸怀,不仅让那些南迁的中原移民落籍临川,在临川生存发展,而且以谦逊的态度,学习吸收他们带来的先进文化和科学技术,并通过长期的交流融合,形成富有地域特色的本土文化。临川文化的开放精神,还表现在与邻近的吴越文化、浔阳文化、豫章文化、信州文化、庐陵文化、虔州文化的相互学习、交流、借鉴、取长补短等方面。

临川古代先贤者们,都是一些饱读儒家诗书、深受"富贵不能淫,贫贱不能移,威武不能屈"的大丈夫人格影响的士大夫,因此,他们为人磊落,刚正不阿,铁骨铮铮,一腔浩然正气,不愿巴结权贵和曲意逢迎,不愿为获得一己私利而玷污自己的人格。

临川古代先贤者们,不仅为人刚直不阿,而且为官清正廉洁。晏殊虽然仕途得意,位极人臣,为官近五十年,但从不行贿受贿、贪赃枉法。王安石的一生也是清正廉洁、严格自律的一生。在他第二次罢相前夕,邓绾等人为了挽留他,一面为他子女亲属求官职,一面向宋神宗奏请在京城为王安石建造一栋豪华的住宅。可王安石不仅没有接受邓绾的好意，反而将邓绾降职处理。

面对古时仕途前贤，当今为官为任者，当思否？

几千年来，与中国地缘相近、文化相通的众多亚洲国家，在学习借鉴中国文化的历程中，临川文化及其共同为东方文化的发展与繁荣作出重要贡献。从"对外"到"国际"光辉灿烂的抚州文化即临川文化，不仅在中国文化史上具有显赫的地位，就是在当今国际上也享有很高声誉。美国哥伦比亚大学，成立了"抚州史研究会"，对抚州历史和文化进行研究和探索。美国博士韩明士，1985年在美国出版了他的专著《中国宋朝江西抚州的精英》。日本是国外王安石研究的中心。研究团队蔚为壮观，论文著述十分繁丰。东一夫、东村哈兵卫、高桥作卫、佐伯富、周藤吉之等，都是著名的王荆公研究专家。日本戏曲史家青木画龙点睛，致力于汤显祖研究，著有《中国近代戏曲史》。美国哈佛大学博士、俄亥俄州大学历史系主任葛德卫教授，致力于吴澄和"草庐学派"研究。1986年，美国一批专家学者前往崇仁考察吴澄的故里。1982年，以松田文雄为团长的日本佛教考察团，专程前往宜黄曹山，对曹洞宗遗址进行考察。国外专家、学者前往抚州瞻仰、考察汤显祖及其赣东民间艺术、南丰傩舞以及民情、民俗者，不计其数。因此而言，"临川文化"对世界文化也投下了久远的影响。

临川文化是唐代以后繁荣起来的一个区域性文化。范围广阔，底蕴厚重，格调高雅，学理深邃，意境悠远，积淀和蕴涵着历代临川人的经验和智慧。正是有这蔚为壮观、生机勃发的文化滋养，临川这方赣抚平原上的沃野山水，才孕育了钟灵毓秀、俊采星驰、人文日盛的胜景。

从以上的史料看来，说千年文化看临川，算是一家之言。千年文化看临川，绝对没有只看临川之意。我只想强调一个"看"字，要看清临川的文化现象，要看重临川的文化价值，要看好临川的文化品质。千年文化看临川，重在一个"看"字。不是无稽之谈，值得考究。既然是中国文化史上的"一朵奇葩"，不应当"看"吗？不值得"看"吗？有人说，仅汉语成语词典中源自于临川土地上的众多条成语和典故就值得考究。比如：王祥求鲤、沧海桑田、掷米成丹、麻姑献寿、黄粱美梦、南柯一梦等等，这些耳熟能详的词条的文化源流，都不失是临川文化的"看点"。面对一部厚重的综合的临川文化史，我们除了为之骄傲，为之感叹，还当做些什么呢？发掘、整理、继承、发展、推介、宣传，都是当今我辈之职责。然而，我感到我们做得很不够很不够啊！还有很大很多的努力空间啊！

  值得欣喜的是，我们党和国家，明确提出要建设社会主义文化强国，对文化工作空前地重视。加强临川文化的研究、继承和发展，正当大好时机。据我所知，江西省委、省政府、抚州市委市政府、临川区委区政府，最近采取了一系列措施，加强临川文化的发掘、研究，而且要创新发展。我注意到中共江西省委常委、宣传部长2012年10月23日在《人民日报》上发表的一篇文章，文章称"要唱响传统文化品牌"，其中就提到了临川文化。抚州市委和市政府，抱定决心要尽快地，努力把临川文化这个黄金品牌进一步推向全国，推向世界。市委宣传部长多次提出，要将研究、发展、创新临川文化当作一件大事来抓。这个部长是一个善作鼓动的宣传部长。在一次与我的面谈中，他说，临川文化值得宣传、可以宣传、应当宣传的东西实在是太多了。欢迎你们、希望你们作家为临川文化大书特书、摇旗呐喊。我是一个易于冲动的文人，这位部长的几句话，果然"鼓动"了我。我感到有责任、有义务也有兴趣、有激情为宣传临川文化竭尽绵薄之力。我坚信：先进文化强国之时，便是临川文化繁荣之日。

第三章
临川才子遍天下

一条临川时空中的"星"河，
有几多人才的神秘传说，
不必细究光源来于哪个星座，
世人看重的是一个个群体在闪烁……

一条长长的"星"河

据说,中国有十个"才子之乡"。就其才子之多,声誉之高,影响之广,毫无疑问,首推临川。

据说,有位文化名人,年近八旬,他对才子之乡情有独钟。不顾年迈体弱,不辞舟车劳顿,十个才子之乡早已多处涉足。2012年早些时候,他又独自一人,千里迢迢来到临川。他访遍了几乎他知道的与传说中的才子有关的去处,费尽周折,获得了近10公斤才子之乡的资料。如获至宝,心血滔滔。回到家后,闭门不出,竟日研读。

是日深夜,悉数阅毕。这位文坛老者,感叹不已:临川临川,人才万千!他闭目沉思,脑海里忽然涌现出一连串成语:八斗之才,七步之才,栋梁之才,旷世之才……古往今来,巨才大才,临川大有人在。什么是"泰斗"?什么是"大师"?什么是"文豪"?他从临川古往今来的才子资料中,找到了真正的、确切的诠释和答案。他终于明白了,古人为什么会有"光照临川之笔"的感叹,今人为什么会有"辈出临川之才"的礼赞。他是个高级知识分子,但在临川那些真正的"才高八斗""学富五车""满腹经纶"的饱学之士面前,在临川那些真正的大师级、泰斗级的先人面前,他这个"高知"愧之何如?他想,现如今,一些自封"大师""泰斗"的人,读一读临川才子资料,如果有良知的话,想必也会汗颜羞臊。

这位老人夜不能寐了。他起身走上阳台,仰望夜空。明月当天,繁星万点。

他感叹有声，自言自语：在临川的历史长空中，有一条长长的"星"河啊！

这位文坛老人的感受，深深打动了笔者。当我历时月余读完了"临川才子资料集"之后，其感受、其心情与老人无异。我面对着古代、近代、现代、当代一个个庞大的才子群体，很难取舍，很难下笔。我立于案前，不由自主地也发出一声长长的感叹：临川，千真万确是个才子之乡啊！

临川才子贯古今！

临川才子遍天下！

临川是一块生产人才的土地！

人才是人类社会的昂贵资源。如果说，科技是第一生产力的话，那么，人才便是第一社会资源。当今世界，都知道人才的重要，都在发掘人才，都在培养人才，都在重用人才。

什么是人才？

人才是一门科学。马克思说："今后的自然科学包括人学，正如人学包括自然科学一样：这将是一门科学。"列宁说，人才是指"精明能干"的人。我们古代先人，对人才也多有论述。依照古汉语的解读，人才即有"才能"的人，人才，即"人之才"。既然是"人之才"，所以，有些有知的人，不一定有才；有些有名的人，不一定有才；有些有钱的人，不一定有才，有些有权的人，也不一定有才。人才也因人而异。人与人不同，才与才也就不近相同了，王充因之论断："人才高下，不能钧同。"

然而，人才既然是一门科学，那从人才学的意义来说，人才的总归定义是什么呢？

《人才学通论》这样说：

"人才就是为社会发展和人类进步进行了创造性劳动，在某一领域、某一行业或某一工作上作出大贡献的人。""创造性劳动，既包括物质领域的创造，如科学发明、技术革新，又包括精神领域的创造，如艺术构思、理论建树、道德修养等。"

古人把人才分成十二类：清节家、法家、术家、国体之才、器能之才、臧否之才、伎俩之才、智意之才、文章之才、儒学之才、口辩之才、雄杰之才。

且不谈理论上的人才认知，还看临川的人才实事。

临川，中国版图上一个不起眼的地方。它原是江西省抚州地区的一个中等县。面积两千多平方公里。现为抚州市的一个区。但就是这个不起眼的地方，古往今来，出了数不尽的人才。可以说，古人所论及的十二类人才，无所不有。

临川的一份资料中，有古代、现代、当代各十大才子的名单，在我看来，这不是一般的资料，尽管其权威性、典型性不知是由何方、由何人介定，但这30个人的"创造性""贡献性"都不一般。兹此简介如下，供读者参阅。有的虽然前面已有记述，为了使读者对临川不同的历史人才梯队有整体的了解，我还是不避重复之嫌，照录不误。

古代临川十才子：

晏殊，著名政治家、文学家，在北宋政坛率先兴学和荐贤，给宋代政治和文化带来了重大变化。他首先提出新政的建议，成为庆历新政的幕后领袖。他是宋初文坛的领导者，也是宋词之祖，宋代第一个专业词人。

曾巩，著名文学家。北宋诗文革新运动的积极参与者，新古文运动的重要骨干。他的散文被历代奉为典范，与欧阳修齐名并称为"欧曾"，并列为唐宋散文八大家之一。

王安石，杰出的政治家、思想家和文学家。王安石主持了中国历史上最大的变法运动，史称"王安石变法"。他主张经世致用，建立"临川新学"。文学上，因散文而被列入唐宋散文八大家之一，他是宋诗的重要开创者，诗歌创作形成了独特的"荆公体"，词能一洗五代旧习，开豪放之先声。他对我国古代政治、经济、文化作出了不可磨灭的贡献。

晏几道，字叔原，号小山，临川文港（今属进贤）人，著名词人。晏殊第七子，其词与父亲齐名并称"二晏"，专攻小令，代表了宋代令词的最高成就。今人将其列入宋代十大词人之一。他是二十世纪词学研究的热点词人之一。他的词多言情，被誉为"古代中国最动人的情书"，而他本人则与秦观一起称为"古之伤心人"。

陈自明，著名医学家。出身于中医世家，精通临床医术，他第一次对妇产科进行全面系统的总结，首次提出"乳岩（癌）"一症；他最早记述外科这一门医科，率先命名"蜞针法"，并开创了疾病辨证施治之先河。他是中医妇产科和外科的奠基人。

朱思本，著名地理学家。通过10余年的艰辛考察，重振"计里画方"，绘制出精确度远胜前人的地图，该图以中国为主体，外国作衬映，是元、明、清初各代绘制的范本。在他的地图中，有许多个"第一"：第一次准确地绘出了黄河源头，第一次采用几何图形代替实物，第一次绘出了非洲的准确形状。这些成就在中国乃至世界地理史上具有划时代的意义。

张中，著名预言家。是明代开国功臣，曾助朱元璋战败陈友谅，直至建都南京。他在元末明初成功地预测了诸多事件，让朱元璋有效地起到了预防和准备作用。此后，他成功预言了明朝的兴亡，以及未来的诸多历史事件。他是古代屈指可数的预言家，在明代的临川人物中其知名度仅次于汤显祖。

汤显祖，杰出的戏剧家、文学家。开创了"临川曲派"，在诗文上也取得了很高的成就。他的主要成就表现在戏曲方面，代表作是《牡丹亭》（又名《还魂记》），和《邯郸记》《南柯记》《紫钗记》合称"临川四梦"。《牡丹亭》是一部浪漫主义的杰作，剧中塑造的杜丽娘被誉为"天下第一有情人"。他因此被人们称为"戏圣""东方的莎士比亚"。

陈际泰，著名八股文学家。一生致力于八股文创作，开创了八股文"分股"及"一题多义"的写作方式。他和王鏊、唐顺之、归有光、胡友信、金声、章世纯、章淳耀为公认的明代八股文八大家，而王鏊、归有光、陈际泰则代表了明代八股文的三座高峰。因此，他是名副其实的"八股文之圣"。

李绂，著名政治家、理学家、文学家。曾经积极参与雍正改革，颇有成就。他秉公执政，三赴刑场而不屈，是为"一代铁汉"。他是临川文派向桐城文派转接的关键人物，是清代最有名的心学家。他对乾嘉时的考据学和方志学的建立有开创之功。他一生视才如命，培养了纪晓岚等一批著名人物。

现代临川十才子：

李瑞清，著名书画家、教育家。是中国现代教育的先驱和开拓者，现代书画艺术的奠基人。他创办了中国第一个美术专科，是南京大学、东南大学的开山校长。他的书法冠绝一时，开创了临川书派。他与曾熙、吴昌硕、黄宾虹并称"海上四妖"，与曾熙、沈曾植、吴昌硕并称"民初四家"。他被国人誉为"现代书画界之泰斗"，日本人誉其为"近五百年来第一人"。

　　李证刚，佛学家、易学家。长期执教于清华大学、中央大学，潜心佛学及易学研究。他曾发起组织中国佛教会和易学研究会，是敦煌文献目录的首创者，对敦煌学的建立作出了贡献。

　　李健，书画家、教育家。他是李瑞清的胞侄和学生，是临川书派的重要传人。他对书法金石理论有着很深厚的研究，为中华美术协会创始人之一。他是海派书画卓有成就的承传者，培养了程十发、杨之光、凌云超、周佩宝、徐佛华、黄若舟、戴尧天、魏乐唐、范韧庵、方闻、曹铭等数十位知名书画家。

　　朱仙舫，纺织学家、实业家。是我国第一代纺织工业管理和纺织科学技术的专家。他编著了我国第一部纺织科技书籍，开创了早期纺织技术教育。他是江西省民族纺织工业的开拓者，是中国纺织工程学会的前身——中国纺织学会的创始人。他是中国现代纺织技术的奠基人。

　　饶毓泰，著名物理学家、教育家。中国现代物理学奠基人。他是国际上早期研究斯塔克效应的光谱学家之一，在国内外物理学界享有崇高声誉。他是中央研究院第一届院士，与叶企孙、吴有训、严济慈并称为中国物理学界"四大名旦"。他创办了南开大学物理系，长期担任北京大学理学院院长，为我国物理学的发展作出了重要贡献。为此，中国物理学会特设"饶毓泰物理奖"。

　　游国恩，古典文学研究专家、文学史家。毕生从事中国古代文学的研究和教育工作，是北大中文系四位一级教授之一。他是新楚辞学的奠基者，中国文学研究现代化进程的推动者。由他领衔主编的《中国文学史》是二十世纪初高等院校设立中国文学史课程以来发行量最多、影响力最大的一部教材。

　　饶漱石，中国共产党的开国元勋，著名革命家、政治家、理论家。是中国共产党早期卓越的领导人之一，新四军后期当家人，华东局总书记。他参与领导了淮海战役、渡江战役。他积极探索和开拓社会主义初期政治与经济建设，为中国共产党、中国人民解放军的发展及中国的解放和建设事业作出了重大贡献。但由于1955年一个"莫须有"的罪名让他在监狱里度过后半生。

萧涤非，文学史家。清华大学毕业。耕耘于山东大学。在乐府文学史和杜诗研究等众多领域独步一时。他参与主编的《中国文学史》影响深远，由他主笔的文学鉴赏为学习的典范。他是唐代文学学会的首任会长，是国务院学位委员会第一学科评组成员。

李井泉，中共开国功臣，革命家、政治家。曾任抗日军政大学政委、晋绥军区及晋绥野战军政委。1958年，当选为中共中央政治局委员，先后任中共中央西南局书记、全国人大常委会副委员长。

邓从豪，理论化学家、教育家。在量子化学和分子反应动力学理论方面有着深入的研究，其配位场理论研究获得国家自然科学一等奖。曾任中国化学会常务理事。1993年，当选为中国科学院院士。曾任山东大学校长。

当代临川十才子：

鲁茂，1932年生于广东佛山的临川人氏，当代澳门文坛的代表人物，大型文学辞典《中国文学之最》认为，鲁茂是中国澳门文坛最具现实主义倾向的小说家。

吴挽澜，1934年生，台湾国民党官员，行政学家，他是台湾前国民党考选部部长，现任国民党中央评议委员会主席团主席。

朱中梁，1936年生，电信技术专家，西南电子电信技术研究所研究员，1999年当选为中国科学院院士。

傅小庆，1941年生，傅大庆之女，著名作家、自由记者，1988年被称为"傅小庆年"。现投身于环境保护事业。

盛中国，1941年生，著名小提琴家，被誉为"最迷人小提琴家""中国的梅纽因"，澳大利亚ABC广播公司将他列入"世纪最伟大的艺术家"的行列。

李家明，1945年生，物理学家，1991年当选为中国科学院院士（学部委员），1992年当选为第三世纪科学院院士。

甘晓华，1957年生，空军装备研究院总工程师，从事飞机发动机研究，2010年12月21日，甘晓华被胡锦涛总书记签署通令记一等功。

邓建国，1959年生，影视出品人，2000年被中国新闻社《观点》杂志等媒体评为"影视界十大风云人物"之首，2002年中央电视台《聊天》播出《活宝邓建国》。

于果，1962年生，著名民办教育家，他创办了蓝天学院，被授予第十一届中国十大杰出青年、全国劳动模范、全国自强模范等称号，现当选为全国人大代表。

邓琨，1966年生，金融专家。纽约拉扎德资产管理公司执行董事，入选2000至2003年全球最优秀的10位基金经理，在2004至2006年的三类业绩排名中，全部名列第一。

我如颂读史诗般阅读着这串贯通古今的临川才子名单。毫无疑问，这只是具有一定代表性的一小部分。但已足以令我兴奋与振奋。我为古代的临川才子骄傲，我更为当今的临川才子自豪。

我在临川采访的时候，有位领导同志将一张世界地图摊在桌上，用手指点着地图，充满豪情地对我说："现在在这个地球上，凡是用红笔圈点的地方，都有临川才子。"

我目之所及，"红"遍全球。红笔几乎圈及了五大洲。

在美利坚合众国，在大不列颠岛，在俄罗斯，在日本……当然，尤其是在中华人民共和国本土，到处都有"临川才子"。他们或为"国体之才"，或为"智意之才"，或为"文章之才"，或为"雄杰之才"。政治首脑，科学明星，文化巨匠，音乐名流，学坛新秀，无所不有。据权威人士说，现在世界上几乎每所名牌大学，都有临川才子任教或工作。遍布世界各地、供职世界各业的临川才子们，以非凡的才华、卓越的成就、深远的影响，证实着一个世人的论断：临川才子遍中华，临川才子遍天下。

让我们再看几个并非完全统计的数据吧。

据临川地方志载，从宋到清，这里曾出过两个宰相，在两个朝代一百九十五次考试中，曾有七百二十六人一领风骚，高中进士。科学巨擘、政要名人、文学大家，像一颗颗光芒闪耀的星从这里升起，辉耀着历史长空。如前章所叙的"东方莎士比亚"汤显祖，"中国十一世纪的改革家"王安石，十四岁步入朝庭的"神童进士"晏殊，十三世纪妇产科杰作《妇人大全良方》的医学巨匠陈自明，等等，都是光照时空的人文星座。

当然，更多的星，还是现代、当代的星，而且也是华光辐射的星。《临川才子新篇》，骄傲地向世界宣布，近百年以来，我国军政界、科学界、文学界、艺术界的头面人物中，有一个不小的"临川才子群"。此间，我们姑且抹去政治色彩，只从人文史的角度看人才。民国期间，临川的"雄杰之才"有一大串。上将2人，中将5人，少将19人。他们之中，或为爱国将领，或有爱国行动。鲜为人知的是，临川还有个"秘书之乡"的称谓。曾有20人担任过省级和国家级领导者的秘书，诸如孙中山的法律秘书饶宝书、北伐军总司令部俄国顾问保罗廷翻译秘书傅大庆、红四军总政委毛泽东的秘书李井泉等等。

新中国成立之后，临川的雄杰之才大放异彩。国家领导人2人，省部地市级的高级干部6人。翻开共和国的史册，饶漱石、李井泉的名字，赫然在目。他们都是开国元勋。饶漱石曾任中组部部长、劳动部部长和中共中央副秘书长等职。李井泉为第八届中共中央政治局委员、第三、四、五届全国人大常委副委员长。至于在党和国家工作的"儒学之才"，那就数不胜数。据说，时至今日，在中央各部委和国家机关部门供职的临川才子，多达6千以上。科学文化界的临川大家，那就更多了。中国物理学界的"四大名旦"之中的一"旦"，是临川才子饶毓泰；《中国文学史》的五位主编中，临川才子占了两位，他们是满腹"三坟五典""文江学海"的游国恩和肖涤非。亦然是据不完全统计，现在领有院士、教授、作家、音乐家、书画家等头衔的临川籍人物，多达数百人。领有博士后、博士、研究生桂冠的，也不下三百之众。有近3千临川才子在国外工作或留学。早在上世纪的八十年代末，新华社曾发过一条题为《才子之乡才子多》的电讯，披露了一连串令人惊叹的数字。自1977年我国恢复高考后的头十年中，临川便有六千多名学生走进了高等学府。时至今日，临川早已成为了我国高等名校的生源基地，名校"状元生"、高材生人数为全省第一，各种学科联赛的获奖率为全省第一……

临川，亮哉！

临川，足矣！

临川特产人才。

人才，是临川的特产。

有一个趣闻，不妨插叙一下。

有一天，一个外地来临川出差的人，在临川街头向一位中年男子打听临川有什么特产。中年男子不假思索，开口便说："临川有名的特产是才子。"问者说："什么菜子？菜子能吃吗？"中年男子笑着说："我说的不是菜子，是才子。"说着，用食指在空中写了一个"才"字。外地来客恍然大悟，哈哈大笑："临川人太有才了。把才子当特产推销。"中年男子忙说："对不起，我对你开个玩笑。"接着，他把临川及抚州地区的特产一一作了介绍：南丰蜜桔、广昌莲子、抚州西瓜，甚至于资溪的面包都没有漏掉。

这个街头小趣事，多少能看出才子在临川人心目中有着不一般的位置。

临川的确是一个生产才子的才子之乡。从古至今，岁月育人，临川才子，多如繁星。古贤远去，谅我笔不可一一及之。于下，依照人才学关于对人民对社会对国家有贡献性事迹和有创造性成果的论定，从现代和当代临川才子中，择其数君，另作短文。

元勋与将军

临川的才子，走遍了中国。

临川的才子，走向了世界。

临川的才子，走进了历史。

翻开共和国的史册，临川才子居其中者，不乏其人。李井泉便是其中的一位，他是共和国功名卓著的开国元勋。

他是临川的骄傲。

他是临川的光荣。

1909年，李井泉生于临川唱凯。唱凯，好名字。香港有一位专事名号文化研究的人说，一个适其时适其世的好名字，或号其人，或号其地，都有天益。唱凯得天益实为得李井泉乎？此为趣谈，不必在意。

但唱凯确实当高唱其凯。因为它的确出了个李井泉。

李井泉1930年加入中国共产党。1931年至1933年先后担任红军独立第三师政委，红二军政治委员，红三军团四师政治部主任，第一、第三补充师政委。1932年8月中旬，以红21军政治委员的要职参加著名的乐安战役。1933年2月，率部参加了"黄陂战役"。1934年，随军长征，其间，历任中央直属纵队政治处主任，红四方面军政治科科长，红二方面军四师政委。抗战期间，历任八路军120师358旅副旅长、政治委员。曾率部北上绥远打游击，转战绥远、包头山区，粉碎敌人15次大规模"扫荡"和围攻，为大青山抗日根据地的创建和巩固、为抗日战争的胜利立下战功。长征路上，他顽强，他奋勇，他坚贞。军事学家说，长征是军事史上的壮举。历史学家说，长征是人类史上的奇迹。他在壮举中挺立。他在奇迹中闪亮。他三过草地。面对艰难险阻，他三过草地而不屈；面对围缴追杀，他三过草地而不惧；面对饥饿瘟疫，他三过草地而不倒。他就是壮举。他就是奇迹。他始终追随着毛泽东的征战道路，他始终高举共产党的信仰旗帜，一路进击，义无反顾。

解放战争时期，李井泉历任晋绥分局书记兼晋绥军区政委、华北第三兵团政委、入川南下支队政治委员等职。此后，一度与邓小平、贺龙一起，为西南地区的革命和建设事业作出了积极贡献。

建国后，他先后担任四川省委第一书记、军区第一政委、中共西南局第一书记兼成都军区第一政委；中共第八、第十、第十一届中央委员，第八届中央政治局委员，第三、四、五届全国人大常委会副委员长；中顾委常委。

李井泉的历史征程是一个历史长卷。他的足迹艰险而又坚定。他留在中国革命、建设征途上的每一个脚窝，都是一个奋斗的历史符号。

但是，他也有非议。

但是，他也有过失。

人，不论是伟人、要人或名人，都有他的历史斑痕。

有人说，人生有几个关键词：吃苦，吃亏，感恩，求阙。其中，求阙即求缺的意思，人不能求全。李井泉也不能求全啊！

上世纪五十年代和六十年代，中国处在建国后的艰苦时期。其时，路线向左，内斗繁多。据有关资料称，毛泽东把他最信任的两个封疆大吏分别坐镇东西。柯庆施居东，李井泉居西。有人开玩笑说，柯和李是毛泽东的"哼哈二将"。李井泉主政四川，时达17年之久。"大跃进"时期，三年困难时期，也正是他在四川的作为时期。时运不佳，路线不妥，作为自然不力。由于坚定不移地执行毛泽东的某些左的主张，加上严重的自然灾害，一个史上有名的"天府之国"变成了"饥饿之乡"。饿死者多多。逃难者多多。怨叹者多多。因而有的川民给他取了个"李闯王""李左王"的外号。看来，他在一定的历史时空中，有负于民望。

然而，李井泉毕竟是一个以为人民利益为宗旨为信仰而奋斗的共产党人。大多数的四川人民都知道，他在四川做了大量的工作，取得了显著的成效。诸如领导清匪反霸、土地改革、兴修水利、发展基础工业和国防工业以及在改变西南地区贫困面貌中，都有绩可据，有功可铭。是功是过，后人评说，历史定夺。他的历史清单中，还是胜项居多。

昨天的历史，早已翻过。我们在革命前辈们身上，应当看清、看懂、看重什么？坚定的信仰，无私的奉献，清正的作风。这三方面，李井泉身上都俱备。尤其是在清正廉洁方面，他颇有口碑。他在公私面前，他在得失面前，他在人情面前，十分清醒，十分分明。他的为人就像他的名字：一井清明的泉水。

李井泉背井离乡，南征北战几十年。他十分想念家乡。他常于深夜，临窗望月，思乡心切，想父老，想亲人。人有三个核心价值元素：生命、尊严和亲情，生命不可伤，尊严不可侮，亲情不可断。李井泉尽管是个国家级的政要，属"雄杰之才"，但他的亲情意识，不比他人淡薄。他也想"少小离乡老大回"啊！

李井泉曾有两次回家的故事被家乡的人传说至今。

1960年5月，李井泉在上海出席一个会议之后，取道南昌，和元配夫人肖里一起回到久别数十年的唱凯。车到公社，留他休歇。可他刚一下车，就急着要到生他养他的仓下村去看望父老乡亲。从公社到村里，有段很远的路程。但那时没有乡村公路，不能通车。其时，天不作美，正为多雨季节。雨打风刮，人踩畜踏，乡间小路，泥溜土滑。行走十分困难，县里一辆前行的吉普车已经深陷泥坑。归路在前，乡亲在望。李井泉决意要顶风冒雨，步行回家。他迈步上路，但很快被随行人员劝阻。一个国家高级领导人在泥泞路上跋涉，万一有个闪失，那还了得！李井泉执意前行，随行人员执意不从。

进？

退？

在这进退两难的时候，恭立一旁的公社干部，灵机一动，微笑着对李井泉说："看来，村里今天是去不了了。请首长去抚州市小住一晚，明天我们保证让首长顺利回家。"

听其言，知其意。公社干部话音一落，李井泉张口回说："你要我去抚州住一夜，你们要老百姓连夜修路，是么？这能行吗？"

当晚李井泉在公社打住一宿。第二天便带着"过门不入"的遗憾踏上了返回的旅程。

遗憾，长长的挥之不去的遗憾啊！

远水高山，蜀道真难，归途迢遥，何日再能回还？

1974年，早春时节，花鸟相悦。李井泉终于如愿以偿回到了家乡。

是日，尽管春寒未散，唱凯仓下村热闹非凡。乡亲们知道阔别几十年的李井泉要回家探亲了，早已从四里八乡，从村头巷尾聚集在李家村口。李井泉大步流星，急回家门，来到门口，四间老屋，依然在目。他肃立门前，仰头久久地凝视。他是在行注目礼，他是在致游子意。他走进堂屋，摸摸墙壁，敲敲窗扉，千真万确，这是在自家屋里！

他激动地说："好！终于到家了！"

阔别多年，骨肉相见，欢悦之情，自不待言。他的亲人团团围在他的身边，个个喜开笑颜。他的妹妹知道当"大官"的哥哥回来了，匆匆率家小从东乡县赶来，一声"哥哥"，泪雨滂沱。兄妹之手，紧紧相握。亲情，唱响一曲质朴感人的歌。

门外人声如潮。李井泉来到门前，大开笑眼，不断向父老乡亲招手致意。他吩咐家人搬凳请坐，把远道带来的饼干糖果，一一分给大家。此刻，已是全国人大副委员长的他，没有衣锦还乡的架势，却有"唱凯"而归的喜悦。他的亲和力，很快向乡亲传递出确切的信息：站在面前的，不是"大官"，而是你们的朋辈和兄弟。

他一直在微笑着看着大家。他目光四顾，寻找往昔熟悉的面目。"久不在故乡"，他发现很多人已是"儿女忽成行"了。正道沧桑，人丁兴旺。好。

但他也渐渐发现，有不少他脑子里清晰可见的人却不见了。他一一寻问，但听到的回答是："他不在了"，"他早走了"……"游子久不归""访旧半为鬼"。岁月无情，年不饶人！这位身居高位、久经沙场的归来者，也不免颇为伤感。人事有代谢，往事成今古！

家乡的人啊！家乡的情！无不牵动李井泉的心。他在战场，他在异乡，他在京城，无时不记挂着乡亲的疾苦。今天，他终于回到了乡亲们的身边，他急着想知道、想了解的就是乡亲的生产、生活情况。他与乡亲们笑谈一阵之后，随即起身，要走访全村。一路上，他左顾右盼，正是一草一木总关情，一家一户都连心啊！

他走着。

他看着。

他问着。

他想着。

当他看见村里树木稀少，便立即对陪同的村干部说："希望多栽些树，植树造林，荫及子孙。"

当他看见许多池塘干涸荒废，又立马建议："应当放水养鱼，为老百姓增加收入。"

当他听说村里小学校舍窄小，则随即要求："可以把那幢空着的老房子腾出来，暂时作孩子们的课堂使用。"

……

他足不停。他口不停。情真意切，问答不绝。尤其令他牵肠挂肚的是，村里子那些贫困老人的生活。他特地叫干部找来了几位老人座谈，请他们讲真情，讲实话。他听人说，李玉祥的父亲久病不起，无钱求医，他转身对秘书说，从他的收入中拿些钱给玉祥父亲治病。有人说，李兹祥家老屋破不堪居，急着做房子，但苦于没有木料不能动工。他立即对村干部说，希望你们按政策打个报告，为兹祥家解决一点木料。

说着。

听着。

李井泉忽然肃然地问着：

"黄蠢子现在哪里？"

有人回话："他早不在人世了。"

李井泉一听，脸色阴沉，长叹有声："哎，太可惜了，他是一个对革命有功的人呀！"

就是这个人，当年在李井泉踏上革命征程的时候，送给他一杆长枪。这是何等的义举！这是何等的恩为！能忘记他吗？能不感激他吗？多少年来日里有他，梦里有他。此番归家，李井泉第一个要感谢的就是他。

然而，他走了。

李井泉暗然神伤，沉思良久……

他人已走了，但我心依在。恩德相报，人间正道。李井泉报答之心，不可不了。

李井泉立即叫人请来了黄蠢子的妻子。看见白发苍苍的老妇人来到面前，李井泉起座恭迎，拱手相敬。一席长谈，真切感人。他对老妇人说明由来之后，亲手将一笔现金送到老妇人手中。老妇人微抖双手接过钱，欲语无言，欲哭无泪。临出门时，朝天一声长叹："老头子呀，共产党的大官井泉没有忘记你啊！"

这就是世间的心声！

这就是历史的感叹！

共产党的宗旨就是不忘人民。

李井泉这位共产党的开国元勋，誓为人民而死，志为人民而生。他永远忘不了养育他、关心他、抚助他的人们！更何况是眼前的乡亲！

李井泉的言行，深深地打动着父老乡亲。他的家人，看在眼里，喜在心中：这位关心乡亲的大官，肯定也会关心自己的家人啊！盼星星，盼月亮，总算盼来了"命官"回堂上。

家人在划算着。

家人在期待着。

家人在试探着。

第一个开口的,是在公社当干部的堂弟李地泉。他虽然已属干部,但家属还属"农村人口"。因此,他笑着说:

"哥,能否为我家属说句话,让他们转吃商品粮?"

李井泉不假思索,接话便说:"这种事,还是按政策办。"

堂弟哑然。

第二个提要求的,是从罗湖乡下赶来的侄女。

"叔,能不能想办法让我去当兵?"

李井泉没有立即回答。他转身问一位生产队长:

"听说你们办了个养猪场?"

"办了。"

"那好,就让我侄女去当饲养员吧。"

侄女羞然。

第三个求助的是两个外甥女。外甥女都已高中毕业,没有考上大学,也没有找着工作,因此,请舅舅帮忙找个工作。

"你们想找工作,愿不愿吃苦?"

"愿。"

"我有个老部下,在井冈山办了个造纸厂。条件很差,工作很苦,正愁招不到工,你们就去那里工作吧。"

条件虽不好,工作很难找。能去造纸厂当工人,也是一条出路吧。

外甥女欣然。

诉求一个接一个。难题一道接一道。李井泉姐姐的大女儿家遭火灾,想请有关部门关照一下,以解燃眉之急。亲人遭不幸,他很同情,但考虑到自己的身份,又不便张口说情。在场的县委书记叶学龄看明了副委员长的心思,便恳切地说:"你的家属也是人民群众中的一员,人民群众遭了灾,政府关照是应尽的责任。"李井泉顺着叶学龄的话说:"按政策许可关照一下家人,我很感谢。但我们家属不管什么时候，办什么事情都必须符合政策符合原则……"

这就是李井泉。

这就是共和国的开国元勋李井泉。

他强烈的亲情意识与坚定的原则律理，在故乡的土地上留下了深深的印记。他不徇私情，他胸怀大众。他将亲情与乡亲同时举在人民大众的高度，去审视、去关切、去律理。此后，他又多次回到故乡，每次返乡，都为家乡办些政策之下、原则之中、情理之上的实事。他力催重修万年桥，他力助兴办化肥厂，他力促发展果苗场……家乡的建设，有他的功业，乡亲的福祉，有他的功德。

看来，在道德失范、灵魂物化的当下，我们的确需要从李井泉和李井泉们的身上，看清、看懂、看重人生的质点……

历史的镜头在时空中不停地摇转。1984年4月24日，李井泉在共和国的历史底片上定格：

中国共产党的优秀党员！

久经考验的忠诚的共产主义战士！

无产阶级革命家！

临川的亲人，怀念他。

临川的人民，景仰他。

在临川才子的星河中，身居高端的军政明星，包括李井泉在内历历可数。

诸如千古含冤的开国元勋饶漱石。

诸如一代枭雄何应钦。

诸如爱国将领周复。

下面，我要讲的是周复将军的故事。

周复与李井泉同属临川的乡土血脉，却是两股道上的车。他们各自高举信仰的旗帜，各向南北。但最终异途同归，头顶着民族的天空，脚踏着炎黄的大地，同为中华民族的英烈。这原本就不足为怪。中国近百年的历史，原本就是国共两党分案书写。对抗，合作；合作，对抗，刀枪相见，又骨肉难隔。

历史就是历史，不管怎样走笔运墨，都当清白，都当确切。李井泉可敬可佩，周复可歌可泣。

1901年6月，仲夏时节，日高地热。是日，临川湖南乡周家大院，喜报声声，欢声阵阵，周氏添丁，周复临盆。据说，他是日出而生，故号为旭人。满月之日，有长者前来道贺，观其五官，论其属相，不胜欣喜，连连叹曰：这伢仔长大后必定是家之基石国之栋梁。

临川，又多了一个才子？

不错。临川又出了一个才子，而且是大才子。

周复果不负望。他自幼大志在胸，苦求功名，每每高中，每每高升。1902年，入黄埔三期深造。曾经参加过征讨陈炯明、杨希闵、刘震寰叛乱的战事。后留学日本。1932年"1·28"淞沪抗战爆发，他罢读回国。1937年"七七"事变后，他毅然投入了抗日御侮行列，被任命为第一战区政治部主任，随军转战中原。后又调往苏鲁战区。苏鲁战区，孤悬敌后，形势险恶。他是疆场赤子。他是军营才子。他善于以文励士，经常组织将士演唱《黄河大合唱》《大刀进行曲》《流亡三部曲》《保卫大鲁南》等歌曲，大大激发了将士们的抗战士气。此间，他已身为中将。

1943年，周复奔赴安丘，投身我国抗战史上著名的"城顶山战役"。

这是将军铭史之战。

这是将军捐躯之战。

1943年2月17日。苍山如海，残阳如血。鲁南大地笼罩着与敌搏杀的悲壮气氛。城顶山，是搏杀的中区。此地属安丘，自古以来皆为兵家必争之地。史载：太平军、捻军等均据此安营。安丘是胶济线、津浦线、陇海线三条铁路干线交会节点，敌我必争必夺、必据必守。为此，日军集结2万5千余人的重兵，大举"扫荡"安丘南城顶山一带。而此间，我方兵力，以三倍以上之差相持之，尽管据险死守，历时七天，终因寡不敌众，于20日退守城顶山。

2月20日，黄昏时分，日军全力进攻城顶山。周复将军，领军于城顶山峰。城顶山上，杀声动地，血光喷大，敌我双方，以死决战。正在形势万分险恶之际，当地百姓，念及将军之安危，劝将军混入民间暂行躲避。将军大张气色，断然拒绝："大敌当前，我怎能当逃兵！"随后，向乡亲拱手相谢，领八百将士，向东转战。

21日，时当黎明。周复率部穿过硝烟夜幕，来到了张家溜一带。不料，此时日军已有两个旅团窜入至此。城顶山一线，已成日军天下，中国军队处于左右夹击之中。仓促之间，周复带领将士，抢占了张家溜西南的山顶，据险死守，奋勇抗击。日军见势，不断增兵，将周部层层包围，周部伤亡惨重。周复见粮弹不继，兵力不足，不宜久守，下令集中火力突围。他组织了一个10人敢死队，由他亲自带领，率前冲锋。

将军挺身阵前，高抬望眼，万般感慨，涌入胸间。看山下，民舍喷火，同胞正惨遭屠杀；看身边，尸首遍地，战友已捐躯成仁。哀兵志壮。他在阵前不断鼓呼，大振威武。我中华儿女，自古不甘欺辱，从来不辞御侮。大敌当前，古先前辈尚且有及锋而试、灭此朝食的决心和勇气，而今我辈，更当有披坚执锐、奋勇杀敌的意志和威风。将士誓报家国仇，刀枪当剐敌寇肉。将军气壮山河。将军慷慨悲歌。将军誓死保卫祖国。刹那间，只见他，从腰间拔出手枪，快步流星，来到敢死队前，朝山下一指：冲！

城顶山间，枪声大作，飘烟流火。周复冲锋在前，壮士奋勇争先。八百勇士义愤填膺，一往无前地冲下山去。然而，刚冲到半山腰，但听"叭叭"几声，一排子弹从敌阵射来，周复胸部中弹倒下。将军身负重伤，不能复起。身边战士，连忙背起隐蔽。山下杀声在吼，身边子弹在飞。形势危急，不容迟疑，怎能顾个人安危？不能将战事拖累！周复要战士不要管他，给他补上一枪，然后继续冲击。战士不忍！战士不从！将军啊，战局不能没有你！将军啊，御敌不能没有你！将军在流血，战士在流泪。战士纷纷背起将军撤往有子山，实施急救，终因伤势严重，失血过多，将军以身殉国。时年43岁。

临终前，将军圆瞪双眼，仰望长天，在密集的枪声炮火中长叹一声："这局势如何了得！"

城顶山，你听见了吗？将军在呐喊！

大鲁南，你听见了吗？将军在感叹！

抗战的局势如何了得？

中国的局势如何了得？

将军在忧虑！将军在纠心！将军在召唤！

将军饮忧而去。将军咬恨而去。

放心吧，将军！抗战必胜，日寇必亡！

城顶山在回答。大鲁南在回答。全中国在回答。

将士们掩埋好将军忠骨，满怀愤勇奔赴沙场冲上前方。

一场战事传千古，一曲悲歌恸大地。周复将军为国捐躯的消息传出后，举国哀恸，全民悲伤。蒋介石扼腕痛惜，明令褒扬其勋迹，追思为陆军上将。张治中含泪兴叹，称周将军是抗战后死事最烈。日本军中有两位将领，感佩周复的将才风采和军才品志，也不由得为其战亡而哀伤。《山东省志》曰：城顶山的"扫荡"战役，规模之大，悲壮之烈，仅次于台儿庄血战。

呜呼，周将军以中将殉职。

壮哉，周将军以上将铭史。

山东省人民政府，追认周复将军为革命烈士。

又一位临川才子，大写在中国的史册上。又一颗军政明星，升起在历史的长空中。

历史确凿地证实：临川才子注重才志，但更崇尚精神，追求信仰。将军与元勋在不同的道路上，最终高高地举起相同的精神与信仰的旗帜，以民族利益为大义，以国家安危为天职。

光照临川之笔

中国的传统人才价值观十分看重两种人才，一是文臣，二为武将。文臣当然是文才，武将即为将才。毛泽东就是这种人才观的典型人物。他公开说，他十分看重"两杆子"，一是"枪杆子"，一是"笔杆子"。打天下，坐天下，大凡都得靠这"两杆子"。在临川的才子群体中，"两杆子"都有。文才与将才，都不乏其人。我们已讲过了临川才子中武将的故事，不妨再说说文才的作为。

在中国的成语词典中，有不少关于文笔的颂词。如：笔大如椽，笔走龙蛇，笔扫千军，下笔成章，等等。用这些成语形容临川才子中的"笔杆子"，在我看来，都不过分。唐朝的那位少年才子王勃，上千年前的"光照临川之笔"的感叹，绝对不是信口开河，他是有感而发。纵观今古，"临川之笔"下，确实出了不少文不加点的鸿篇巨制。"光照临川之笔"，沧桑之光，历史之光，时代之光，使"临川之笔"代代生光。汤显祖们不说了。让我腾出笔墨说说当今的临川的"文章之才"。可以说，现如今，临川的"文章之才"，依然是大有人在。

这是一个活跃在港澳文坛的大文人、大墨客。不管他身在何地，他是临川血脉造就的文章"大角色"。

此人名鲁茂。前面已作简介。人称澳门文坛泰斗。原名邱子维。为何易名鲁茂？有没有攀鲁迅家门之嫌？在下不敢胡猜。他青年时期住在香港，长期从事教育工作。上世纪50年代曾为香港《文汇报》撰写小说、影评、剧本。60年代后期在《澳门日报》发表连载小说《百灵鸟又唱了》《蒲公英之恋》等，并撰写专栏作品。著有散文集《望洋小品》及长篇小说《白狼》。2002年澳门特别行政区颁授他文化功绩勋章。2009年一部全面展示我国文学辉煌成果的大型文学辞典——《中国文学之最》出版，当代卷（1949年—2005年）收入的具有某种开创意义或特殊影响的诗人、作家、艺术家、理论家、教育家的词条。其中772条为：中国澳门文坛最具现实主义倾向的小说家：鲁茂。

看来，鲁茂的确高居澳门文坛。

鲁茂是位多栖作家。工于散文，又擅长小说。有资料称：自50年代开始写作，一直笔耕不辍，是澳门文坛创作产量最为丰富的作家，也是澳门小说的拓荒者之一。从1952年起即用"维之丘"笔名发表小说、剧本。1967年后发表了十余部长篇连载小说，达百万字。他的小说大多连载于《澳门日报》，从已发表的二十余部连载小说看，他的创作深受我国传统小说重视教化作用的影响，善于通过普通百姓悲欢离合的生活际遇，描绘澳门社会的缤纷世相，展览光怪陆离的生活风貌，较为深刻地揭示澳门社会的复杂矛盾和激烈冲突，对反馈澳门社会的历史行迹很有认识意义和艺术价值。

写于九十年代的长篇小说《白狼》，是鲁茂的代表作，在澳门小说创作领域中具有开拓意义。小说主人黄白朗（谐音白狼）是葡籍官员的私生子，由于缺乏家庭教养，沦为黑社会走卒。后来被投入监狱，他终于在血泪教训中幡然悔悟，决心重新做人。作品所塑造的白朗这一人物是澳门文坛前所未有的，为澳门文学人物画廊增添了一个全新的富有澳门社会典型意义的艺术形象。

鲁茂还有一部更有影响的作品《望洋小品》。

《望洋小品》是一部散文集，充分地展现了澳门的小城特色。文章深刻、细腻地描绘了澳门的景色，记述着澳门的世事，抒发了澳门人的情怀，亦表现了作者的心境。澳门回归后，澳门文化局正积极推动本地文学创作及出版事业的发展，经严谨的挑选和审校，决定将本地老作家鲁茂的《望洋小品》翻译成葡文。这一举措突破了作品本身的语言界限，加强了中葡文学的交流。有人评说《望洋小品》的葡文版发行，是澳门文坛的胜事和喜事。将本地作家卓有成就的中文作品介绍给葡语读者，非常有意义，可为葡语读者带来新感受，促进中葡人士的相互了解，促进作家的创作积极性。有位名叫李鹏翥的先生，结合鲁茂的生活和创作，详细评析了《望洋小品》的特点，指出其中创作的秘诀。他先后引用宋诗"不羞老圃秋容淡，为有黄花晚节香"和清诗"落红不是无情物，化作春泥更护花"来形容鲁茂淡泊名利、培育人才的高尚品格，说明他创作的作品能够感人并非无因。

基于鲁茂的人品与作品，2002年，澳门特别行政区颁授鲁茂文化功绩勋章。

鲁茂不愧为"临川之笔"。

在当代中国的文学园地中，临川的文学才子们在不断辛勤地耕耘。

翻开当代临川文坛人物介绍，伤痕文学的代表作家戴晴、知青文学的前行人黄天明、微型小说名作家刘国芳以及长篇小说作家万斌生等人的名字，历历在目。除万斌生外，前三位我都不曾见过，只是临川有关方面提供的资料和宣传，知道他们的书写成就。

戴晴由于她的自我道路早已声名远噪，大众知晓，不必我细作介绍。她的作品，她的作为，早已为世人所关注。临川人关注她，是因为她原是临川的一个才女。

黄天明的文学功名，首当提及的是他的长篇小说《边疆晓歌》。这是中国第一部反映知青生活的文学作品，它是知青文学的发端，标志着新中国文学史中一个新门类——知青文学的诞生。

一个时代有一个时代的作家。一个时代的作家有一个时代的作品。

提起知青文学，很多人都会想起叶辛的《蹉跎岁月》、梁晓声的《今夜有暴风雪》等。其实，早在文革以前，出版界就出版过很多反映知青生活的文学作品，其中，不少在当时社会上还产生了很大的影响。其中就包括黄天明的《边疆晓歌》。而且,黄天明的《边疆晓歌》可以称得上是这一时期的重要作品。这部作品与贺敬之的著名诗作《西去列车的窗口》一样,在当时的社会中产生了极大的反响,间接地推动了整整一代人奔向边疆的进程。《边疆晓歌》在中国文学史上占有比较重要的地位,被选入中国当代长篇小说藏本。

不应怀疑:黄天明亦是当今的"临川之笔"。

刘国芳的文学作为,主要在于他的微型小说。人贵创新。一个人在某一领域某一方面有所创新,就是成就。微型小说是一种新型的为大众所喜爱的文学门类。刘国芳的名字与他的经历和中国内地当代小小说的发展史建立了密不可分的关系。迄今,刘国芳已经发表作品2100多篇,总计400多万字,是目前国内发表小小说最多的作家之一。著有《诱惑》《黑蝴蝶》《人在旅途》《抬头望见北斗星》《荡不起来的秋千》《城市上空的鱼》等小小说集9部。他与谢志强、王奎山、沈祖连被称为小小说的"四老"。应当肯定他为小小说这种新文体的成长立有功劳。他的作品颇有影响力。小小说《我也说了假话》收入北京大学《中国汉语》系列教材,《村规》被收入韩国中级教材第九册,《花开遍地》收入山东小学阅读课本第七册。

不容置疑,刘国芳也属当今的"临川之笔"。

而万斌生的文学成果,则是来自他不计时日的勤苦劳作。写作,是"爬格子"的活计。作家是"文学匠人""文化苦力"。我也是一个书写者,我深知书写者之艰辛。万斌生以"匠人"与"苦力"的耐力和毅力,费尽心血,历尽周折,写作一部长达110多万字的历史长篇小说《王安石》。我当感叹:了不得! 2006年,当他向世人捧出这部超级"大部头"之后,在中国文坛引起了关注。著名文学评论家、原《诗刊》副主编丁国成和著名历史学家俞光鹏等认为,长篇历史小说《王安石》是煌煌巨著,令人叹为观止,它是当今文坛一部不可多得的严肃而高雅的作品。在新浪网上有网民指出,近十几年来,国内长篇历史小说的创作异军突起,好作品层出不穷,如《曾国藩》《雍正皇帝》《张居正》等。然而《王安石》的问世,让他们耳目一新。《王安石》

既有《三国演义》的波澜壮阔，又有《红楼梦》的深情细腻，称得上是"千古一书"。评价不俗！在中国作协、中华文学基金会组织的"姚雪垠长篇历史小说奖"评选中，《王安石》在全国各地推荐的 47 部（87 册）参评作品中脱颖而出，名列第四。

万斌生不是当今的"临川之笔"么？

临川"笔杆子"多。

临川"笔杆子"牛。

我有一位诗友，他亦当是临川文坛"呱呱叫"的一"牛"。他曾以题为"牛鞭子"的诗作步入文坛。我不得不写他。之所以执意写他，并非因他是朋友。我们乃君子之礼，文墨之谊，不易功名之利。我感佩他的人品与文品。他叫郑伯权。大学毕业后，一直效力文职，做过记者，做过编辑，任过编审。他国学学识不浅，诗词功力深厚。早在"文革"前，便诗声遐迩。二十岁出头，便在《人民日报》发表了长达 50 多行的诗作。被称为建国后江西第一梯队诗人。本着"致君尧舜上，再使风俗淳"的写作信条，几十年笔耕不息。他不但是个"文章之才"，还是一个"口辩之才"。他善口才、善交际。他在文坛有很多挚友，在政坛也有不少高朋。但他不求官职，只求真知。他一心追求文墨，自信"最是书香能致远，腹有诗书气自华。"他自称"一介布衣，乏善可陈。"我曾打趣他说："你是新社会的社会贤达。"他闻而笑之。他曾有过迁升的机会，却无愿仕途。他有诗这样婉拒官场："独对孤灯一病身，管他风雨管他晴。年年桃树换新种，岁岁新酒装旧瓶。篱下每思问菊句，临溪绝少羡鱼情。不知魏晋世间事，我本桃花源里人。"他珍惜看重的是："齿寒犹食家园粟，人才难忘老叶村。宠辱不惊聊自慰，俯仰无愧对亲朋。"

他热衷于文墨。他勤劳于笔耕。他的旧体诗词，颇有造诣。2010 年，作家出版社出版了他的诗词专集《秋风一叶》。他赠了我一册。我刚翻开扉页，不由眼睛一亮：扉页上刊有他与前中共中央政治局常委、中央纪委书记吴官正同志的合照。我乍看有点吃惊，细心一想，便又觉无怪。我知道，吴官正同志对知识分子十分尊重。他向来礼贤下士，不耻下交。1990 年 5 月，我在南昌举办了一次"滕王阁"笔会,邀请了冯收、魏巍、杜宣、李瑛等几十位著名作家出席。时为江西省省长的吴官正同志,为会见这些作家,在宾馆足足等了两个小时。因为作家们当时正在参访庐山的归途中。吴官正同志对我说:对知识分子一是要尊重,二是要承认,三是要重用。我很感动。所有的作家后来听我转说之后都很感动。吴官正同志一以贯之地尊敬、亲近知识分子,他与郑伯权同影,自是不足为奇了。

《秋风一叶》,反响强烈。有评论家在《人民日报》上发表文章《秋风一叶,满纸希望》。评论说:"致君尧舜上,再使风俗淳"。《秋风一叶》作者郑伯权就是抱着这样的信条写作的,指望"吴头楚尾今胜昔,尧日舜天总不如"。他虽不像杜甫所处的社会"残杯冷炙,到处潜悲辛",也曾贫病交困,自嘲"砚田尚可求升斗,羞向卢生借枕头"。他笔下耕耘的却是理想、智慧和志气。

后来,我又在《文艺报》读到了李天郊(李春林)、凌翼先生评论郑伯权及其诗词的文章。称他的诗词师法杜甫,注重现实,沉郁顿挫,感时抚事,激荡衷肠。在忧叹着"风声雨声读书声"时,关心着"家事国事天下事"。比如:"长城内外茫苍苍,走石飞沙接大荒,塞草似应怜白骨,牧童拾得断头枪。"诗人不着忧叹一字,却把思想情感和意识融化在诗境中,让读者去感受、去想象、去深化。这种寓主观于客观的写作手法,毫无疑问是学杜甫的。又如,"白云流水绕双清,此是进京第一程。政息楼空人去后,满山松子落秋声。"诗人忧叹的是什么呢?只可意会不可言传。李、凌的文章因之说,这种对现象场景作典型的艺术概括,生发出哲理思考的手法,风神蕴藉,真美沉厚,不历经世事纷纭、沧桑变幻,是无法如此"手到诗来"的。"景山风雨漫无愁,长城自毁帝业休。遍地烽烟何所见,白绫三尺挂枝头。"诗人以庄重的笔调,将一页历史画图高挂长空,让读者遐想良多。再如:"佳人楼上唱离歌,唤得郎君快渡河,卷起珠帘放眼望,残山剩水已无多。"诗人又以诙谐轻松的描绘,将一折秦淮历史故事戏,跃然纸上,言微旨远,扑朔迷离,让人啼笑皆非。

改革开放之后，郑伯权写了诸多赞美诗，如歌唱较早"敞开城门"的武汉："肇启四门建大业，开放三镇拔头筹。常思五马棠荫下，心系东湖明月舟。"又如咏吟南昌新貌："一江两岸起宏图，无限风光景物殊。临水高楼多插柳，沿湖荷叶雨抛珠。吴头楚尾今胜昔，尧日舜天总不如。王勃归来寻旧迹，路人指点说洪都。"与大多数新中国培育出来的知识分子一样，他的喜怒哀乐，总是同祖国命运的盛衰起伏相呼应的，国衰心忧，国盛心欢。

现今，郑伯权早已年过七旬，且有病缠身。无疑已是文坛的贫弱的"老牛"了。

但他还愿为"牛"。

但他还很牛。

2012年5月初，我闲居广州，在儿家小住。我正在翻阅着当日当地的报章。

手机响了。

近耳一听，传来近乎沙哑的话声。话声很熟悉，是郑伯权来电：

"你在哪里呀？有事相告。"

"什么好事？"

接着，手机中是他滔滔不绝的话声。他说，江西是一块诗的土地。江西自古出诗词、名作、名家。陶渊明、欧阳修、王安石等自不待言。宋至元近200年间，江西诗派便赫然于文学史上。从黄庭坚到曾巩、杨万里、赵蕃、刘辰翁，直到提倡宋诗创立"同光体"的陈三立，江西诗派、江西诗坛的影响力经久不衰。新诗盛兴之后，江西诗派遗风尚浓，不少旧体诗人依然捉笔苦耕。现在，江西诗坛有识之士，决心为新江西诗派的确立和兴起而献计献策。他愿做个"出头鸟"，率先开声"叫一叫"。问我"尊意如何"？

我一听，很是兴奋，颇为认同。

"这的确是件大好事，愿从旁为此鼓与呼、助与促。"

通过电话不久，笔者即返回南昌。果然无意间在2012年5月16日的《文艺报》看到一篇题为《旧体诗词回归与新江西诗派兴起》的大块文章。一气读毕，感慨不已。文章高调评介郑伯权的诗词作品和他力推新江西诗派兴起的作为。

原来，多年来，他到处收集江西的旧体诗词作品，到处煽燃旧体诗词的读写热情。四处吟咏，四处和韵，凡遇旧体诗词的"诗歌老表"，他就热心支持。早些时日，他还个人资助新江西诗派的一员主将蔡起兴先生出版了《蔡起兴诗文校笺》一书。事实证明，他在为新江西诗派的兴起倾心倾力。

他还是"牛"。

他还很牛。

这就是拿着"牛鞭子"走出临川的文才子。

这就是矢志为牛的临川的笔杆子。

在共和国的舞台上

临川才子是多领域、多层面的才子。政坛不乏其人,文坛名人辈出,艺坛更人才济济。如果说,前面那些"笔杆子"会令我们感叹感佩,那么下面这些"金嗓子"也会使我们趋之为时下的"玉米"和"粉丝"。

这是临川的几位才女,在共和国的舞台上,在央视的演播厅,在百姓家的荧屏中,经常可见其人,可闻其声,让我们翻开节目单,看看几个熟悉的名字:

邓 蓉。

喻越越。

章 丽。

这是临川的三朵金花。

这是临川的三珠奇葩。

邓蓉,誉称"牵牛花",中国武警文工团的歌唱演员。从师方琼,是民族唱法与通俗唱法的优秀歌手。有报道说,她多次参加央视和军内各种大型文艺演出。2002年,获央视第十届全国青年歌手大奖赛业余组民族唱法银奖;2003年,获第三届中国音乐金钟奖银奖;2004年,获第十届全国青年歌手大奖赛专业组通俗唱法银奖……她一身"银"光。她闪闪发亮。她先后发行《牵挂》《人淡如菊》等个人专辑，为电视连续剧《杨靖宇将军》《双枪老太婆》演唱主题歌。

好一朵"牵牛花"！

喻越越，人称"紫藤花"。2008年毕业于上海音乐学院音乐系，现为中国空军政治部文工团独唱演员。是通俗唱法的知名歌手。

她是一朵四季常开、四季飘香的花。

2000年，喻越越参加上海亚洲音乐节新人歌手大奖赛，荣获"江西赛区"金奖。2004年，参加由中央电视台、苏州电视台联合举办的"3·15之夜"文艺晚会，演唱音乐剧《马路天使》，并同著名的国家一级演员宋祖英和沙宝亮同台演出。2005年8月，代表上海东方电视台参加第五届中国人唱外国歌电视大赛，荣获"海飞丝杯"电视大赛全国第二名。2005年8月，同香港"四大天王"之一郭富城、内地著名歌手毛宁一道，参加由日本爱知县举办的世界博览会开幕式演唱会。

2007年，在上海文广传媒集团和上海音乐学院共同投资的音乐剧《我为歌狂》中演女一号麦云洁，获得上海最优秀剧目奖。2007年6月，荣获音协杯声乐比赛暨"金钟奖"和"长三角"地区声乐比赛选拔赛通俗组一等奖。同年稍后一些时间，又为上海大型舞台剧《红楼梦》配唱主题曲及插曲。与此同时，获得上海音乐家协会主办的"音协杯"通俗唱法金奖。2008年1月，荣获第13届"隆力奇"杯CCTV全国青年歌手电视大奖赛上海赛区通俗类金奖。2008年，为上海电视制片厂投资的动画电影《葫芦兄弟》配唱主题曲，为动画片《隋唐英雄传》配唱主题曲。2008年8月，为北京奥运会开幕式配唱《礼乐》中的《春江花月夜》选段。值得一提的是，2008年7月，被奥组委选拔为演唱奥运会主题歌《我和你》候选歌手。虽然只离世界舞台一步之遥，但依然可喜可贺。

好一朵"紫藤花"！

章丽，美号"郁金香"。

她是一朵花，她也是一颗星，而且是星途指数为五星级的闪亮的星。

章丽，2004年毕业于中国音乐学院歌剧系，师从著名声乐教育家马秋华教授、优秀青年教师赵静，现为中国煤矿文工团独唱演员。她也是民族唱法。

　　同样，用不着我作粉饰与描写。我仅以她的资历原本告知读者。

　　2007年，章丽参加CCTV-3"和谐之声"春节晚会，担任独唱。2008年参加纪念毛主席诞辰115周年文艺晚会，担任独唱。2008年参加同乐五洲CCTV元宵大型晚会，担任独唱。同年8月应邀演唱电影《穷人的孩子早当家》主题曲。值得欣喜的是，2008年，章丽初显华丽音色与深厚功底，被邀担任35集电视连续剧《良心无悔》主题曲的演唱，获得广大观众喜爱。2009年6月在歌剧《原野》中饰演金子。2009年7月应邀演唱20集电视连续剧《真情真义》主题曲。2009年7月，章丽在"激情广场爱国歌曲大家唱"中担任独唱。随后，又参加乡村大世界走进革命圣地延安。9月在CCTV中华情中担任独唱。

　　尤其值得一提的是，章丽于2009年国庆前夕隆重推出龙凤金曲——《我的中国》《祖国我爱你》。由著名曲作家雷远生作曲，著名音乐人张宏光编曲，著名声乐教育家马秋华担任艺术指导，著名导演郑浩操刀MV，著名导演郎昆和著名表演艺术家瞿弦和监制，著名影视人章飞出品并担任《我的中国》作词，云集国内一线大腕的制作团队，为共和国华诞60周年献上一份厚礼。

　　2009年9月，章丽隆重举行了个人龙凤金曲《祖国，我爱你》《我的中国》首张EP发布会。2009年10月开始全面进军主流娱乐圈。因为有一批著名的一线艺术家为她包装，加上天生丽质，声音美妙，不少专家认定：她前途无量。

　　好一朵"郁金香"！

　　还需要做文章吗？不必了。上面引述的，都不是枯燥的资料，而是耐读的文稿。她们的舞台光彩，胜过我的笔下文彩。"玉米"的喝彩声，"粉丝"的鼓掌声，其感染力、煽动力，为我的文字工底远不能及。

　　谈及临川的才女，千万不可忘掉陈俐。她是戏剧界的"金嗓子"。她是著名的赣剧艺术家。她的才艺，不仅闪亮于共和国的舞台上，而且展示在国际的舞台上。她是一朵戏剧之花。她是一颗艺术之星。她的花容、她的星光曾大大地调动、冲击着世界艺术之都法国巴黎的视角。在第四届巴黎中国戏曲节上,她以传神的演艺、传情的唱腔,倾倒观众,赢得好评,获得最佳女演员奖的桂冠。

有专家评论:无论是歌坛金花还是剧坛名旦,她们的演艺之所以打动人、感染人,都在于一个"情"字。声有情、形有情、神有情,善于含情,善于言情,善于传情。

情,的确是个好东西。

人无情,不是人。世间情大凡可分五种:人情、友情、爱情、亲情、恩情。人们都是凭情去劳作、去生活。

自古有言:才子多情。临川的才子才女们,可以说,都是才情并茂。做文有情。做戏有情。做人有情。临川是块多才的土地,也是一块多情的土地。缘于"临川四梦"之由,临川是个梦之都,国人大都有知,但临川是个情之都,恐怕就鲜为人知了。据临川地方史料记载,临川有很多育情滋爱的山水典故和谈情说爱的人物传说,极其美丽,极其迷人。

比如:青莲山的青莲仙子与一个名叫铜的青年有着天地相投、男耕女织的姻缘。

比如:金妮园知府小姐暗恋青春少年而不得,最终徇情自尽的悲剧。

比如:双渐与苏卿夜泊豫章城下,相互以诗唱和的美景。

凡此种种,都是古人的花柳佳话,都是古人的风流韵事。

古人的传说,耳听为虚,今人的奇事,眼见为实。

2009年,有两条"八卦"新闻、"花边"新闻分别被国内和国际媒界炒得很火。一条是:邓建国"海选老婆";一条是:江海松"吻瘫纽约机场"。

邓建国,何许人也?我国影视圈内一度大名鼎鼎的临川才子。他是颇有影响的影视出品人。不少著名影视人都曾得益于他的作为。他是"大腕"。他是"大款"。在当下的中国,"大腕""大款"还愁找个不到老婆?邓建国说:"我要找个好老婆"。难就难在这个"好"字。好的标准如何?

难说。

于是，他要"海选"。

第一次"海选"未果。

又来一次，"海选"如何？

此番"海选"，非同一般。据新浪网当天的报道，邓建国通过婚恋网站高调举办"老邓征婚记"活动。报道称：与去年年底的"海选老婆"相比，邓建国此番与网站合作举办的"老邓征婚记"显得更加有规划，不仅制作了"影视大鳄征婚"的专题网页，将详细的征婚条件列举出来，短短数月内就获得近800人的留言，还在深圳举行了一场面对面的"相亲大会"。

"去年我与相恋7年的女友分手，很受伤。"此间已50岁的影视大鳄邓建国坦言道，"自己的要求不高，但是很多人靠近我都目的不纯，其实我只想找个认真过日子的妻子。"而对于此次征婚活动，他信心十足地说："去年征婚失败是因为没有合适的联络机构，所以我这次特地找了网站做红娘。而且深圳是个女多男少的城市，女孩子的素质也很高，如果顺利的话，一年内结婚也有可能。"

这天，在与现场的二十多位女士见面时，邓建国表现得非常有绅士风度，不仅主动向她们派发名片，而且还送上自己的最新电影《爱情狗》光碟等作品作为见面礼。"相亲大会"现场设置了提问和游戏环节，以便于邓建国与女士们的相互了解。当有人问到若遇到心上人会如何"出击"时，邓建国笑着说："那肯定盯住不放啦。过单身生活太久了，现在要拿出做事业的劲头来找老婆。"

据悉，参与"老邓征婚记"的二十多位女士，是从近百名报名人选中按邓建国的征婚条件挑选出来的。其中不乏公务员、女老板，更有几名青春靓丽的80后美女，她们中有一位更是坦率地对邓建国表示："说实话，刚看到照片实在觉得不怎么样，但是今天了解过之后，感觉你其实挺好的。"

除了坦诚相对之外，坐在第一排的湖北女孩表现抢眼，外形靓丽的她引起了邓建国的注意，刚见面就称赞她："这么漂亮的女孩，可以做演员了。"

而这个女孩除了在提问环节主动发言之外，还带来了"亲友团"，给邓建国留下了一个贤惠温柔的形象。

然而，面对这么多年轻的女士，闯荡于影视圈内的大腕邓建国居然坦言非常紧张。但他依然非常有自信地说："我的心态非常年轻，性格也开朗，喜欢接受新鲜事物，所以我不担心会有代沟。"他表示50岁这个年龄不算什么，自己的第二个事业高峰即将到来，接下来可能会根据自己的征婚经验，投拍电视剧版的《非诚勿扰》。

在生活方面，有人对邓建国有非议。有非议可以理解，但我认为，"生活小节"不应作过度解读。看人看主流、看本质、看大节。邓建国毕竟是个已有成就、已经成名、已很成功的"大成者"。当然，"大成者"应是"大德者"，当严于律己。希望也相信邓建国先生在成名成功的道路上，会迈着"正步"向前行进。

新浪网有关邓建国海选佳丽的报道成为很有"可读性"的娱乐新闻，而江海松的一个"吻"，却成了美国轰动一时的"爆炸性"新闻。

事情其实并不复杂。2009年1月3日，在美国新州罗格斯大学攻读博士学位的临川才子江海松，在纽约机场送别热恋中的女友登机。这个多情才子，眼见女友即将远去，爱火喷发，情欲难耐，几个箭步冲进安检线区，抱着女友一阵热吻。在场的美国安检人员，见此情景，大为惊恐，疑是"异常行动"。立即关闭机场长达6小时之久。江才子与女友的浪漫一吻，竟然成了一个"国际事态"。

事情不胫而走。舆论哗然。《世界日报》《侨报》等美国媒体大做文章。后查清事实，一罚了之。

"吻"，在西方算得上是一种文化。而相对含蓄的中国人竟然在爱情驱动之下"吻瘫"美国一大机场，算是一种什么文化现象？

当反思？

当深思？

邓建国"海选老婆"也罢，江海松"吻瘫机场"也罢，我们不作评论。

但有一点可以明文：临川的才子文化，也是一种多元文化。临川的才子文化，是在传统文化与现代文化、主流文化与时尚文化、物质文化与精神文化的传承、交融、碰撞中前进与发展。而才子情不失为其中的一个元素。

才子多情，但情亦当慎。

人贵有情，但情亦当珍。

"八卦"少说，言归正传。说起临川才子的情，我当谨此隆重推出盛中国。这位名扬四海、声扬五洲的小提琴演奏大师，以情为琴，以琴传情，将人生真情、艺术真情融于一体，他指间的琴弦，全是真情的语言，全是真情的呼唤。

盛中国，名副其实。他是中国一"盛"，是中国乐坛的一"盛"。他从小就被称为"天才琴童"。几十年来，他在共和国的舞台上，在世界的舞台上，以琴声让中国高调亮相。他是最先为中国争得世界荣誉的演奏家之一。从上世纪80年代开始，他多次在亚洲、在欧洲、在美洲举办专场音乐会，与世界多个顶级交响乐团和顶级音乐家合作演出，赢得了空前的轰动，赢得了高度的评价。世界著名小提琴大师耶夫迪·梅纽因论定：盛中国是中国的合作伙伴。盛中国因之而被称为"中国的梅纽因。"

盛中国的琴声，是爱之力、情之美的"盛式之音"。他举办过一台台情与爱的主题音乐会，向世间诠释什么是音乐，什么是爱。《梁祝》便是最成功的"才子佳人"的音乐奇迹。他对《梁祝》情有独钟。在几十年的艺术生涯中，与《梁祝》有不解之缘，他演奏了几十年，他感动了几十年。这是他几十年"不谢幕"的演出。他以他对《梁祝》情感的认知和理性的提升，为《梁祝》打造了众多的版本。他给《梁祝》颁发了"国际护照"，使这首小提琴名曲，走出了国境，传遍了世界。他因《梁祝》而成名。他因《梁祝》而成功。他也因《梁祝》使他的爱、他的情在国外遇上了知音，终而成就了"盛式梁祝"的美满婚姻。

这真是一个《梁祝》的当代版本啊！

1986年，盛中国应日本方面邀请，担任第3届日本国际小提琴大赛的评委，评选结束后，主办方面也要求评委们举行音乐会。盛中国说："要做音乐会，就离不开伴奏。"这时，盛中国在日本的经纪人向他介绍了毕业于日本国立音乐学院、很有功底的女钢琴演奏家濑田裕子。

她行吗？

试一试吧。

盛中国想，如果她弹得好，就合作。没想到，裕子对音乐形象捕捉的敏锐性果然深深地打动了他，他听出了她的音乐是心灵的畅想，而不是人造感情的组合。

裕子不错！

于是，他立马与她确立了"搭挡关系"。

请相信：情缘情缘，有情便有缘。

请相信：缘分缘分，有缘便有分。

1987年3月28日，盛中国与裕子在东京合作举行了第一次音乐会，取得了出人意料的成功。以后他们又在中日两国举行了很多次音乐会，场场掌声雷动，场场欢声如潮。曲有意，琴为媒。盛中国想不到在日本建立起来的"搭挡关系"会使他与她在1994年喜结异国姻缘，成就了一段跨国音乐与婚姻的佳话。盛中国说，"要像名厨一样去'烹调'爱情，这样才能延缓爱情的衰老。"他与濑田裕子之间的爱情，正是在两个人的"烹调"之下，有如"琴瑟和鸣"。盛中国，成了现实中的梁山伯；濑田裕子，成了现实中的祝英台。

因为有才，所以精彩。

因为有才，所以有爱。

此后，有人这样形容：这对"黄金搭挡"以琴瑟合奏的"花好月圆"之美景，以唯美的芭蕾舞形式来作图解，音乐在他们的指间如行云流水，时而缠绵委婉，时而高亢激昂，这两种艺术形式的完美结合，曾倾倒了无数观众，上演了一台台主题为"爱"的音乐会。他与她用音乐诠释什么是音乐，什么是爱情。日本外务大臣说："我们邻居家族的中国乐友、站在顶点上的著名小提琴家盛中国先生和濑田裕子女士的一对出色的协奏，实现了国际友好的壮举。"

盛中国对音乐有独特的见地。他说，一个好的音乐家，就像一只蝴蝶，当你没有咬破那个茧的时候，只是一只不漂亮的蛹；而当你咬破那个茧的时候，就有了翅膀，有了色彩，就能飞舞。很多人学音乐，老在茧上面做文章，却总也咬不破它。我们需要的是学会如何咬破这个茧，变成蝴蝶。

这是何其新颖而精美的音乐观！

音乐有爱。音乐有情。音乐能咬破"茧"而使爱和情变成美丽的蝴蝶，飞向春天，使人们咬破痛苦，向往美好，走向希望。

曾经有个女孩对生活彻底绝望了，想到了死，恰恰在此时，她听了盛中国奏出的《天鹅》后，觉得人间还有真情。从此，她打消了轻生的念头。她在给盛中国的信中说："盛叔叔，是你的音乐救了我……"

盛中国说，音乐不仅能够抚慰受伤的心灵，而且还可以荡涤人的灵魂。

有位干部子弟在文革中曾经整过盛中国的父亲，当他在杭州听了盛中国的音乐会后，彻夜难眠。他在给盛中国的信中说："盛老师，我原来是一个玩世不恭的人，听了您演奏的音乐，使我寻找到了以音乐塑造理想人格的方法，在那优美的音乐声中，少了几分烦躁不安，多了几分祥和安宁。是您以奇妙的音符组合又唤醒了我的良知……"

小小的七个音符，在人生的舞台上，奏响出生命的号角。

这就是真情的感召力？

这就是音乐的生命力？

这就是临川才子展示的不同凡响的心力与才力！

令人尤为欣喜的是，拥有这种倾心力、才力于天下的临川才子，在不断涌现。

2012年春天，在共和国的舞台上，又出现了一个来自临川的新面孔。她是米粒。

中央电视台星光大道的演播大厅，这是一个比素质、比心态、比才艺、比实力的高端赛场。大厅里，观众的目光，专家的目光，评委的目光，聚焦在一个阳光女孩的身上。

"你是做什么职业的？"

主持人问。

"我是在北京读书的大三学生。"

米粒回说。

"你是哪里人？"

"我是江西抚州临川人。"

回答很干脆。回答很有力。

主持人似乎从回话声中，听出了一种自信与豪情。啊，临川人，才子之乡、文化之邦的临川人，对自己有期望、有信心的临川人。

演出开始。第一轮，米粒在掌声中胜出。第二轮，米粒在喝彩声中胜出。第三轮演出，是关键一轮。曰："家乡美"。前面已经淘汰了几位选手，此轮能过关，便胜利在望。场上气氛有些紧张。但米粒很沉着。她第三次出场了。场下静，乐声起。一阵富有江西民歌色彩的红歌旋律，在大厅中回荡。但见她，形如杜鹃吐艳，声如玉盘滚珠，情如风走云扬，把一曲《红军哥哥慢慢走》唱得听之者屏息瞪目，评之者点头击掌。乐止声息，米粒演毕，掌声如雷，欢声四起。她又胜出了。最后一轮才艺比拼之后，舞台上只剩下她一人。她是此次星光大道周赛的冠军。

台下亮出标牌：米粒！

台下响起呼声：米粒！

主持人又来到她面前：

"你为什么叫米粒？"

她尽力掩饰胜利的喜悦，深情地回话：

"米粒是我的小名，我小时候吃饭常常有饭粒掉在桌上，爸爸教我拾起来送在嘴里吃掉。爸爸说，粒粒米饭都来之不易。应知盘中餐，粒粒皆辛苦啊！为此，我便有了米粒这个小名。"

小名意不小啊！

接着，她又说：人要有感恩之心。就像我为不忘米饭来不之易而起名为米粒一样，我演唱红歌也是为了不忘红军，不忘传统。我是来自江西老区，我永远不能忘记我们的父老先辈为革命付出的牺牲，作出的贡献。我永远歌唱他们。

一曲歌，令人动情。

一番话，令人动容。

台下再一次响起热烈的掌声和欢声。

米粒披着星光，兴奋地走下了星光大道。据说，她已被一位导演看中，即将出演一部电视剧的女一号。

可以相信，一颗新的艺术之星，又将升起在临川的"星"空……

第四章
临川才子的成因说

其实，没有什么奥秘，
用不着推论与猜疑；
这块土地上的奇迹，
都是人之所为……

临川的"哥德巴赫猜想"

俗话说："人上一百，武艺皆全"。在拥有70多亿人的地球上，到处都出人才。出人才不是中国的专利，出大才也不是中国的专利。据说，美国就是一个盛产人才的国家，而且很多是少年才子。

美国加利福尼亚州萨克拉门托市的印度裔神童塔尼斯克·亚伯拉罕，就是一个堪称传奇的人物：他2岁时就能从1数到100；4岁即以高智商进入曼萨天才俱乐部；曾发现1颗超新星，并协助发现系外行星。现在，年仅9岁的亚伯拉罕已是美国河流学院的注册学生，还偶尔担任客座讲师，到校授课。

据报道，亚伯拉罕8岁时进入美国河流学院就读，主修天文学。他跟年龄比他大一倍的学生一同上课，偶尔还向他们授课，这个小天才表示，"我喜欢粒子物理学，思考宇宙的命运。"

多大的口气，多大的志向！

无独有偶。这也是一个美国孩子，名叫罗佳妮，12岁。当地媒体说，2012年7月6日，她在中国南昌市红谷滩新区滨江豪园小区张贴了一张醒目的招生广告："大家好，我是来自美国的12岁的初中生，我愿意教7至9岁的孩子学英语……"罗佳妮是随父母来南昌渡暑假的。有人问她："你小小的年纪，为什么会想当'家教'呢？"她的回答很干脆："做家教可以体现自己的人生价值。"

少年的追求，人生的期许！

更有甚者。巴勒斯坦15岁少女暑假当上市长。有报道这样叙述：巴勒斯坦地区9月初迎来返校周，与多数中学生一样，少女巴莎尔·奥斯曼在度过漫长暑假之后将重返校园，但不同的是，她没有在假期中与朋友四处游荡玩耍，而是在一座小城当了两个月市长。

在约旦河西岸小城阿拉尔，有8000名居民。两个月前，他们迎来"世界上最年轻的市长"——少女巴莎尔。当时，巴莎尔尚不满16岁。

"我每天早晨8时到办公室，查看许多文件，签署文件，会见市议会成员。我还得去许多实地访问，解决突发事件。"巴莎尔告诉记者。巴莎尔的任期限定为两个月，开学后，她将恢复普通学生身份。阿拉尔原市长苏菲延·沙迪德也将恢复职位。

小小的年纪，大大的作为！

少年天才9岁任大学客座讲师，12岁在异乡他国招生当家教，15岁少女当市长，不是少年才子吗？

这样的例子，在英国、在法国、在日本都有。就像有泥土就会有大树一样，凡有泥土的国度，都出天才，都出人才。事情就怕比较。有比较才见低高。临川对于地球说来仅仅是一个弹丸之地，但从古至今，密聚性出人才，群体式出人才，常态化出人才，时至目前，只有中国临川。

临川，一块充满才气的土地！

临川，一块充满灵气的土地！

临川，一块充满神秘人文色彩的土地！

然而，由于自然和非自然的诸种原因，这里曾在许多年间，曾经也是一块交通不方便、生活水准不高的土地。人们为之奇怪了：这里为何才星高照？这里为何人才辈出？这似乎是一个陈景润们也难解答的临川式的"哥德巴赫猜想"。人才学家产生了很大兴趣，遗传学家做了研究课题，风水先生也感到是个谜。

风水好？

气候好？

基因好？

众说纷纭，莫衷一是。说法不一不打紧，反正这里就是出才子、出能人。前面已经说了，有民谣曰："人到临川转个身，傻子也会变聪明。"

玄乎！

到临川去转个身吧！

历史挖掘出了一个笑话。据传，前清年间，有个外乡大财主生有四子，但个个不知诗书，重金聘了几位家庭教师专职鞭教，也无济于事。有人出了个主意："临川是个才子之乡，据说读书人只要沾点儿临川的灵气，没有不成才的。"财主大悦，以为此举甚妙，旋即兴师动众，操点一班人马，送四子到临川沾灵气去了。可是三年之后，无一成才，大失所望。又有人献了一个密策：要得才子，还得要有临川的"血本"，就派个小老婆去临川"借东风"吧。那时科学不发达，还没有试管婴儿，财主求才心切，既要求得才子，就得咬咬牙，舍出"血本"去求得"血本"。他真的这样做了，但事与愿违，小老婆从临川带回来的，仍然是个不成器的逆种。

现实传播出了另一道趣闻。据云，邻省有个经济发达地区，有个中国第一代"万元户"中的一位"款爷"，人到中年，娶有一年轻美貌女子。夫妻恩爱，房事频频，但不知为何，房事总是劳而无果。后夫妻同做医检，方知夫君无"能"。夫羞而急之，妇思而叹之。怎办？也有好友暗中提示：现在已有试管科技，何不"借精"育子？夫妻大悦："要得要得！但既然要借种，就要借良种。"良种在哪里？好友又一旁提示：中国有个才子之乡，在江西临川。临川人生的孩子个个聪明，代代出才子。临川人是"良种"。事情很巧，恰好当地民工中就有不少临川老表。主意一定，立马"借精"。"万元户"不惜血本，高价取精。钱没白花，果得一子。夫妻如获至宝，百般照料，万般施娇。也许正是娇过头了，"良种"不良，从一年级起就年年考试不及格。一计不成，再来一计。后好友又出主意：可以向古人学习投"血本"，叫妇人去临川"落地生根"。妻子青春年少，花容月貌，"万元户"一听，连忙摆手：不行不行！借"良种"不成，投"血本"不忍。此事就此告空。

历史笑话，现实趣闻，听来近乎荒唐。其实，都不为怪。家有才丁，望子成龙，这是中国的传统，这是今古的人心。当今，来临川"借良种""投血本"的事当然不可能发生，但送子女来临川求学的却是成千上万，经久不断。临川教育局的负责同志说，有一个趋势让他们招架不住，这就是从上世纪八十年代初出现的全国各地送子女来临川的"留学热"。据不完全统计，近30年来，先后从北京、上海、武汉、广州、兰州等地来临川的"留学生"，已多达几万人。据说，还有日本华侨送子女来临川深造。有的地方，甚至也创建了"临川中学"。深圳"临川中学"就是第一个域外"临川中学"。但实际上这所学校与临川毫无关系。为何要称之为"临川中学"？学校负责人称：拷贝"临川模式"取名是为方便宣传。看来，"临川教育"的品牌真的不同凡响啊！可以说，在业界具有旗帜性的影响力和号召力。

现在，为子女求学，天天有人来临川"托人情""找关系""走后门"。2012年暑期，我去临川一中采访校长，但在校人员都不知校长的去向。校长突然"失踪"了，"蒸发"了。校方有人说，他躲起来了，为的正是逃避"人情关"。据说，每逢暑期开学前的日子，都是校长"逃亡"的日子。人们都想将自己的子女送到临川来"留学"。于是，千真万确，临川出现了留学热，甚至是留学潮。这些千方百计为子女在临川谋得一张课桌的家长，有高级干部、有大学教授、有明星名流。似乎，越是有才者，求才心越切。

求才的年代啊！

人们纷纷来临川求"才神"、沾"才气"，但临川的庙太小了。临川，容得下那么多"香客"么？

求才的心情可以理解，成才的道路却不简单。人能否成才有多方面的因素。有主观因素、有客观因素；有物质因素、有精神因素；有先天因素，有后天因素。人才学者王通讯认为：人才的成长与成功，受到内在因素与外在因素的制约与影响。内在因素包括"德、识、才、学、体"五个要点。外在因素包括人与时、人与地、人与人、人与物的四个关系。

成才的因素很多，但笔者看来，其核心因素只有一个：人才的成长、成就，都是人的因果。正如毛泽东所说：事物发展的根本原因，不是在事物的外部，而是在事物的内部。

临川的"才神"，就是临川人自己。

不敢有忘是"四苦"

我早在上个世纪八十年代初,就带着临川为什么出才子这个世人普遍关注的问题,在临川调查多日。那个时候,中国才从苦难深沉的旧社会走过来接着又从"十年浩劫"中走出来。中国很苦。临川更苦。那个时候,我从资料的记述中,我从采访的口述中,看到的、听到的关于临川才子的成因,只有一个字:苦!家长苦育,子女苦读,老师苦教,领导苦抓。

一个令人永远不敢有忘的结论:

临川才子苦中来!

人们流着眼泪说,我流着眼泪记:家长的苦,学生的苦,老师的苦,领导的苦……

采访结束后,我十分震撼。回家之后,立马伏案写作,八千字的报告文学一气呵成。发表后,反响热烈。中央和地方多家媒体全文转发。有一家杂志还加了编者按语,称:"这是一篇不忍删去一个字的好文章。"原发报纸收到几百件读者来信。有一家广播电台的播音员在播发这篇报告文学时泣不成声,三次中断播音。其时江西省委宣传部的一位主要负责同志在阅读时,也不由得热泪长滴。我发表了几百万字的文章,我妻子从未说过一个好字,唯独看过这篇报告文学后,她边抹眼泪边对我说:"这篇文章写得好!"这篇报告文学能如此打动人心,真是文章写得好?不,是事情好,是文中那些人、那些事的确十分感人。这些故事，我现在依然记忆犹新……

故事之一：八十年代的"祥林嫂"与一个智力梯队

苦，那时的确很苦。

中华民族，是一个受苦而不轻意诉苦的伟大民族。只要苦得其所，就苦得其乐，就甘于苦得忘我。怕就怕苦在盲目之中。怕就怕苦在愚昧之中。怕就怕苦在无望之中。

假如苦在希望中，那是世界上最有价值的苦。那时，我感受到的"临川四苦"，就是这种苦。临川人心甘情愿地熬着"临川四苦"。

她：占香兰，就是一位受苦而不诉苦的"临川四苦"中的母亲。

河西乡曾家村。破旧的土房。占香兰木然地坐在门坎上。被泪水冲洗得血红的眼睛，痴望着茫然的远天。丈夫病故，中年丧偶，家境贫苦，劳力单薄，三个不成年的孩子，怎么办？

"妈，你别着急，我去卖劳力维持生活。"大儿子来到她身边。

"妈，我进城去捡破烂，也可以换碗饭吃。"二儿子来到她身边。

"妈，你就带我们去讨饭吧，等我们长大了，一定赚大钱给你。"小儿子来到她身边。

母性崇高。天职神圣。占香兰在极度的痛苦中，有种叫人吃惊的镇定和清醒。她张开母亲所具有的宽广的襟怀，将孩子们一把搂在怀里，滚烫的泪滴洒落在孩子们的头上：

"你们哪儿也不要去，都去上学，去读书。"

上学？

读书？

妈妈怕是急病了在说糊话吧！债还不清，饭吃不上，还能上学读书？

妈在说梦话！

妈妈是清醒的。母亲是明智的。生活，的确如泰山般压在头上，空前的艰难困苦，快把母亲逼出生活的门槛外了。但一切都可以忍受，母亲的忍受力，是任何一个科学家都估不透的奇迹。苦海慈航啊！

"你们必须去上学,去读书。我就是拼死拼活也要使你们好好成长!"

没有别的选择。

儿子们都上学去了。

她拼死拼活了。

让我真实地描写一下那时日这位母亲的形象吧。她把孩子们送进学校之后,面目全非了,是女人?是男人?"男人的一半是女人","女人的一半是男人",难于辨认。她蓬头散发,污头垢脸,赤足裸臂,破衣烂衫,有人叫她疯婆子,有人叫她叫花子,胆大的年轻人,竟把旧社会鲁迅笔下的人物强加在翻身三十六年的新兴妇女头上,叫她为八十年代的"祥林嫂"。有人劝她:"别打肿脸蛋充胖子。想法子给孩子们混碗饭吃就不错了,还读什么书呢?"

糊涂!

说由人家去说吧。笑由人家去笑吧。她心里亮堂,她灵魂坚实,她精神昂奋。她心甘情愿地从一个女人身上向生活付出连男人也付不出的力量!种地、养猪,喂鸡,拾柴……她挟持在极度紧张和劳禄中。她几年没有吃过一个蛋,甚至没有吃过一顿饱饭!她是一心在创造、在积蓄、在节省、在付出!

这就是妈妈!

这就是母亲!

希望在母亲忍受着的痛苦中孕育。

生活毕竟尊重在困苦面前有胆识、有魄力的强人。这位八十年代的"祥林嫂"赖以党在农村新的经济政策和她的大智大勇,苦战几年,发财育子,硬是以她劳苦的双手,在才子之乡扶起三棵希望之树,托起三颗理想之星。在我当年采访的时日,大儿子大学毕业,二儿子中专毕业,小儿子正在攻读高中,是一个学业优异的佼佼者。这是一个多么有希望的智力梯队啊!她拾回了丢失,她得到了补偿!

母亲伟大!

那些高楼大厦里的贵夫人,那些铅华粉黛的姣娘娘,以及她们的骄奢不才的儿女们，在这位母亲面前，在这个梯队面前，愧之何如？

"才子之乡"的爹娘们，就是这样苦育才子的。在临川，任你打问谁人："你们临川人想什么？"回答毫不含糊："想'五子'：想妻子，想儿子，想才子，想票子，想房子，但最要紧的是才子。"

下面说的是一位父亲，他曾是一个长工的儿子。近半个世纪来，他如牛马一般劳作在汗水浸透的土地上。他也曾做过"五子"梦。妻子，他有了；儿子，他有了；三中全会以后，票子也有了。五子之梦已有三子成了现实，还少"二子"：才子和房子。

"做栋新房子吧。"妻子三番几次对他说。

是的，连鸟儿都想有个舒适的窝，他多想做栋新房子啊！他祖祖辈辈，世世代代都是在破房旧屋中熬过来的。他永远不会忘记，他父亲去世的那天，刮大风，下大雨，冰冷的风吹着雨水，从房顶上直捣床头，父亲留给他最后一句话，就是"一定要做栋房子"。几十年来，他一直没有忘记父嘱，现在富了，是个"万元户"了，几代人的心愿该付诸实施了。

"不。房子以后再做不迟，还是把钱先供儿子去读书吧。"

"才心"深重的父亲，毅然决定了自己的投资方案：求才子，舍房子！出了才子还愁没有房子吗？他很有信心。他的估计果然不错，儿子考上了大学，据说正好是学土建工程的。家里有了建筑工程师，实现祖辈几代人的新房梦的日子，还会远吗？

父亲英明！

把"伟大"，"英明"的字眼加在这些其貌不扬的父亲和母亲们头上，过分吗？天底下没有比苦育后代的父亲和母亲们更伟大、更英明的了。

不认账么？

我认！

故事之二：吃饱饭与一百分

看来，这似乎是一个奇异的命题，吃饱饭与一百分有什么联系？有的。这是云山乡岗坊村十五岁的孩子戈国龙那时向生活提出的一个严峻的实际问题。

孩子是长身体、长知识的时候，体力和智力需要求得同步发展。生活，应当而且必须对他们提供足够的滋生体力和智力的营养素，首先是要吃饭，而且要吃饱饭。

戈国龙吃不饱饭？

吃不饱。

戈国龙是株苦瓜苗。父亲病故，兄妹病残，姐已出嫁，靠母亲操持一切，家境惨淡。有道是：国难识忠臣，家贫出孝子，"穷人的孩子早当家。"古往今来，大量事实论证一个真谛：磨难中的孩子，有一种惊人的早熟力和顽强的抗争力。他们敢于而且善于在压力下寻找自己的出路。戈国龙幼小的心灵中，埋藏着一种坚定的信念：我要发奋读书！

读书需要许多条件。

戈国龙还没有学会说空话、说假说。他面对现实提要求："我读书什么条件都不要，只要能吃饱饭，就能得一百分。"

这是个不是条件的条件。八十年代的学生竟把"吃饱饭"作为最高要求，格调是否低了一些？

有出息的孩子，对生活不持奢望。

戈国龙真实。真实，才有力量。

那时的临川县一中高中的任课教师陈炳光老师看中了戈国龙：戈国龙不会图有虚名，他将来一定会成"龙"。

老师对学生的观察力、判断力是不必怀疑的。戈国龙自从云山乡初中考入县立一中后，学力深厚，成绩优异，智力超人。

情况突然有了变化。有一次考试后，陈老师皱起了眉头：戈国龙成绩显著下降了。

什么原因？

陈老师来到戈国龙的寝室。好几个人围在他床前。发生了什么事？戈国龙昏倒在床上。手里还拿着英语课本。

生病了？

饿昏了!

饿,现在看来,是一个与时代很不相称的字眼。一般的孩子,是体验不到这种滋味了。但这是戈国龙的现实。与时代相矛盾的现实。戈国龙家是个特殊的贫困户。家里给他的伙食费是极有限的。他每餐只能买半份菜饭。他必须勒紧裤带,紧缩饥肠。繁重的学习任务,强烈的生理消耗,使他的体力供求严重失去平衡。

陈老师的心头涌起一阵难言的痛苦和酸楚。戈国龙学习成绩下降的原因,还用得着追究吗?有权利去追究吗?他得一百分的最低条件都没有满足啊!

陈老师的心在颤抖。

戈国龙昏倒的消息传出后,全校为之震动。消息传到食堂,传到伙房。三个炊事员发呆了,他们似乎感到了一种失职的痛苦。为什么不关照关照这个饥饿中的才子?于是,他们三人不约而地赶到戈国龙的寝室,认识了戈国龙。

此后,戈国龙碗里饭菜的份量显著增加了。一毛钱居然得到两毛钱的报偿。他很奇怪:伙食便宜了?是良心、同情心在优惠他!

事情不翼而飞。戈国龙忍着饥饿艰苦求学的情况传到了他早已出嫁的姐姐耳里。姐姐急哭了。这些年来,农村的生活水平确实普遍提高了。但事情又的确具有特殊性。戈国龙的姐姐偏偏也是个因家贫口多、劳力单薄的困难户。愁烦、焦急的夜,雷电交加,风吹雨打。她彻夜不眠,一心惦记着弟弟。她能给弟弟什么呢?送米去?没有。送菜去?没有。送钱去?更没有。钱,是的,箱夹里有五毛钱啊!那是前几天卖了蛋得来的。她兴奋了。快把这五毛钱送给弟弟去!

第二天,不等天亮,她爬起床,顶着风雨出了门。她头上披着一块塑料薄膜,泥一脚,水一脚,从云岗步行八十华里来到了临川县城,把紧捏在手心里的五毛钱交给了弟弟。

走八十华里,送五毛钱,不可思议?不可理解?如果用一般的价值规律来衡量它的意义,那是十分愚蠢和糊涂的。多少钱在这五毛钱面前都失去了本来的价值!这五毛钱的价值率只有戈国龙算得清。

"姐，你放心吧，我一切都好。我一定拿大学文凭还你这五毛钱！"

戈国龙送姐姐出了城，手心里紧紧捏着五毛钱，久久地望着姐姐。他把眼泪吞进肚里。

回到寝室，他把五毛钱放在枕头下。面值低微的货币已化作了昂贵无比的精神财富。他十分振奋地拿起了笔，在笔记本上写下两个大字：苦读！

门口有脚步声。

谁？

陈老师。

"戈国龙，有你的五元汇款单。"陈老师以近乎报告喜讯的神情来到戈国龙身边。

"给你寄钱的王振纲是你什么人？"

陈老师指着汇款单上寄款人的名字问戈国龙。没想到，戈国龙一声不吭，刹那间，但见他的眼里涌出一串泪水，涮涮地洒落在汇款单上。

陈老师呆住了。

王振纲，戈国龙的亲戚？不是的。他是戈国龙初中的老师。王老师发现戈国龙是个刻苦求学的"穷秀才"，他同情他，关心他，决心支持他。戈国龙进县城读高中后，他每月从自己微薄的收入中抽出五元寄给他。这就是戈国龙每月的基本费用。

师长崇高的掬育意识深深打动了陈老师的心。陈老师想：戈国龙既然现在是我的学生，我就应当接替王老师关心他、支持他、接济他的责任。陈老师决定每月也给戈国龙五元钱。但他想到，家有老少三代十四口人，妻子没有工作，靠他一人的收入维持全家生活，他需要征求一下妻子的意见。她是当家人啊。不料，妻子一听，满口答应："我们家再苦，也比戈国龙家好，我们每月省下五元给他做奖学金吧！"

戈国龙得到了一颗颗滋养他的爱心。姐姐的五毛钱，炊事员的优惠饭，王老师的伙食费，陈老师的"奖学金"，这些无私的奉献、崇高的给予，使他升腾起尤为奋发的决心。

戈国龙加倍地拼搏。门门功课满分的成绩单，报告了他拼搏的结果。

一九八五年，临川这块才子辈出的乡土上，一举升起了十一颗少年才星。十一个十五岁以下的孩子，考取了清华、北大等名牌大学的少年大学生班。值得深思的是，这十一个孩子，几乎都是出身贫苦的农家子弟。戈国龙被全国著名高等学府南京大学的举考教授视为"神童"。他以单科一百零八分的复试成绩，为才子之乡大添光彩。

闪光的才星啊！

故事之三：清苦的"才神"们

教育是人类特殊的社会现象。缔造这种特殊社会现象的特殊人物，毫无疑问便是教师。如果说，少年才子们是"才星"，那么育才的老才子们，可不可以说是"才神"呢？

这是一个勤苦执教的典型。说的是罗湖小学一位年过半百的老教师，他在黑板前站立了近三十个春秋。黑板是他忠诚地、辛苦地耕耘的一片沃土。一批批幼苗长成了树，制成了材，为国家派上了用场。一群群雏鸟，翅膀硬了，远远地飞去了……而他，还站在这块黑板面前，粉笔尘染白了他的双鬓。

命运，似乎总爱捉弄一些忠诚老实的人。这位小学老师也是苦命人。心眼儿尖的读者一定会问：本文的主人翁们，为什么个个都是苦命人呢？是的，他们都是苦命人，但他们个个是强种！他们苦出了精神，苦出了志气，其结果，他们又都是幸运者！这位老师便是这样一位苦命中的幸运者。幸运的时代不一定都有幸福的家庭。他的家庭很不幸。他的妻子长期病瘫，儿子不幸少小夭亡。他欠下几千元债。上世纪80年代，几千元可不是一个小数啊。全世界都承认，中国知识分子禀性清高，自求清白，甘受清苦。这位老师也属于此类"三清"的"老九"。家庭残缺，生活贫白，但事业心却始终很完整，很康强。

这决不是危言耸听。这位老师也饿过饭呢。那时，时正冬天。这天早晨，他热了点剩饭给妻子吃过后，自己匆匆赶去上课。中午回到家，米缸空了。他不好意思向别人去借，妻子已经睡着了，自己喝了一大杯开水又上课去了。

这天恰好是上总复习课,他站在黑板前,大半天没下来,脚发抖,眼发黑,忽然一头栽倒在讲台上。学生将他叫醒,他只要了一碗水喝,接着又上课了。他像一条饿蚕,还在不停地倾吐……

这件事被反映到当时的县里去了。其时县委、县政府的领导十分震惊。惭愧,难受,不安,欠下了一笔大债啊!县里的主要负责同志马上责成有关方面妥善解决,派人到校一次性给这位老师补助四千元,将他妻子送往上海,花了三千多元为她赢回了健康。

只抓了一个典型,"妥善解决"了一个老师的问题,领导同志心中欠下的"大债"就算还清了?假如是这样,才子之乡能出几个才子?值得庆幸的是那时临川县委、县政府的主要领导人,是一伙"才迷",县委书记刚上任,就提出一个十分鲜明的口号:"当一任书记就要绿化一个山头,掌一任职权就必须推出一批人才。"老百姓都不相信空洞的口号。但他的口号的确是一种开诚布公的告示。他说,假如"才子之乡"在我的任期之内出不了才子,让全县人民撵我下台,从严制裁。他要求全体县委常委与他通力合作,花一番苦心,下一番苦功抓教育。当时在任十个常委中,就有七个常委的手伸到教育界了。几年来,他们先后察看过全县百分之七十的学校,走访了一千多名教师,接待和处理了九百二十多名教师的来访来信,为他们解决了二百五十多个实际问题。为了发"才",他们舍得花"财",从全县财政支出中,拨出百分之三十七的财力作教育经费。请不要低估了这个比例的实际意义。需要胆识,需要水平,需要魄力。在盛行"交学费"的年代,这才是交的最值的"学费"!

领导的胆识造成了巨大的精神反馈。"才风"鼎盛,"才路"畅通。临川可谓才子之县,江西可谓才子之省,中国可谓才子之国!在重视教育的时代,"才子之乡"的教师为之振奋,育才之心更为急切。临川一中教师陈新希,已到退休年龄,有人劝他退休,出高薪请他另作高就,他岂肯依从!人生坎坷几十年,难得当朝盛世,谈什么"退",道什么"休"?不休不退,执教到底。他有个"三五"规划,教五十年书,教五千学生,输送五十名研究生。他说:"孔子尚可培养出三千弟子,七十二贤才,我为何不可培养五千学生?

我希望我的学生，立足江西，走向全国，冲出世界！"

故事之四：他带着一把临川的泥土走向世界

不是奢望的希望，不会失望。希望的土地上丰收了。请听这欢庆的锣鼓声。

曾有过多少敲锣打鼓的时候！欢呼亩产十万斤，欢呼新生的"红色政权"，欢呼"最高指示"发表……曾经敲破了多少锣，打破了多少鼓，敲打出了什么结果？一个狂热而空虚的时代！一页愚昧而荒诞的历史！

那是忧郁沉闷的锣鼓哟！

今天的锣鼓在为谁而敲打？那么热烈，那么欢畅，那么昂扬！成百上千的农民，举着彩旗，鸣放喜炮，舞着狮灯，高呼口号，实在热闹极了！逢上了什么特大喜事？欢度着什么盛大庆典？打在队伍前头耀眼的横幅，骄傲地告诉人们，这是临川大岗乡珠山大队的父老乡亲们，在欢送农民的儿子刘禾根赴美利坚合众国留学。

刘禾根系西北工大毕业生，他以其雄厚的学业实力，一举考取了留美研究生。喜讯传到家乡。家乡父老奔走相告：我们村出了新状元，出了新秀才！临川有个"地方传统"，不问亲不亲，不问邻不邻，出了才子都高兴。一家子弟留洋，全村老少荣光。人们给刘禾根家挂上大红匾，贴上红对联。现在，又为刘禾根举行这样隆重、热烈的欢送仪式。

刘禾根披红戴花。人们欢呼着、簇拥着他来到车站。这场面，这气氛，当年从这里走进朝庭做宰相的王安石和晏殊当然是不曾见过的。刘禾根享受到了前无古人的荣耀。他激动不已，泪花盈眶，紧紧地握着父老乡亲们的手，不忍离去。

他忘不了，日耕夜作、节衣缩食供儿女们读书的父母；

他忘不了，以县包乡、乡包村、村包组、组包户的方式苦抓教育的干部；

他忘不了，呕心沥血、埋头苦教的老师……

"请大家相信我，我决不会让对我寄托希望的父老乡亲们失望！"

刘禾根没有更多的话说了。临上车前，他悄悄地从父母脚前抓起一把泥土，用手帕包着放进口袋。这是养育着他的土地，这是期待着他的土地。这是一把热烈的乡土,这是一把滚烫的国土。他将会怎样回报这乡土之情、国土之心?送行的乡亲们心中有数。

笛鸣三声。车轮滚动。刘禾根站在车厢门口,深深地对父老乡亲鞠了一躬,满怀一腔热烈的乡心国魂远去了。他正走向世界……

……

上面所叙的故事,都已时日久远了。

时间的长河在无声地流淌。世道沧桑,时空转换。中国已不是昨日之中国。临川也不是昨日之临川。不知为什么,我依然深深怀念着那个时代。至今,我还在为临川那些母亲们、父亲们、孩子们、领导们的故事所感动。我的泪水点落在我书写的纸面上。她们和他们的理想、信念、志向,是我,不,我大胆地说,是我们所有的人永远都不能忘记的精神财富和价值取向。不错,"四苦"已成为历史,"四苦"也已成为精神。作为历史,作为精神,能够忘却吗?

然而,毕竟时代不同了。在新的历史时期中,在新的时代背景下,教育也必须树立新的观念,探索新的模式。如何在新的形势下更好地培养人才?聪明的临川人,在不断探索,在不断创新。

一个"痛并快乐着"的转变

不错,临川的教育,曾凭借着"四苦"精神,为教育事业打造了一个辉煌的时代。但是,时代在前进,社会在发展。教育也必须随之前进、随之发展。临川一中校长饶祥明,对此有其深刻的认知。他说:"苦字当头曾孕育了临川教育的一时辉煌。随着社会的发展,纯粹的吃苦精神并不能培养满足社会需求的人才。因此,我们临川一中提出了教育理念、教学观念、教学方法、教学手段的'四个转变',一切围绕以人为本、全面推行素质教育来进行。"

一切围绕以人为本、全面推行素质教育来进行。这是一个何其鲜明的观点,这是一种何其不凡的转变。饶祥明的话,说出了临川教育界的共同心声。

可以说,中国的教育史,是一部沉重的应试教育史。要破除千百年来应试教育的弊端,全面推进素质教育,这是历史性的转变,这是革命性的课题。这必然有一个脱胎换骨式的漫长的甚至是痛苦的过程。

但非转变不可。

但非尽快地转变不可。

教育是民族振兴和社会进步的基石。教育是民族、国家和社会希望之所在。而素质教育决定着国家与民族的未来。中小学教育,是为生活作准备的教育。启开孩子们的人生,点亮孩子们的希望,放飞孩子们的梦想。兴国必先兴学,强国必先强教。这是铁定的真理。素质教育,是时代发展的呼唤。这是铁的使命。当今时代,是科技大踏步前进的时代,是知识经济高速发展的时代,是经济社会日新月异的创新型时代。只有高度重视和加快发展素质教育，大力培养创新型人才，才能抢占发展主动权和制高点，才能在激烈的国际竞争中立于不败之地。

然而，我们在这一方面，已经是大大的落后了。

有一个教育现状成果调查项目显示，在对全球21个国家测试中，中国孩子的计算能力排名第一，而想象力却是倒数第一。这一前一后的第一，这一正一反的对比，充分证明，大力推进素质教育的开展，大力破除应试教育的弊端，是何等的必要，是何等的重要！

在教育创造竞争力方面，有很多国家值得我们学习与借鉴。欧洲芬兰就是其中之一。报载：近几年全球竞争力排行榜中，北欧小国芬兰一直名列前茅，成为最具竞争力的国家之一。究其原因，在于完备的教育体系和良好的创新环境。芬兰从基础教育到高等教育，自始至终贯穿着对学生创造力的培养。基础教育非常重视培养孩子的动手能力和创造性思维。高中教育把培养综合素质高、有创造力和合作精神、能够独立探求知识的社会成员作为根本目的。高等教育鼓励学生创新，被广泛使用的Linux操作的系统，就是赫尔辛基夫大学的一位学生开发出来的。多年来，大学为国家和企业培养出大批高素质的创新型人才，成为芬兰国家创新体系的坚强基石。

放眼世界，大开眼界。积极地、努力地、全面地推进素质教育还能等吗？

等不得！

等不起！

等不来！

应试教育的"包袱"，太沉重了。

应试教育的"教鞭"，太无情了。

学生在没完没了的课业、作业面前埋头伏案。

家长在"择校""补习班"的路上奔波不停。

老师在升学率的"压力山大"之下呕心沥血。

而这一切的结果，竟然在21个国家项目比对中有一个倒数第一！

中国的教育界清醒了。

江西的教育界清醒了。

临川的教育界清醒了。

必须从应试教育的套路中冲将出来，必须全面实行素质教育。改革开放以来，特别近些年来，在江西省委、省政府和抚州市委、市政府的高度重视支持下，临川区委、区政府痛下决心，紧紧围绕科技兴赣、科技兴市、科技兴区和人才兴区战略，认真贯彻《国家中长期教育改革和发展规划纲要》，以加强素质教育为刚性使命和硬性目标，着力改革教育观念，着力提升教育内涵，着力改变教育现状，办国家放心的教育，办时代需要的教育，办人民满意的教育。让学生智力、能力全面地发展，让孩子健康快乐地成长。

素质教育是一项复杂的系统工程。素质教育不仅仅是政府教育部门的事情，不仅仅是学校方面的事情，它涉及到、关系到政府职能部门、学校、家庭、社会各个层面、各个方面。政府是主导。学校是关键。家庭和社会是基础。主导也罢，关键也罢，基础也罢，一个共同的前提，就是破旧立新。破旧的观念，立新的观念。政府要破旧的教育政绩观、立新的教育服务观；学校要破以升学率为唯一标志的成就观，立全面发展的育人观；家庭和社会要破望子成龙的荣耀观，立让儿女健康成长的亲子观。破旧的过程是痛苦的过程，立新的过程也是痛苦的过程。临川在痛中破，临川在痛中立。法国文豪雨果向人们呐喊："孩子的真正名字是什么？那就是未来。"临川的方方面面都清醒地认识到：教育是家事，更是国事。教育是今天，更是明天。长痛不如短痛。决不能把痛留给后代、留给明天。我们必须齐心协力，同向同行，痛下决心，痛痛快快地把素质教育抓紧、抓实、抓好。临川二中校长华小明，这位曾在北京大学教育峰会上作过发言的特级教师，对于素质教育，深有感触。他说："我们培养学生，先是确定培养目标和方向，把良好的人格和心理放在第一位，然后才是学业成绩。""没有升学率，过不了今天，只有升学率，过不了明天。做好今天，为了明天，从应试教育到素质教育的转变，'痛并快乐着'。"

这就是今天临川教育工作者们的明朗的心态和坚定的意志。他们在转变中有过痛苦。他们在转变后更有快乐。此间，他们快乐地看见，曾是"四苦"育才的土地上，春风阵阵香飘远，排比花枝满杏园。素质教育带来的改变，更大程度上突显了临川教育的强势品牌和烫金名片。临川的教育，全面发展。临川的教育质量，全国知名、全省领先。临川区域内，临川一中、临川二中、抚州一中、临川三中、临川十中等中学，分别是江西省优秀中学、江西省名牌中学和江西省现代化建设中学。学在临川。教在临川。教育新风，如春风一般劲吹着一所所学脉绵长、人文蔚起、人才辈出的临川校园……

长吹不息是"四风"

素质教育带来的新风,的确有如承载着阳光、雨露的春风,吹拂着临川的校园。临川的校园,是绿色的校园、文化的校园、和谐的校园。临川的校园春风,来自哪里?来自人性化的校风、个性化的教风、自主性的学风和理性化的民风。"四风"同来,"四风"合唱,临川校园里,高扬着一曲曲春的赞歌。

人性化校风之说

校风是"四风"合唱的前奏与序曲。人本精神,便是主旋律。建设人性化的校风,是临川教育界,首先是校长们的神圣职责。他们是"合唱"的指挥者。

学校的主人是学生。学校要以学生为本。所以,临川一中的校长饶祥明说:"一切为了学生,为了一切学生,为了学生一切。""三个一切",将办学思路说得很清楚,也将校风建设的指导思想说得很明白。可以说,这是饶祥明人本理念、宗旨意识的高度体现。自从本世纪初年上任一中校长之日始,饶祥明就大胆宣告,要把临川一中办成江西领先、全国一流、世界知名的学校。"三个一切",就是他办学思想的主旨告白。

临川一中是江西省首批优秀中学,创建于1955年。这所学校先后获得"全国绿色学校""中国百强中学""江西人民满意的十大品牌中学""中国十大名牌中学""首届江西十大和谐校园"等称号。恢复高考以来,学校已向高等院校输送优秀新生3.6万人。特别是近10年，学校连创江西高考历史之最，共有286人考取清华、北大。2013年，高考成绩实现了历史性的突破：考生刘婧、许长发并列全省文科第一。全省文理科前10名一校包揽。600分以上共有342人。41人考取清华大学或北京大学，3人考取香港中文大学，3人考取香港城市大学，18人考取加拿大、美国、英国、意大利、澳大利亚、新加坡等国家的名牌大学。近年来，临川一中就像一颗璀璨的教育明珠，吸引着全国各地的莘莘学子前来求学。先进的教育理念、合理的教学模式和良好的办学效益吸引了全国二十多个省市的上万名教育工作者前来参观考察。而人性化的校风，便是临川一中成功的一个要因。

校风是无形的，却是客观存在的，是师生们可感受、可感触、可感悟到的。学校是学生的怀抱。临川一中全方位向学生敞开怀抱。人性化的校风，就是怀抱中冬日的温暖、夏日的清凉。学校花大气力打造以人为本的和谐环境。校园里充满着浓浓的人情味。学校在倡导严谨的学习风气的同时，十分注重尊师爱生的风气、团结友爱的风气、互帮互助的风气、民主明善的风气，整个校园祥和谐合、四时融乐。学校关注着每一个学生的学习。学校关爱着每一个学生的身心。学校关照着每一个学生的生活。学校特别关注、关爱、关照着贫寒子弟。在有限的办学资金中，拿出一部分建立起贫困学子赞助基金，每年赞助贫困生不少于4000人。学校食堂对于特困生在日常的饮食方面给予特别关顾，少收或尽量不收他们的伙食费。人性化的举措，大大助推了人性化的校风。教师资助贫困学生，同学资助困难同学，屡见不鲜。临川一中，就像是一个温暖的大家庭。在这个大家庭里，学生快乐地学习，快乐地生活，快乐地成长。

临川二中，也是一个十分重视人性化校风建设的典型。校长华小明认为：学校的硬件建设固然十分必要，但软性环境的营造，同样十分重要。软性环境的重要特征，就是人性化的校风。临川二中的校风，充满生气，充满生机。让个性张扬，让青春脉动，是人性化校风建设的主旨、主题和主线。学校有师生聊天室，有学生家长约见日，有校长信箱。学校想尽一切办法，让学生没有距离感、没有压抑感。学校在人性化的校风中放飞学生的青春活力、放飞求知的神圣渴望、放飞未来的美好理想。学生生动、学生阳光、学生快乐。学生在这种"个性张扬、青春脉动"的校园里茁壮成长，顺理成章。请听听2012年在北京大学自主招生考试中"一路过关"而被正式录取为保送生的杨文轶同学的切身感悟："临川二中教给人的不仅是科学文化知识，更是一种态度，一种对学习严谨的态度和对生活乐观的态度。正是这种良好的校园氛围，让我们对自己喜欢的东西，积极参与和探索，才有我今天所取得的成绩。"良好的校园氛围，正是良好的校园风气。

人性化校风的吹拂、熏陶，临川二中满园桃李、满园芳草。

又是一年芳草绿，排比花枝满杏园。临川二中在"志道据德，知本达志"校训引领下，2012年高考，在一直保持全省领先优势的基础上实现了突破性飞跃——该校应届生周碧瑶同学以实际考分662分摘得江西省文科桂冠，同时有6名学生被保送全国重点大学。文理科上一本线793人，上二本线2011人（含艺术、体育和保送生），文理科175人达600分以上，13人考取北大、清华。该校作为江西省唯一的"民航飞行员生源基地"，继2010、2011连续两年每年有4人考取空军和民航飞行学员，2012年高考又有张之师、邓涛、徐建勋、张韧、熊重扬5名同学被录取。2013年，临川二中又喜获丰收，再次彰显了全省优质高中教育"排头兵"的绰约风姿。富有朝气、充满生机与活力的临川二中，正在打造重点中学的"升级版"，在更高层面上，构建俊采星驰的"才子摇篮"。

个性化教风之说

个性化的教风，是临川素质教育的另一转变特征。

日本创作学会名誉会长池田大作说：教育是一种以尊贵的"生命"为对象的技术，也是一种艺术。这不能依靠墨守成规的"知识"，而是需要一种通过认真关怀与爱护孩子而产生的活生生的"智慧"。

我国有专家载文指出：实施素质教育，涉及教育观念、教育体制、教学方式、教学内容的全方位调整。只有通过深化改革，在教育教学重点领域和关键环节上取得突破，打破应试教育不合理的机制，才能激发课堂教学的活力和学校办学的活力，才能把素质教育真正落到实处。

教风的改变，就是谋求"活力"的改变。无疑是必须突破的素质教育的重点和关键。

临川域内的学校，无论是中学和小学，针对长期以来学用脱节、课业负担沉重和学生厌学的状况，大胆探索，积极创新，不断改善、改进教育教学方式。个性化的教风，在逐步形成。教学者依据不同的教学对象和教学内容，创新个性化教学风格。他们注重学生或学生群体个性的和谐发展，逐步形成了"以学生为主体、以教师为主导、以能力为核心、以素质教育为目标"的教学模式和教学方式。

首先一点，是必须打破旧的授课模式和方式。"一块黑板一支笔，一人从头讲到底"的"填鸭式"教学，课堂枯燥，毫无生气，讲台乏味，学生厌腻。学生是"背多分"，老师是"喇叭筒"，是应试教学的真实写生。必须改变这种现象。临川三中和抚州一中、临川八小等学校，大胆决策，创新改革，鼓励教师与旧的教学方式"决裂"，只要符合认真负责的教学原则，提倡多种教学风格。有的老师把"站讲台"变成"演讲台"，堂堂课讲得中肯，讲得中听。教学有法，但无定法，贵在得法。临川二中数学教师肖金花，把数学课当作语文讲，将枯燥无味的方程式，讲得有条有理，有滋有味。有的老师，把语文课当作故事会讲。

关于语文教学，现在在中国的教育界、文学界颇有争议。人民日报载文说，呼唤"大语文"：要从重知识到重素养。文章称，相当一段时间以来，公民语文素养的现状不令人乐观，体现在一些年轻人日常对汉字使用的随意，对汉语言文化失去敬畏之心，体现在一些人对于民族文化认同感和崇敬感的减弱，体现在经典文本中蕴涵的审美与道德内涵的被漠视……不少人认为，现在的语文教材存在四个缺失：一是事实的缺失，二是经典的缺失，三是儿童视角的缺失，四是快乐的缺失。

语文教学，必须改革！于是，有的老师在讲授课本的同时，大胆地讲述课本外的"人的语文"。老师再不能照本宣科啊！

临川一中，率先提出并践行"让学生在快乐中学习、在学习中成长"的教学观，高举"快乐课堂"的旗帜，构建了符合新课程理念的"常规课堂""校本课堂""社区课堂"三位一体的大课堂体系，使学生耳目一新。为了使教师普遍改进教学方式，学校通过"过关课""观摩课""公开课"和"示范课"的举措，倡导教学创新，促进个性化教风的张伸。学校认定：教师是学生学习过程中的引领者、指导者和合作者。教师在备课时就应当考虑学生的情况，做到一节课要有一个中心、一条主线、一个框架、一个重点、一个难点、一个亮点。课堂上提倡师生互动、教学相通。毫无疑义，这就是个性化教学的一种创新作为。

为了不断推进教育、教学方式的改变，建立一支师德高尚、业务精良的教师队伍，应当说是关键中的关键。毛泽东的话很正确：决定的因素是人。临川区的教育局局长说：学校要发展，学生要进步，教师要提高。教师要提高，尤为重要。身披教袍，当守师道。要实施个性化的教育教学，难度很大。教师的师德水准要提高，教师的业务水准要提高，教师的学识水准要提高。值得欣喜、值得庆幸的是，临川域内的教师队伍，是一支放得心的、过得硬的、教得好的队伍。

问学生：你认为你们的老师怎么样？

学生竖起大拇指。

问家长：你认为孩子的老师怎么样？

家长伸出大拇指。

有位名叫陈剑强的老师，学生对其竖起大拇指的概率很高。他是一个从教近30年的老教师。他是从"四苦"中走过来的教师。因此，他对"四苦"记忆犹新。他说："四苦"的时代早已过去了，但"四苦"的内涵还在，"四苦"的精神还在。只是苦有不同的苦法，苦有不同的苦味。而苦的感受是相同的，为学生而苦是教师的福。

"为学生而苦是教师的福",动人心弦,感人肺腑!师德之好,境界之高,无须言表。"得天下英才而教育之",正是教师之最大幸福啊!

的确应当竖起大拇指!

陈剑强认为,教学要"转轨",教师也要"转型"。要从管理型转为服务型,要从严父型转为慈母型。他是从初一到高三的带班教师。班主任就是学生的服务员。他正是以慈母的心情去关心他的学生,他正是以服务员的心态去服务他的学生。他关心学生的知识成长。他关心学生的性格成长。他关心学生的健康成长。他把学生当作儿女。他把学生当作朋友。老师熟悉学生,学生熟悉老师。陈老师有一套肢体语言学生个个都熟悉。学生学习成绩不好的时候,陈老师会轻轻地拍拍学生的脑袋,学生知道,老师在安慰他,鼓励他;学生进步的时候,陈老师会轻轻地拍拍学生的肩膀,学生明白,老师在表扬他、激励他;学生成绩好有自满情绪的时候,陈老师会轻轻地拍拍他的屁股,学生清楚,陈老师在"打"他的屁股,在批评他。总之,学生的一切,陈老师都看在眼里、放在心里。

陈老师真有心啊!

2012年高考之后,那些一举高中的学生和家长们,纷纷举行"谢师宴",老师坐上,学生举杯,感谢教导,感谢栽培。陈剑强却反而行之,他举行"师谢宴"。他自掏腰包在餐馆订了三大桌酒席,庆贺班上的学生行将走进高等学府。他在酒席上说:"我感谢你们的勤奋努力,我祝贺你们健康成长。"学生们吃着,学生们听着,一滴滴泪水,滴落在餐桌上。学生们怎么也没有想到,为他们数年如一日地忙碌着、辛苦着的恩师,竟然会将自己的学子当作座上宾,竟然会对学子有感谢之心。纯正的学子心,被强烈地触动了。纯朴的学子情,强烈地喷发了。敬爱的陈老师,当祝贺、当感谢的是你啊!你为我们付出了太多太多,我们能为你做什么?孩子流着眼泪,向陈老师敬献了他们自制的一个班徽。班徽上写着"剑让我们强"。陈剑强见到学生们以他自己的名字制作的班徽,激动无比。这就是学生对他的褒扬!这就是学生对他的奖赏!这比什么都好、比什么都强!

陈剑强满足了。

陈剑强眼湿了……

"伸拇指"与"淌泪水"的故事,在临川教育界还有很多很多。

下面要说的,是临川区实验小学教师的又一个"真情版本"。

随着教风的转变,教师队伍面貌的确有很大的改变。临川区实验小学的教师队伍,也是一支应当"伸拇指"的队伍。

我先后两次来到这所学校采访。

校长帅国恩,2012年,被评为江西省中小学校优秀校长。看他的模样就如同他的姓一样"帅"。其人貌帅,其业更帅。他为他的学校而"帅",他为他的师生而"帅"。临川实验小学历史悠久,文化积淀深厚。该校创办于1914年,坐落在抚州市政治、经济、文化中心赣东大道旁,其前身为唐宋八大家曾巩所建兴鲁书院。学校设施一流,师资十分雄厚。拥有国家级、省级骨干教师8名,市、区学科带头人十余名,小学特级教师2人,高级教师68人。学校全面推行素质教育,注重学生全面发展,注重培养学生的创新精神、实践能力,为孩子终身发展、终身幸福奠基。学校教学质量一直稳居全市前茅。学校先后荣获临川区办学效益先进单位、江西省德育示范学校、全国绿色学校等光荣称号。但帅国恩最为帅气的是,他决心打造一支名师队伍,打造一个良师团队。

校园里,有一位教师很有"知名度":付燕。她的知名度来自于她的美誉度。她有一句格言在校园里很有"影响力":青春是美丽的。但一个人的青春可以平庸无奇,也可以放出美丽的火花;可以因虚度而懊悔,也可以用结结实实的步子,走到辉煌壮丽的目的地。这是她的人生观,这是她的价值观,这是她的教育观。正是在这条格言的影响下,她自1997年参加工作以来,身后留下的是一串串坚实的脚印,诠释着"春蚕到死丝方尽,蜡炬成灰泪始干"的无私奉献精神。

付老师一直勤恳敬业,踏踏实实地教书育人。她对自己严格要求,对工作一丝不苟,教学以人为本,育人从人本出发。她务实肯干,没日没夜地忙碌着。

"教书育人是自己的职责,爱岗敬业是自己的本分。"她时时刻刻都在"职责""本分"的鞭策下,付出心血。从教多年来,她一直都是全身心地投入到工作中去,始终把工作放在第一位,从没请过半天假,从没缺过一堂课。为了教学,她的确是忘我地工作。

2012年"五一"小长假的前一天,付燕一早起来,刚一洗完脸,感到头有点昏。一量体温:39.5度。她发高烧了。家人急了,催她马上去医院,必须马上打针退温。她说:"我下午有课,上完课再说。"来到学校之后,同事发现她身体不好,也劝她马上就医。她说:"我下午有课,上完课再说。"她的敬业心,她的责任感,使她在39.5度的高烧下,只有一个清醒的意识:我下午有课。她决定下午上完第一节课后,抽个空隙去医院打吊针。

下午,校园里响起了第一节课的上课铃声。付燕强打精神,如常地平静地走上了讲台。讲台就是她的事业与生命平台。她必须坚守在这个平台上。高烧在身,她要硬撑。开讲不久,她十分难受。她坚持。她忍受。她把身体靠在讲桌上。她把双手按在讲桌上。她要上完、上好这堂课。但人非钢铁。她终因坚持不住,忽然晕倒在三尺讲台上。

学生们惊呆了。

学生们吓呆了。

"老师,怎么啦?"

一阵惊吓之后,学生们知道老师累倒了,马上簇拥在老师身边。学生们忙开了。有的掏出手机打电话,有的跑出教室叫老师。学生们在邻班老师的组织下,迅速将付老师送进了医院。老师醒来之后,依然很内疚:"我很难过,我没有上好这堂课。"

学生们偷偷地流泪了。

感动、感激、感恩啊!

……

为学生而忙、而累、而苦,是教师的幸福。有为学生而忙而累而苦而幸福的老师,也正是学生的幸福。临川区域内,上万名教师中,像陈剑强、付燕这样的教师，数不胜数。临川一中，近年来，有多位老师，就如付燕一样，晕倒在讲台上。试想，拥有这样一支忘我地工作、创新地教学的教师队伍，"学在临川""教在临川"这话，会假吗？

自主性学风之说

学生是学校的主体，学生是教学的对象。教什么，为谁教，怎么教，是学校和教师的问题。学什么，为什么而学，怎么学，有教师的问题，主要是学生的问题。因此，在建设良好的校风和营造良好的教风的同时，还必须培育良好的学风。

临川的学风，一向以严谨著名。在全面推进素质教育的时代，临川的学风，象校风、教风一样，有着十分可喜的转变和改善。

应试教育的岁月里，学生在学校基本上一切都是被动式。被动地学习，被动地作业，被动地考试。在很大程度上，老师是为考分而教，学生是为考分而学。"考考考，老师的法宝；分分分，学生的命根"，正是应试教育"被动式"的真实写照。学生真的成了中国的"背多分"。中国的"背多分"不好受啊！中国的"背多分"背上的负担实在是太沉重了。课业重，作业重，书包重。

仅从学生的书包里，就可以看出学生的背上的分量了。课本、作业本、辅导材料本、文具、玩具、食物都陈杂在孩子们的背上。书包是一个杂货袋。有的书包，已经超出了学生的承受力。有资料称：最新研究结果显示，书包过重的孩子出现脊柱侧弯的风险比其他孩子高，研究人员因此建议书包重量不能超过孩子体重的10%。

西班牙研究人员调查了1400多名12到17岁的孩子，结果显示大部分孩子的书包都过重，超过体重的10%，不少孩子的书包重量甚至超过体重的15%。研究人员发现，与书包最轻的孩子相比，书包最重的孩子出现脊柱侧弯等背部疾病的风险高出42%，存在背部疼痛等不适感的可能性高出50%。按性别来看，女孩因书包过重而出现背部疾病的风险更高。

孩子背上的书包，不可小视啊！这事已经引起学校和家长的普遍关注。据我所知，现在，我国有的学校，已经明令不许学生背书包回家。杭州一所小学推行"三斤半"书包，放学时抽查重量。

让孩子们的背脊挺立起来！

作业负担重，是我国中、小学学生的普遍现象。不少学生放学回家，就趴在桌上赶写作业，有时直至深夜。学生辛苦，家长心疼。但中国的孩子，似乎也学会了"上有政策，下有对策"的本领。有的学生为了"完成"老师下达的"任务"，会找"替身"，会找"代理"，会找"枪手"。于是，社会上很快出现一种新的"文秘"职业：代写作业。《新闻晨报》2011年8月6日发表了一篇题为《暑假代写作业竟成热门生意》的消息。消息称：有些中小学生为了"突击"完成暑期作业，竟然通过网络找人代写，一种新型的"兼职"——"作业枪手"应运而生，而且生意还很不错。

"本人长期代写暑假作业，保证准确率，价格面议。""擅长写小学一年级到高中二年级的暑假作业，价格便宜,量大可优惠。"有人在互联网上以"代写暑假作业"作为关键词进行搜索，超过200万条信息立即跳出来，其中不乏大量揽客的广告信息。

网名为"阿林"的"枪手"坦然地说，代写作业是最近两年才在网上流行起来的，每年寒、暑假都会有一批"枪手"提早开始拉生意。

在这种状况下，学生能健康成长吗？

必须改变这种状况！

必须把孩子们从被动中解放出来！

临川教育界充分认识到改变这种状况的必要性、重要性和紧迫性。几乎所有的学校都在为学生"减负"。他们狠下决心，要培育一种自主性的学风，让学生有自主的意念、有自主的空间、有自主的时间。孩子只能在自然、自由、自主的环境中健康成长。抚州一中、临川十中、临川八小等学校，采取多种措施，激发学生学习的自主性，大力倡导"学习自觉""学习自信""学习自强"。要让学生"在原生态中学习"。负重日久的学生们，在素质教育的校园里，抬起了头颅，挺起了腰杆，他们要从被动式的压力下站起来，做学习的主人。江山中学有学生说：我学习，我要学；我学习，我做主。

"我学习，我做主"，已成了临川学子们的自豪与骄傲。

"我学习，我做主"，已成了临川学子们的情素与情操。

小学生陈诺，他自嘲自己的学习成绩曾经就像炒"股票"，时而低，时而高。这都是"被动式"学习的结果。现在，他建立"学习自觉""学习自信""学习自强"的信念，掌握了学习主动权，合理地安排时间。每天，放学回家就做作业，并自我规定必须在50分钟内完成。晚上睡觉之前，灯下捧卷，静心读书。他还像"分析股市"走势一样，经常分析自己的学习形势，考了100分，他会总结经验，考了90分，他会寻找下降的根源。如今，他的学习成绩单上，"红箭"上扬，一直保持"牛势"。

中学生李江雁，是一个"学习自主、生活自主、娱乐自主"的"三自主"的优秀生。她有一种强烈的自主意识，自主地学习、自主地生活、自主地娱乐。她学习的奥妙，是多动脑、勤思考。她把每一门功课都当作自己的"课题"，反复钻研。她学习强调自主性，生活强调独立性。她的家长李展华说，她的女儿读三年高中，每天自己洗衣服，每天自己做晚饭。她重视自我发展。她善歌舞，好琴弦，喜诗书。课余时间阅读小说多达200余部。自主性激励她。自主性造就她。2009年，高考中，她夺得了江西省文科第一名。

其实，自主性学习、自主性生活的学生，在临川有很多很多。许多学生都是住在学生公寓。他们在课外时间自己做饭、自己洗衣，一切生活事项，全部自理。

有个叫周晟州的学生，他在学习中要求自己"自主创新"。在新课程试验中，他将历史与地理等多门学科联系起来学习。这样，既可理顺单门学科的知识体系，又可将多门学科的知识连线结网、迁移运用，提升综合分析、判断运用的能力，形成个性化的知识观、认识观，这样的学习已成为一种快乐体验。

自主的学风，的确有如春风一般吹遍了临川的校园。让我们去抚州一中感受一下吧。

抚州一中是百年老校，坐落在抚州市区中心。学校风景秀丽，文化底蕴深厚。校园里有金妮园、绣园楼、名人园、书香园等亭台楼榭。王安石有诗句云："临川楼上妮园中，罗帷绣幕围春风。"这是对这个校园的诗意美誉。茂林修竹，草地花圃，处处媚妩，绿化覆盖率达77.8%，是全国绿色学校。有现代化的教学楼6栋，共112个教室，可容纳7000至8000名学生。田径场、排球场、网球场、健身房、室内体育馆等体育设施，一应俱全，是全国群众体育先进单位、全国体育优秀传统项目学校。多媒体教学覆盖率达100%，计算机教室、语音室和大、小演播厅等现代教学设施在全省堪称一流。

抚州一中，是省级名牌中学。植根文化沃土，承百年进取之魂，藉才乡厚积之力，深得临河汝水灵气与神韵。百年名校学脉绵延，弦歌不绝，群星璀璨，英才辈出。因此，曾被誉为"赣东教育明珠""才子摇篮""培育少年大学生的沃土"。

学校十分重视尊重学生自主性的学习权利，借以促进自主性学风的形成。逐渐推进"以学生为主体、以教师为主导、以能力为核心、以素质教育为目标"的教学模式，根据不同学生在不同的阶段需求组织教学，从而提高办学质量。办人民满意的教育。这是校长罗习奇的承诺。让学生"学会学习、享受学习"。让学生充分感受到自觉、自动、自主学习的快乐。学生有广泛的自主空间。学校有"必修课"，有"选修课"，有"活动课"。学生听课，学生也评课。学生在主动中学习，学生在主动中进步，学生在主动中成长。这就是"临川学风"又一个可圈可点的质点和亮点。

理性化民风之说

临川的教育，之所以成为"临川教育"，还有一个重要因素，是因为临川的教育有着广泛的、持久的民众基础和社会基础。临川，有一种重视教育、关注教育、支持教育的理性化的民风。

民众关注教育、社会重视教育，是时代进步、社会发展的一个重要标志。教育公平是社会公平的基础和底线。人人都有享受教育的权利。人人都有关注教育的责任。我国民众，受儒家思想的影响很深，尚典崇文之风、尊师重教之风、求学好读之风，一向盛行，根深蒂固。这当然是好事，但好事"好"过了头，好事就不好了。

时下，围绕孩子受教育的问题，有一种很不理性的风气。"择校热""陪读热""加压热"和"早教热"，就是突出的表现。有的家长，违背孩子成长规律，强行对孩子实行"早教"。欧洲一些国家，特别是德国，不主张搞"早教"。学龄前的孩子，就是要让其在玩耍中快乐成长。德国这样做的结果，十分成功。有数据证实，自有诺贝尔奖颁发以来，几乎有近半得主是德国人。中国的"早教热"该冷一冷了。

正当的家庭教育是应当注重的。家庭是孩子的第一个课堂。家长是孩子的第一任老师。家庭的影响，家长的导向，对孩子的成长有很大的功效。著名作家老舍先生有自身亲切的感受。他说："从私塾到小学，到中学，我经历了起码有十位老师吧，其中有给我很大影响的，也有毫无影响的，但是，我真正的老师，把性格传给我的，是我母亲。母亲并不识字，她给我的是生命的教育。"犹太有句名言："一个好的母亲，当得一百个教师"。足见"第一任老师"作用不小，足见家庭教育十分重要。但不少家长怀着望子成龙的愿望，在社会大环境的影响下，不顾一切地为子女求学盲目付出。有的东奔西跑，花重金为孩子选择学校；有的不顾家庭甚至辞掉工作，为孩子陪读；有的把家庭变成"第二考场"，给孩子加负加压。有的家长，为了方便子女就近上学，不断举家搬迁，成了城市中的"游牧部落"。河南省洛阳市就有一个家长为让孩子进名校，在8年中3次搬家。2012年7月10日《大河报》就此发表了一则报道：

"今年秋季孩子就要上小学了，为了孩子的教育问题，这两年没少折腾。"为方便孩子上学，洛阳市民王女士8年搬了3次家。9日，王女士告诉记者，前段时间新房已经搞好了，孩子终于可以轻松地在离家很近的地方上一所满意的学校了。

王女士说，自己娘家在洛阳市涧西区，工作也在涧西区，婚后夫妻俩与公婆同住在涧西区。2004年有了孩子后，为让孩子上一所好的幼儿园，夫妇俩在涧西区买了一套二手房。孩子慢慢长大了，为给孩子上小学创造良好条件，王女士又在涧西区买了一套房，不仅花光了多年积蓄，还借了30多万元的"房债"。

家长过分宠爱孩子的例子，多如牛毛。有的家长，从小学到大学一直是"全方位""全天候""全程式"服务。石家庄有位母亲，担心刚上大学的女儿，在远离家乡的城市吃不好，自己竟替女儿试吃大学四家食堂。不少家长从全国四面八方开私家车送孩子上学，专程陪孩子去报到。清华大学对此大声说：不！2012年7月11日，清华大学党员新生赴校报到，这也拉开了当年新生报到的序幕。与以往不同，2012年清华大学在报到区外设置"警戒线"，家长一律只能在线外等候，新生必须带着行李带着材料独自登记入学。首批来报到的是清华新生党员和"领军计划"的入学学生，近600人。他们将在接下来的三天内接受党性教育以及适应大学生活的课程，以求在入学后继续发挥骨干作用。据悉，2012年，清华大学校长陈吉宁在致新生的信中提议，新生应独自报到，迈出独立生活的第一步。果然，不少学生独自提着行李来报到了。

家长"全方位""全天候""全程式"的"三全"做法，是很不理智、很不理性的做法。其实这样做的结果，对家庭、对子女都没有好处。类似这样的现象，临川也有。但就总的情况看来，临川的教育民风是在向理性化的方向发展。

在临川，许多家长认识到：重教不能宠教。把重教看作、当作宠教，那就教而无教了。家长也要改变旧的教育观，树立新的教育观。要以子女的身心健康和成长成才为根本，不能把自己的意愿强加在孩子的身上，更不能把自己的"奢望"当作对子女的期望。对孩子既不能"拔苗助长"，更不能捧之为"小太阳"。

在临川，有家庭、社会、学校互动的机制和风气。学校与社会、与家庭三位一体，密不可分。三方联手形成了"教育三方"。三方之间有联络机制和联系方式。临川一中坚持开办家长学校，建立并健全了家长委员会。定期召开家长会、举办家长讲座，家长与学校之间，有信息"绿色通道"。学校尊重家长，家长尊重学校。学校尊重社会，社会尊重学校。学生陈思涵的母亲韩春说，她经常与学校交换自己孩子的情况。陈思涵原来学习自觉性、主动性较差。由于家长与老师经常"演双簧"，"配合性"教育很融洽，孩子成绩显著上升。有的学校还提倡家长、教师搞沙龙。学生进步了，家长想到的，首先是老师，是学校。临川区实验小学有个名叫夏候淏的学生，以高分考上了抚州一中，家长夏菲，自制两面锦旗送交校长，一面送给学校，上书："改革教学手段，创新教学方式"；一面送给老师，上书："学高为师，身正为范"。所言极是。两面旗、两句话，把临川区实验小学的教学优势和师资优势，说得明明白白。同样，学校有了值得庆贺的的事、可喜的事，首先想到的，是社会、是家长。临川二中，2012年高考中，周碧瑶同学成绩冒尖，成了江西的文科"状元"。学校7月24日得知喜讯，26日，校长率一班人马，开两辆"专车"，专程到周碧瑶同学的家乡，向家长表示祝贺，向周碧瑶的小学老师表示感谢，向周碧瑶同学家所在政府赠送锦旗。之后，还把周碧瑶的小学老师请到学校来座谈，分享教学成果。校长华小明说：任何一个学生的健康成长，都是多方面关心、呵护的结果，我们二中的一切成就，都有社会与家长的功劳。

华校长说得不错。在临川，社会各界关心教育、支持教育的风气，越来越盛，越来越浓。唱凯中心小学校长陈智辉十分感动、十分感激地说："关心、支持教育的民风，对学校发展很重要。我们学校就深得这种教育民风之益。"为了适应教育教学的快速发展，学校要建新的校舍。唱凯镇党、政领导全力支持，在自然环境和人文环境最好的地段，拨地一百多亩。建校中，老百姓都把建校的事当作自己的事，很多房屋需要拆迁，户主不讲条件，没有怨言，说什么时候拆迁就什么时候拆迁，而且不介入工程。学校向老百姓表示感谢，老百姓说：教育是大事。只要有益于教育的事，我们都心甘情愿地去做。唱凯的政府和百姓，不搞"地方保护主义"，他们将优秀生源输送到别地更合适的学校，有利于临川教育的发展大局，有利于学生的继续升造。

为了支持教育，临川的百姓的确是有力出力、有钱出钱。这又是一个令许多人都为之感动的事例：临川一个在外打拼的农民工，为了家乡的教育将自己多年辛辛苦苦挣得的160万元，毫不犹豫地一次性捐给家乡兴建教舍。这人名叫徐国兴。他捐建的学校是临川区湖南乡坪山村小学。新建的坪山村小学是一所按照标准化建设的村小。该校占地7亩，建筑面积1600余平方米，主教学楼为3层，可容纳600多名学生就读。学校还建有图书室、电脑房、教师宿舍、食堂等附属设施，堪称新型的农村学校。原来的坪山村小学建于上世纪80年代，历经20多年的风雨，部分教室墙体出现严重脱落和渗漏现象，通往校园的道路狭窄不平，每逢雨季更是泥泞不堪，存在较大安全隐患。2012年，在北京创业成功的徐国兴回到家乡，得知这一消息后，当即表示愿意捐资160万元，为家乡新建一所现代化新学校。

徐国兴出身于贫苦农家，从小兄弟姊妹多。因家庭贫困，读完小学二年级便辍学在家。1997年，徐国兴只身前往北京闯荡，开始了艰辛的创业之路。现在，他在北京玉器界拥有了一席之地。得知家乡要建新学校，他便尽自己的一份力量，让家乡的孩子在最好的校园里学文化。

读懂徐国兴，一以及之，便知临川教育民风之新、之真、之盛！

这就是临川百姓的教育情结和情怀。"我为教育荣，教育以我荣"，是临川理性化教育民风的风向标。

坚持不懈是"四育"

学校是文化的母体,学校是文化的基地。学校发展,有着不同的模式和途径,但信守文化自觉,却是必须都得遵循的。文化是学校建设的灵魂。学校重视文化建设,责无旁贷,理所当然。学校文化建设,必须遵循教育规律,为学生营造良好的学习和成长环境。学校文化建设的一个重点,是构建丰富多彩的校园文化。文化的本体和本质在于"文",文化的作用和功能在"化"。校园文化,是有形的,也是无形的,无处不有,无处不在。校园文化,是学校底蕴的弥香,是时代脉搏的跳动,是师生心灵的彰显。校园文化对于学生的成长,有着十分重大的影响。

可以说,临川在校园文化建设中,又前行了一步,领先了一程。

"文化立校,精神育人",在临川的每一所学校,都成为了一句响亮的口号。临川区委、区政府,把"文化立校精神育人"看作是教育价值追求。临川区委宣传部、临川区教育局、临川区文明办,就此对所属学校和教育部门,下发了"红头文件",要在全区内实施"文化兴教工程"。区委常委、宣传部长说:实施"文化兴教工程",是促进全区提升校园文化建设水平的重要举措,是校园文化建设工程目标的明确定位。这位宣传部长,年近半百,却情感激越。他是一个"口辩之才",很健谈,很善谈。说话很有激情。他对校园文化建设,十分热忱,十分热心,十分热情。我在与他每一次交谈中,他言必称校园文化。他一再强调,校园文化建设,务必注重校园文化的品位,务必明确校园文化的目的。

什么是临川校园文化的品位？

什么是临川校园文化的目的？

一位分管文教的区委常委、副区长认为：校园文化建设一定要体现精神育人的原则。一定要展示精神亮度。据我观察，临川区属和临川域内的校园文化建设，重在四个方面的教育，即：立志励志教育，道德法纪教育，实用知识教育和价值观教育。我一次次走进临川的校园里，迎面扑来的，是浓厚的文化气息，夺目的文化景观。在我所采访的几十所学校，有楼道文化、有走廊文化、有班级文化；有板报、有书吧、有壁画；有故事会、有读书会、有演唱会、有报告会；有歌舞队、有鼓乐队、有体育训练队。所有的这一切，都是以"四育"为目的而进行、而开展。

校园文化重在立志励志教育

古训：尔小生，宜立志。

立志种德，是中国传统文化的精神原则。人，修性立身，首要的一点，就是要立志，而且，要不断地励志。志之于人，魂之于身。有志气，才有方向，有志气，才有朝气。立志必须自幼而始。因此，学校对学生进行立志与励志教育，是文化立校精神育人的"必修课"和"首选课"。

临川校园文化中，立志励志教育形式多样，生动活泼。许多学校，以"可学的人""可看的书""可唱的歌"去激发学生的志气，昌明学生的志向。"可学的人"，自王安石一辈始，直至当今的无数英才英烈。"可看的书"，自"三字经""弟子规"始，直至当今的主旋律卷册；"可唱的歌"，自苏区红歌始，直至当今的"五星红旗"等振奋人心的旋律。临川一小、三小、十二小、大岗中学、大岗小学、展坪中学、茅排小学、茅排中学和东馆中学、东馆小学等许多学校，有经常性的立志励志的"主题班会""主题讲座""主题报告""主题书画""主题专栏"等主题活动。形式多样的活动，浓烈氛围的感染，使学生受益匪浅。他们大志早立。理想与追求、目标与抱负早早萌发在年少幼小的心里。有志者学竟成，有志者事竟成，有志者人竟成。江山小学校长周亮文和教师吴才媛，以"小学的优等生""初中的高材生""高中的状元生"周碧瑶的学历奇迹为例，说明学生学志的重要性。周碧瑶自进江山小学起，一直突显出一种好强求进的鲜明个性。一次掉分就流泪，遇到难题就自"逼"。她不放过自己，她不原谅自己，她一定要学名在前。5年级、6年级时，她常在黑板上写作文表明自己的志向，由于学有目标、学有方向、学有方法，她最终于2012年以江西省文科"状元"的学名走进了名牌高等学府。

校园文化重在道德法纪教育

明善至德，是学校教育教学的神圣职责。校园文化建设，应当把道德文化培育放在重要位置。育人为本，德育为先。德是一种意识形态，摸不着，但看得见。学校德育有显性德育和隐性德育两个类别。德原是分三个层面和层次，即：个性心理品质、心理道德和政治品德。现在又提出了"生态道德"和"环境道德"的概念。道德观念与法律意识有着内在的联系。道德与法纪教育是一条精神主线上的两个本质点。

史上有多少事实说明：对于有才者来说，有没有德，德能不能"养其才，润其才"，是成就功名的决定因素。先祖有哲言训示："做事乖张，聪明无益"，"心高气傲，博学无益"，"淫逸骄奢，仕途无益。"

修德的确重要啊！

校园不是净土，校园不是圣地。由于道德观念和法纪意识淡薄，校园里有时也不安宁。君不见，美国校园的暴力，欧洲校园的悲剧，南亚校园的丑闻，以及我国校园时而有之的违法违纪的案例，都说明了这一点。世界的校园现状说明、中国的校园现状证明，学校加强道德法纪教育，不可不力而为之。特别是我国，由于改革开放，国门洞开，面向五湖四海。东西方文化的碰撞，市场经济的影响，网络信息的流放，至而"八方通，潮流涌；时装艳，脂粉浓"，世风不正，人心不古，道德失范。我们党和国家，因之而有"以德治国"的召唤、有"八荣八耻"的忠告。重拾教化，力倡善行，势在必行。学校以培养有理想、有道德、有文化、有纪律的中国特色社会主义的建设者和接班人为己任。面对当下的形势，加强道德法纪教育，自是校务中的要务，甚至是必务和急务。

因此，临川的学校郑重宣示"德为先、德为重"的教育观点。

因此，临川的学校明确彰显"先成人、后成才"的教育理念。

因此，临川的学校，纷纷或以"社会课"或以"辅导课"或以"现场课"的方式，以道德模范为师，以司法人员为师，不断进行道德、法纪观念和法纪常识教育。临川教育界在教学过程中，在生活过程中，在校园的一切行为过程中，培育学生道德与法纪观念，扶正学生的道德法纪行为。越是名优学校越是先进学校，越是在这一方面下力最大收效最好。在临川域内的一中、二中、三中、十中、抚州一中，以及临川区实验小学、临川八小等都是道德法纪教育的典型。临川二中以"志道据德，知本达志"为校训，坚持"以人为本，德育为先"的教育原则和"学校要发展，教师要提高，学生要进步"的办学理念，提出了"品德高尚，学业优秀，身心健康，个性鲜明"的育人目标，把学生的品德放在第一位，让学生学会学习，学会做事，学会生活，学会做人。临川区实验小学以"启蒙养正，培英创新"为办学理念，坚持"养正"为重，使学生学风纯正，行为端正，品德明正。临川一中一贯高度重视道德法纪教育，把培养学生的时代使命感、社会责任心和为国家为人民的担当意识、奉献意识，作为教育教学的着眼点、出发点、立足点和制高点。学生"先成人，后成才"，是修学的规律，也是修德的规律。因此，校长饶祥明心里常想的、嘴上常说的一句话，就是"先成人，后成才。"他说，学生不单是会读书，而是善做人。做善为国家的人，做善为社会的人，做善为人民的人。

2010年6月21日，江西抚州市唱凯河堤决口，10万人受困，临川一中奉命停课，腾出校园安置受灾群众。饶祥明带领师生积极响应上级号召，安置了5000多名受灾乡亲。在此期间，饶祥明收到了一条手机短讯：

饶校长您好！这几天强降雨使抚河等河流决堤，造成了巨大的损失，我想和同学们尽自己的微薄之力去帮助灾区人民，如果需要，我愿意表示自己的一番心意，减轻你们一点点负担，做一件自己满意的事，证明我是临川一中的学生，证明现在的学生不是仅会死读书，也有满腔热情与万丈豪情！请校长明示！谢谢！高一（25）班 戴健林。

饶祥明看完学生发来的短讯，十分感动，十分振奋。他从这条短讯里，似乎看见一颗颗善为国家、善为社会、善为人民的火热的心。他激动地说：作为一校之长，让我为之骄傲的，不是高考成绩名列全省前茅，而是我们的学生面对社会有难、人民有灾的时候敢挺身而出。这才真正让我感到我们教育的成功。2010年6月，临川一中600多名学生主动参加了救灾志愿者行动。在安置灾民过程中，任劳任怨、无私奉献，充分体现了他们的担当意识和他们的关心帮助他人的传统美德，赢得了受灾群众和上级领导的广泛好评。

临川一中重视道德法纪教育，使学生的道德观念、法纪意识大大增强。校园和谐，校园安祥，抒写了校园文化的靓丽华章。一个拥有一万多人的学校，而且分新老两个校址办学，其管理难度可想而知。但从未出过安全事故，从未发生过违法现象。严重违纪的学生，不足千分之一。这不能不说是一个奇迹。这不能不说是一种功绩。

校园文化重在实用知识教育

古云"万般皆下品，唯有读书高"。有人在这种读书观的驱动下，"两耳不闻窗外事，一心只读圣贤书"。其结果是使自己成为"瞀儒"。有的人读死书，死读书，甚至于读书死，将自己埋在书堆中。据传，清朝就有这么一位。此人人称大才子。实际上是个书呆子。他勤奋好读，真是"读书三到""读书三余"。三坟五典，倒背如流，滚瓜烂熟。他决心以毕生之精力攻考功名。但天不遂心，数举不中。人劝他不必再考了，改从他业。他矢志不二，仍以读书为本。"吾志已定，必做官为业。"依然手不离卷，月下窗前，也念念不忘"孔圣贤"。六十岁时，果然中举，只是此时已满头斑白，瘦骨伶仃。皇上念他攻读有成，仕途有心，封他去江西做县令，就在赴任时，不幸长眠途中。乌纱未冠身先死，一命呜呼下地魂。

哀哉！

现如今，读书死的现象，当然不复存在。但读死书，死读书的情况，却很普遍，甚至还很严重。不妨也举个例子说说。这不是传说，这是实说。我有位朋友的"贵子"，自幼聪明好学，一天到晚，捧读诗书，不辞倦苦。自小学至中学至大学，成绩优秀，总在榜首。这可乐坏了我的那位朋友。他把儿子当作掌上的明珠、心上的肉，百般照顾，什么事都不让儿子沾手。可是大学毕业后，儿子除拿回一本高分换来的毕业证书，什么实际本领也没有。说来人人都不会相信，这位学习成绩一贯优秀的大学生，回到家里不会用洗衣机，不会调空调器，不会调理冰箱，当然更不会使用煤气灶。有一天，父母外出，他一个人在家，不会做饭，只得外出用餐。这可又愁坏了我那位朋友。朋友面对实情，有所觉醒，他知道，这是为考分而学、为考分而搏"全心全意"读书所造成的后果。

之所以不惜笔墨讲两个今事古闻，目的是让人们思考一下为读书而读书的弊端。应试教育下，有许多现象的确令人深思、发人深省。看来，把孩子们"关"在书斋里，把孩子们"钉"在课桌上，是万万不可取、万万不能行的。学生在受教育的过程中，就是一个"积"的过程，积什么？从学才方面来说，一是积学，二是积能。古人云：人生当以积学为先。要重学，要善学，要勤学。但真的决不能光积学。积能十分重要。学生必须不断地在"学"之中提高能力素质。"纸上得来终觉浅，绝知此事要躬行"。学必行。要使学生有"上天之动、日月之行"的劲头，学之思之，思之精之，使学到的知识用于实践，有益于行。学与用必须相结合，知与行必须相结合。因此，只重书本知识，忽视实用知识，是绝对培养不出社会主义事业的建设者和接班人的。而要改变这种状况，只有一条路：重视、加强实用知识教育。真正做到学以致用，学而能用。

我很高兴在报端读到一条《学校开学首课让学生上街擦皮鞋》的消息。消息来自成都：新学期一报到，成都市中和职业中学的新生们就发现，这里的"开学第一课"显得有些特别。作为学校的学生会主席，王深开学后的首要任务，就是带着自己的学弟学妹们走上街头，手把手地教他们擦皮鞋。

回想去年此时，王深曾纳闷：来到这里的第一课，竟是走出校门给路人擦皮鞋？这项奇怪的"课外作业"一度引起一些家长的愤怒：凭什么交几千块钱的学费把孩子送去读书，却要叫孩子干那样又苦又累的活儿？但校长黄宗良一句意味深长的话，很快消弭了家长们的怒火：如果一个人学会了蹲下，学会了弯腰，还有什么事情不能干？回顾自己这一年，王深也觉得，黄校长的话说得没错，皮鞋擦好了，"很多事都干成了"。

在浙江杭州，有一所小学花十万元租田地开课教学生们种菜。选种子、锄地、浇水、种蔬菜……这些可不是农场里的虚拟种菜，而是杭州市的采荷第三小学六年级学生上演的真实版"种菜课"。来到菜地，这些孩子开心地喊起口号："种菜style，播撒希望，收获梦想。"每逢上种菜课的时候，采荷第三小学六年级的孩子们特别高兴，因为就在这一节课里，他们能实施自己制订的种植计划，到田地里种植蔬菜。这样的种菜课程每周三都会开设，分理论课和实践课。正是为了上好这门课，学校便不惜重金，用十万元的租金在杭州笕桥镇浜河社区租了田地，设立了属于孩子们的种植基地。

从"首课擦皮鞋"和买地开课种菜可知，我们的学校教育开始从书堆里走出来了。

临川，在这方面，也已迈开了一大步。

为了培养应用型创新人才，必须加强应用性知识教育。加强实用性知识教育，除改变教学内容和改进教学方法之外，主要靠多方面的校园文化的作为和作用。临川校园文化中，实用性知识教育的作为和作用，善莫大焉，功莫大焉。

临川在实用性知识教育方面，关注两个要点，一是让孩子"专"，二是使孩子"全"。

在临川教师的眼里，学生有差异，学生无差生。每个孩子都可教，每个孩子都可育。"天生我材必有用"。学生有性格上的差异，有心理上的差异，有兴趣爱好上的差异。临川的许多教师，凭着一双慧眼，善于观察学生的表现，善于识别学生的特点。让学生全面发展，当然是每个学校、每个教师的心愿。

但依据学生的性格特征和兴趣特点,有条件的先让学生在一个方面"专",在一个层面"尖"。记得有个名叫汪静的小学老师曾对我说,兴趣在一定程度上说便是天赋。临川许多学校,尊重学生的兴趣。他们从个性化教育教学的理念出发,开设"特色课堂"。有时,他们也借力于"社会课堂"和"军营课堂"。好诗文者先让其读一本好书,好歌咏者先让其唱一首好歌,好书法者先让其写一手好字,好绘画者先让其画一幅好画。

在"专"的基础上,再求让学生"全"。孩子可塑性强。孩子求知欲旺。孩子兴趣广泛,爱好繁多。老师引领学生、指导学生、鼓励学生参加各种"兴趣组""培训班"。想学什么就学什么,想怎么学就怎么学。为使学生多才,为使学生多艺,要求学生"多动"。学校开展多种课外活动、校外活动,为学生搭建多种展示才华的平台,为学生拓展多种学习本领的空间。有时,校长们,教师们与学生们都是"演员",都是"运动员",一起走进歌舞队,一起走进鼓乐队,一起走进体育馆,一起走进比赛场。在这种环境中,在这种氛围中,学生学习着,学生快乐着,学生成长着。学生在全面发展的道路上前行着。

不少学生"专"了。

不少学生"全"了。

在采访过程中,我认识了三个学生。这三个学生,都是专且全的阳光少年。

我们十分高兴地认识了颉贝尔。这是不远千里来自大西北甘肃的女孩。她性格有些腼腆,近乎卑谦。但学习技能、学习本领,从不让人。在老师和同学们的眼里,她似乎是个"全才"。在学校的各项技艺比赛中,她都拿第一名。2012年3月,她代表学校参加抚州市举办的"建设新抚州"的主题演讲比赛,她以丰富的知识、生动的语言、得体的表情,征服了评委和听众,荣获了第一名。这个大西北的女孩,在红土地上像杜鹃花吐露着芬芳。

我也很高兴地认识了李珠琳。她也是个女孩子。她爱读书。她一家人都爱读书。但她不只是爱读书,她几乎爱好一切。她善于把书本知识与技艺知识融于一体。工在书内，功在书外。她会演奏电子琴，会打羽毛球，会下围棋，会滑冰，会当主持人。长笛是拿手戏，考达7级。跳舞是强项，考达5级。她说，别人能学到的，她也要学到，别人能做到的，她也能做到。

我还高兴地认识了陈重任。这个小男孩，颇有"大丈夫"气势。他说要自己自立，自立自己。他要做最好的自己。长大后，要不负其名：陈重任。他未来重任可陈。为了秉承不辜负"重任"于他的志向，他说他要抓住每分每秒的时间，利用每处每地的空间，好好学习，好好实践。学校是他的课堂，家庭是他的课堂，社会也是他的课堂。处处留心皆学问，事事练达皆本领。这个小小的"大丈夫"，现在已有一身的好功夫。2012年他参加了声乐7级考试、钢琴8级考试、软笔书法9级考试。他的软笔书法，龙飞凤舞，挥洒自如。2012年获江西省软笔书法比赛第二名。

从三个孩子的身上，我们高兴地看见了临川教育注重全面发展的现状，也看见了临川教育注重全面发展的希望。今天的临川学生，绝对不是书呆子，而是要做学而为用、学而可用的真才子。

校园文化重在价值观教育

人生自幼始，人为什么活着，人怎样活着，这是人生的第一课，也是最重要的一课。每一个学校必须对学生上好这一课。这是价值观教育的"必修课"。人生的价值观念、价值取向，决定人生的一切。学生的价值观教育，是"兴国之魂"的教育，是"强民之本"的教育。

人民日报《教育引导青少年积极践行核心价值体系》一文指出：把社会主义核心价值体系融入国民教育全过程，是党的十七大和十七届六中全会提出的战略任务。青少年是祖国的未来、民族的希望。把社会主义核心价值体系融入青少年教育全过程，既是贯彻落实党的十七大和十七届六中全会精神的迫切需要，也是全面推进教育事业改革发展的迫切需要。我们应深刻领会、认真贯彻落实，为推动教育事业科学发展提供有力支撑；帮助青少年形成正确的世界观、人生观、价值观，成为有高尚道德情操、有责任心、有正义感、有奉献精神的人。

文章又说：要把价值观教育融入课堂教学。课堂教学是社会主义核心价值体系教育的主渠道。在课堂教学中，应充分挖掘各门课程蕴涵的社会主义核心价值体系教育资源，把各门课程已有的社会主义核心价值体系的育人目标和内容具体化，并有机渗透到学科教学过程。要把价值观教育融入社会实践。社会实践是社会主义核心价值体系教育的生动形式，是中小学生践行社会主义核心价值体系、树立社会主义核心价值观的重要途径。理想信念教育形势政策教育、国情教育等都应在生动的社会实践中进行。要把价值教育融入校园文化。校园文化是用社会主义核心价值体系引领广大中小学生健康成长的重要载体。中小学应大力加强校园文化建设，以建设优良校风、教风、学风为核心，以优化美化校园环境为重点，以开展丰富多彩的校园文化活动为载体，积极营造社会主义核心价值体系引领下的校园文化氛围。要把价值教育融入学校管理。学校管理应体现社会主义核心价值体系教育的要求。在教学管理中，在学生管理中，应坚持育人为本，面向学生制定的制度、采取的管理措施，都必须与培养目标相一致。在建立现代学校制度中，应坚持依法治教，强化自主管理，开展民主监督，吸纳社会参与；围绕育人的主题，使一切制度和措施都以促进学生全面发展和健康成长为目的和检验标准。

引用上述这一段看来似乎过长的文字，我以为十分必要，一则，我认为文章所言及的观点和做法，很符合临川的现实，二则，这篇文章，对价值观教育的重要性、必要性和操作性，都阐述得十分明确、十分透彻。对于对学生进行价值观教育，颇为有益。

价值观教育，是"临川教育"的质量核心，也是临川校园文化的品位核心。我在临川采访的每所学校，都强烈地感受到了这一点。我所接触过的临川的校长们、教师们认为，学生的价值观教育有五个着眼点、着重点、着力点：

一、崇高的政治信仰。人生有信仰才有信念，有信念才有信心，有信仰、有信念、有信心的人，才值得信任和信赖。

二、无私的奉献精神。为业可献其智，为民可献其力，为国可献其身。

三、科学的劳动观念。创新劳动、有效劳动、理性劳动,才是科学的劳动。

四、高尚的人格魅力。言行不出格,办事守规格,毕生重品格,方可称之为有格调、有格档的人生。

五、乐观的生活态度,遇困难力克之,逢艰险勇为之,有愁苦自解之,笑对人生始为快乐人生。

价值观的教育,不同于其他的教育。价值观教育是塑造灵魂的教育。临川的校园文化,是有灵魂的文化。精心设计的人文景观,处处有灵魂的闪光。临川四小、十一小、湖南中学、河东小学、临川四中、六中和崇湖中学、崇湖小学等许多学校的校园内,在视觉文化、听觉文化、感觉文化中,都让学生有"觉"的感触、感受、感悟。"立德树人有道,润物成才无声"。走进临川八小,似乎整个校园都在无声地对学生说话,每一座墙壁、每一个橱窗、每一项活动,都有人生的启蒙、启迪、启发功能。让学生读名著、读名诗、读名句。每月读一本书,每周读一首诗,每天读一句格言警句,让学生潜移默化地、润物无声地受到爱国主义、民族精神和民生意识的教育。江山小学、江山中学倡导学生唱"红歌"、读"红书"、讲"红色故事"。作为无产阶级革命家李井泉的故乡,学校当然会经常讲革命先烈的英雄事迹。许多学校有学生自律协会、学生志愿者协会、音乐社团、文学社团等校园社团,有校报、校刊、广播站等校园媒体。临川四中、六中、九中等学校,以让学生"确立自己的信仰,尊重自己的人格,振作自己的精神"为宗旨,开展一系列的校内校外的主题活动,使文化立校、精神育人的平台越来越宽广、内容越来越丰富、收效越来越明显。

汝水在静静地流淌,一如乳汁在无声地滋养着临川的大地。我走在汝河两岸的校园里,听书声徐来,踏歌声远去,脑海里不断浮现出一幅幅校园文化的绚丽图景。以"四育"为核心为品位的临川校园文化,像春风、像阳光、像雨露,催生着一片片精神芳草,催长着一处处精神华木,催开着一朵朵精神奇葩……

用真爱之光点亮留守儿童的心

在中国,在乡村,有一个世人关注的群体:留守儿童。

这是一个特殊的社会群体。

这是一个特殊的教育群体。

现在,我们很有必要将目光从多彩的校园转向这个特殊的群体。

临川每年约有60万人外出打工,由此产生的留守儿童,约有6万人左右。这是一个不小的数字。这6万人怎样生活、怎样学习、怎样成长,已经成为家庭、社会、学校和政府十分关切的重大问题。临川怎样面对这6万人?

让我们先来读懂几颗留守儿童的心。

这是一个外向的孩子,名叫李志强。他高高的个儿,清瘦的身材,说话却有着亮亮的嗓音。他今年12岁,念小学五年级,父母长年在外地卖水果,跟着爷爷奶奶一起生活。因为水果生意忙,所以李志强的父母只有过年的时候才有空回家。毫无疑问,他十分想念爸爸妈妈。而每当想念爸爸妈妈的时候,他就会拿起电话和爸爸妈妈聊天,汇报自己的学习生活情况。但是更多的时候,电话打到一半,电话那头总会被生意打断,尽管这样,李志强的父母还是坚持每天给志强打一次电话,有时候生意忙,就要等到晚上11点多钟,不管夜多深,李志强总是等接过爸爸妈妈的电话才肯睡觉。他说,自己最开心的事情,就是听到爸爸妈妈的声音。每当听到爸爸妈妈的声音的时候,他感觉自己已经飞到了爸爸妈妈的身边。打完电话,他还经常梦见自己躺在爸爸妈妈的怀里!

这个孩子叫何心意。何心意有何心意？

希望爸妈与自己一起过生日。

何心意，今年10岁，是小学三年级的学生。何心意5岁的时候，爸爸妈妈就外出打工，留下她和爷爷奶奶一起生活。爸爸妈妈都身在广州，为了省钱，一个月或者两个月才会打一次电话回家。也是为了省钱，爸爸妈妈每次都是夜间打电话，所以她每天都会赶在晚上8点前把作业做好，然后守在电话旁边，生怕接不到爸爸妈妈的电话。

这是何心意最开心的日子。因为几年没回家的爸爸妈妈为了给她庆祝十岁生日，特意赶回来了。生日那天，爸爸妈妈给她买来了大蛋糕，还点了蜡烛，她还第一次许了一个心愿。什么心愿？"我的生日愿望就是一年能多过几个生日，这样爸爸妈妈就能多回来看我了！"然而，快乐的日子总是那么短暂。生日过完以后，爸爸妈妈又急急忙忙赶回广州了。直到现在，她还不允许爷爷奶奶把蛋糕盒子扔掉，每次看到蛋糕盒子，她就会想起爸爸妈妈和自己过生日的日子。

这孩子名叫袁子涵。他是何岭小学的学生。何岭小学坐落在临川区宽松山镇偏远的地区。据当地教育部门统计，何岭小学200多名学生中有80%都是留守儿童。

袁子涵是一个眼睛明亮、脸上挂着两个大酒窝的小姑娘。今年10岁了，是三年级的学生。她是罗湖镇人，现在跟着外公外婆在何岭村生活。她的父母长年都在萍乡打工，只有过节过年的时候才会回来，上一次见到爸爸妈妈已是去年中秋节的时候了。

前些时日期末考试她考了全班第一名，她兴奋得好几个晚上都睡不着觉，老是梦见爸爸妈妈回来后看见她的成绩单的情景。她说："爸爸妈妈在外打工特别辛苦，而且他们出去工作就是为了赚更多的钱给我读书，我可不能让他们失望！所以我特别想看见爸爸妈妈为我高兴的样子！"说着说着，小小的她声音不由得有点儿哽咽了。

袁子涵似乎陷入了沉思。过了一会儿，她用颤抖的声音说："我的外公外婆今年都有80多岁了，他们现在都很老很老了，快要带不动我了。可是我还没有长大，我希望他们慢点变老，这样他们就可陪着我长大了！"

说着说着，通红的小脸上几颗豆大的泪珠子忽地滚落下来……

这孩子叫邓灿辉。比起上面说到的几个孩子，12岁的邓灿辉是令人最心疼的一个。2011年6月，小灿辉远在福建打工的妈妈为了回家时能给小灿辉带点当地水果，在采摘龙眼时不甚摔成重伤，经多方治疗无效后，永远离开了小灿辉。此后，为了还清治病欠下的8万多元债务，灿辉的爸爸离开灿辉和他的两个兄弟，独自外出打工。从此以后，苦命的邓灿辉三兄弟就和60多岁的爷爷奶奶相依为命，生活在一起。为了抚养三兄弟，他的爷爷奶奶一共种了20多亩地，爷爷奶奶日复一日，年复一年，面朝黄土背朝天。邓灿辉因此也无空闲，所有的节假日和课余时间，他都和爷爷奶奶一起劳动。上五年级的邓灿辉手上居然磨出了几个老茧。

邓灿辉有没有怨言？

没有。

"我不希望爸爸经常回来，因为我知道他还有好多债要还，他要赶紧赚钱，把债还清。"邓灿辉的声音很低沉，却又很坚定。话语中有着不该是12岁孩子所拥有的淡定和成熟……

这就是一颗颗留守儿童的心。

这就是我们不忍去读却又必须去读的一颗颗留守儿童的心。

临川区委、区政府各级干部无时不刻地在牵挂着这一颗颗留守儿童的心。

一个偶然的机会，我读到了临川区委宣传部部长的一首诗。诗中这样写道：

孤独虽不是绝境，

思念却重如千钧。

我伫立在家乡老屋的门头，

遥望着远方打工的双亲。

期待寂寞的夜空里，

点亮无数颗心。

这就是临川区广大干部群众用心研读的留守儿童的心。他们面对着一颗颗留守儿童的心，感知到关爱留守儿童的责任"重如千钧"，他们要用党和政府关注留守儿童的爱心去"点亮无数颗心"。

于是，区委、区政府下定决心：要构建一个关爱留守儿童的系列工程。

于是，区委、区政府作出决定：要开展一个关爱留守儿童的学雷锋志愿者活动。

"工程"必须抓铁留印。

"活动"必须善做善成。

为了使留守儿童能够和所有儿童一起同等、同步地受到正常的家庭教育、社会教育和在校教育，根据区委、区政府的部署安排，区教育系统从"面"上入手，构建关爱留守儿童服务网络，从"点"上着力，搭建留守儿童快乐成长平台。他们采取四大措施：首先，整合社会资源，广泛宣传关爱留守儿童公益活动。充分利用"临川教育信息网"、校园广播、黑板报等阵地，把关爱留守儿童公益活动作为重要民生活动进行宣传，调动一切积极力量参与此项工作。其次，建立留守儿童档案，提供优质的信息服务。全区6万名留守儿童一一建档，方便爱心人士咨询及帮扶结对。然后，以"家"的形式，营造良好的关爱氛围。现在，他们已经出台了建设"留守儿童之家"的实施方案，各中小学校将分别建立"德育工作家庭站""留守儿童之家"等平台。最后，借助各种活动平台，深入开展各项关爱留守儿童活动。结合"廉政文化进校园""塑师德、治'三乱'、正行风""五民一建"等主题活动，开展了"校园健康读书节""大手拉小手""万名教师进万家""学雷锋志愿者"等活动，既使留守儿童得到缺失的家庭之爱，又有效地加强了行风、师德师风建设。稍过一些时日，他们将逐步实施区域内"留守儿童之家"全覆盖，在充分调研的基础上，加大阵地模式、制度模式、结对模式、组织模式、活动模式、互动模式"六大模式"的创建力度，进一步把关爱留守儿童工作做好、做实、做细。

临川，毕竟是一块文化沃土。

临川，毕竟是一个道德高地。

"工程"与"活动"，很快在全区范围产生影响。广大民众，热烈响应。社会各界，积极行动。针对留守儿童"亲情缺失、心理失衡、生活失助、安全失保、学习缺教"等问题，全区党员、干部和职工多方努力，构建学校、家庭、社会三位一体的留守儿童工作网站。"爱心妈妈""爱心爸爸""代理家长"，纷纷涌现。这些"妈妈"们、"爸爸"们和"家长"们，"怀实心、想实招、办实事、求实效"，活跃在关爱留守儿童工作网站上。捐钱的、捐物的、帮教的、陪读的，层出不穷。

这是一位"代理妈妈"，名叫刘萍。2012年，她与河埠油屯小学9岁的苗苗结成一对"母女"。苗苗父母，外出打工，三年没有回家门。苗苗已记不起父母的模样了。陌生感淡化了幼小心灵中的亲情意识。她很孤独。她很寂寞。她很清冷。性格变了，心身弱了，成绩差了。就在这里，刘"妈妈"来了。刘"妈妈"带来了母爱。刘"妈妈"带来了温情。刘"妈妈"带来了她失去的母亲的怀抱。刘"妈妈"亲她。刘"妈妈"疼她。每逢周末，刘"妈妈"都早早地来到苗苗家里，履行母亲的职责。寒假、暑假便将苗苗接到自己家里，陪她玩耍，陪她做作业，陪她聊天。世界上最生动的力量，是爱与爱的交流、情与情的碰撞。情缘胜似血缘。刘萍以无私的母爱很快改变了苗苗的一切。她振作了。她活泼了。学习成绩显著上升，被全班同学全票选为班长。

爱是教育的纽带。爱的感染力是无声的。苗苗发现，在她身边的刘妈妈，不是"志愿母亲"，不是"代理妈妈"，她就是自己的母亲，她就是自己的妈妈。这天，当刘萍为她梳理过头发之后，苗苗眼含泪花，一头扑在刘萍的怀里，大声地说："妈妈，我长大后，一定要像您一样，做有爱心的人！"

父母远离，亲情近在。临川社会各界，都在为留守儿童张开温暖的怀抱。许多企业，也大出援手。江西新华发行集团公司临川区分公司，定期免费向留守儿童赠送图书，免费为留守儿童办理"校园健康书屋"会员卡，并适时向留守儿童发送"书讯"。留守儿童与父母身居两地，最关心的是通讯联系。为此，临川移动公司特地向留守儿童赠送无线手持座机，免费设立了1200部"亲情电话"。以方便其随时使用。浦发银行和邮政部门还颁发了"关爱留守儿童明信片"。让留守儿童邮发"亲情书信"。都在"留心"留守儿童。都在"守护"留守儿童。都在"留心"留守儿童的需求。都在"守护"留守儿童的成长。

爱心执着啊,那些"妈妈"们"爸爸"们!

用心良苦啊,那些志愿者们企业家们!

临川文化的沃土上将书写着你们!

临川道德的高地上将标榜着你们!

关注、关爱留守儿童,学校担当更直接,责任更重大。临川乡村中小学校在读生,留守儿童的比例在30%以上,有的甚至高达80%以上。临川教育界面对这样庞大的特殊教育群体,煞费苦心,甚至是"偏爱""偏心"。他们号召全区开展"万名教师访万家""优秀教师送教下乡"志愿服务活动。这项活动成为关爱留守儿童的有效载体。全区上万名教师担任志愿者,开展访留守儿童、访贫困生、访纯女户学生的"三访活动"。至我结束采访时止,全区87所学校的348名校领导、4112名班主任、10661名任课老师,上门访问45363人,电话访问38319人,以其他形式访问了13789个学生家庭,撰写"三访日记"2万余篇,收集采纳了有关教育发展的意见和建议2318条,查找出各级各类问题1258个,已解决965个,使这次家访活动真正成为关爱留守儿童、贫困儿童、纯女户儿童的有效行动。同时,临川区组织城区优秀教师担任志愿者,开展"送教下乡"志愿服务活动,让农村中小学生也得到城区优秀教师辅导的机会。这些城区优秀教师大多都有着丰富的教学经验,对学生心理特别了解。通过他们的志愿服务活动,一些留守儿童厌学心理得到调整,重新对学习和生活充满了兴趣。

这一切都是爱心的善作啊!有心人才会做有心事。面对留守儿童,临川有多少教师都是做有心事的有心人!

临川一中有位名叫过清的老师,是高中的带班主任教师。他班上有几个学生是留守儿童。在他的心里,这几个留守儿童,有特殊的真爱空间。有学生背地里开玩笑说:那几位"留守"的同学,是班上持"绿卡"的"一等公民"。这话是笑话,但"绿卡"却是真情的表达。过清的确对这几个孩子,多有一个心眼,多有一份情意。过老师的家为这几个孩子开通了"绿色通道"。

这是2013年除夕之夜。校园里显得十分平静。师生们都回家团圆去了。班上几个留守学生在宿舍里听着街上传来的一声声除旧迎新的鞭炮声。忽然听见敲门声。谁?过老师。学生们忽地叫了一声:"过老师,您又来了!"是的,过老师又来了!这是他第四次在除夕之夜来接自己班上几个留守学生与自己一起过年。学生们知道,过老师家乡有老父老母,他多想与自己的父母在一起过新年啊!然而,留在校园的几个留守的孩子,他实在放心不下。他们需要新年的欢乐。他们需要团圆的热闹。他们需要亲情的交流。不能让他们成为节日遗忘的角落!过清电告老父老母,请他们原谅儿子的不孝不敬,儿子又一次只有把孝心化为爱心转付给远离家乡的几个留守学生了。

过老师把孩子们接进家门后。灯光满堂,瓜果飘香,孩子们如同围坐在自己父母身旁,餐桌席间,电视机前,祝福声不断,欢笑声不已,过家又一次上演了一幕"今夜无人入眠"的师生版本。临川的留守孩子们啊,当记住:恩师如父母,学子是骨肉!

"求木之长,必固其根;欲流其远,必浚之源。"儿童是希望。儿童是未来。儿童就是国之根,国之源。关注儿童,尤其是关注留守儿童,的确是一件事关大局、事关长远的事情。小视不得。小待不得。小做不得。临川区的领导者们和社会各界,决心将关注留守儿童的事情、事业进行到底。一定要做到抓铁留印、善做善成。现在,他们为了深入贯彻落实党的十八大精神,遵照中央关于加强和改进未成年人思想道德建设工作的重要部署,结合"中国梦"的宣传教育,又在开展"中国梦·人民梦·儿童梦·关爱留守儿童圆梦行"活动。这个活动有20几个部门和单位参与。活动宗旨十分明确:关注关爱留守儿童,把对农村留守儿童关爱服务摆在重要位置。通过健康向上、丰富多彩的实践活动,在社会各界形成关爱留守儿童,共同传递正能量,营造社会新风气，让留守儿童切身、切心、切实感受到社会大家庭的温暖和关爱，为留守儿童的健康成长创造良好的社会环境，为留守儿童圆梦而努力而"行动"。

儿童梦是中国梦最美好的篇章。在临川这个共和国教育基地上和大中华才子摇监里，有理由相信：所有留守儿童们，都将在中国梦的伟大目标下，快乐地生活、快乐地学习、快乐地成长。

开创"临川教育"的新时代

临川教育,从"四苦"的年代走来,步入到今天"四凤""四育"的新时期。在2121平方公里土地上,处处桃李盈门,处处芝兰满室。几百所在区学校,20余万在校学生,上万名在职教师,高举着"临川教育"的品牌,不断抒写着"才子之乡"的华章。

在江西省委、省政府和抚州市委、市政府的高度重视和大力支持下,临川区委、区政府,发挥优良传统,坚持教育优先发展、科学发展。人们十分欣喜地看到,临川教育事业的发展,已经走上了快车道。

临川,有一种"大教育"的气象。

临川,有一种"大教育"的辉煌。

改革开放以来,特别是近些年,临川的基础教育,成绩十分显著。我们不妨翻阅一下改革开放以来"临川教育"的荣誉档案。

1986年被评为全国基础教育先进县。1994年圆满通过省"两基"工作评估验收,并被原国家教委认定为全国首批"普九""扫盲"县、市。1997年、2001年两度荣获全国"两基"工作先进县、市、区的光荣称号。2005年、2007年又两度荣获全省"两基"工作先进集体。2010年被省政府授予"江西省教育工作先进县(市、区)"荣誉称号,区教育局被省委教育工委、省教育厅评为全省教育系统"提升质量年"活动先进单位。2010年,区教育局还获全国国防教育先进单位。近几年,职业教育、特殊教育、招生考试、教研工作等还多次受到省政府、省教育厅的表彰。区内现有临川一中、临川二中、抚州一中三所省优秀中学，其中临川一中进入全国百强中学，另外还有一所省级名牌中学，一所省现代化建设中学，一所国家名牌职业学校。这么多优秀名校和名牌学校、现代化建设学校，聚集在一个县级区，彰显了临川教育的明显优势，标志着临川教育的质量品牌。

教育质量全面提高，更体现着、标志着临川大教育的辉煌。临川将苦教苦学的传统精神与现代科学教育方法有机结合，在全体学生都得到全面发展的同时，培养出了一批批少年英才。1978年以来，临川年年高考成绩都位居全省前列，并每年不断攀升，累计共向高等院校输送新生91479人。其中1982年至2000共向名牌大学输送了150名少年大学生，人数之多，居全国各县和县级市、区之冠。2005年、2006年、2007年、2008年考取大专院校以上人数分别为8297人、7687人、9388人、11365人，考取二本以上人数分别为3502人、4071人、5074人、5501人，考取清华、北大人数分别为20人、37人、55人、33人。2009年高考，临川区考生上二本线人数为5583人，上线率39%。比2008年增加5.76%；实际考取普通高校共计11229人，录取率77.01%，比2008年增加9.37%，考取清华、北大45人，遥遥领先全省其他县、区。2010年文史、理工类考生上二本线5535人，上线率42.86%，比2009年增加3.86%；实际考取普通高校新生共计10856人，录取率83.39%，比2009年增加6.41%，其中考取清华、北大44人。2011年文史、理工类考生上二本线4778人，上线率42.8%，其中考取清华、北大33人，文、理科状元双双花落临川。2012年和2013年，各项指标，更上层楼。临川教育轰动全省、全国。临川中小学生学科竞赛成绩突出，德育工作、艺术体育教育等方面也卓有成效。

这是一组数字谱写的才学音符。

这是一幅数字描绘的才学画图。

这就是临川教育质量与时俱进的数字解读！

不能不指出，临川的办学条件有根本性的改善，毫无疑义地为临川教育大踏步地前进创造了十分有利的条件。1990年，实现了校园"六配套"。

1992年，实现教学仪器配套，获全省"实验教育普及县、市"称号。1993年，全区校园建设达到普及初级中等义务教育的标准。2001年，基本实现了教学楼房化。2002年农村税费改革以来，为适应新形势，着力构建了政府投入为主，社会捐资助学为辅的校舍建设新模式，争取中央、省等上级拨款7254万元，区配套资金4836万元，社会捐款1025万元，共投入13115万元资金，先后进行了118个中小学危房改造国债项目建设，逸夫项目、明德项目、中石化项目等30个获捐赠项目建设，238个基础设施改造工程项目建设，9个新校园卫生厕所建设，"一扩三化"工程（扩大校园面积，净化、美化、绿化校园）建设等，共兴建校舍220500平方米。校园的卫生、绿化都有根本性的改观。现全区共有1069栋教学楼房，校舍总面积976640平方米，与1978年比较，校舍总面积翻了两倍多。除了个别教学点外，中小学生全部在宽敞、明亮的教学楼上课，结束了平房、危房校舍上课的历史，从根本上消除了校舍安全隐患。绿色校园、书香校园、阳光校园成为临川区东西南北中一道亮丽的风景线。同时，近几年，实施了教育信息化建设工程和农村中小学现代远程教育工程，全区大部分城区学校、乡镇中学、乡镇中心小学装配了计算机教室、多媒体教室，所有村完小以上学校装配了现代远程教育设备，都能直接收看卫星传递的教育节目，为全区教育事业的发展插上了腾飞的翅膀，也是临川教育发展的一大抓手和推手。

  教育管理不断加强，临川建立并不断改善了义务教育经费保障机制，积极实施了教育民生工程。办教育的环境也得到根本性改观。坚持实行教师聘任制，建立了每年从优秀大中专毕业生中公开招聘新教师的机制，教师队伍管理切实加强。以校为本的教学研究扎实有效，新课程改革取得明显进展。坚持了学校工作目标管理，开展了民主评议政风行风活动，建立并规范了教育各项管理制度，实行制度管理、目标管理、形象管理，全面提升了中小学办学水平。

  "临川教育"是中国的一个教育品牌。"临川教育"正在与省外搭桥、与国外接轨。为了给师生营造一个良好的国际交流环境、搭建多元文化融合的发展平台，临川一中与北京师范大学实践中学、中国教育学会培训中心合作成立了国际教育交流中心。大胆尝试与世界知名大学强强联合，建立多个合作培养项目，为学生留学深造铺设绿色通道。目前，学校已经与加拿大康奈尔公立高中签约为友好学校。同时，还与世界知名大学——美国华盛顿大学、玛瑞埃塔大学、加拿大多伦多大学、萨省大学，法国UT大学，意大利都灵理工大学等院校建立了直升大学的"绿色通道"，为培养面向世界的高层次国际型人才开创了新的模式⋯⋯

　　成就令人鼓舞。

　　使命催人奋进。

　　站在新的历史起点上，临川教育部门决心在省、市、区各级领导大力支持下，切实贯彻落实科学发展观，坚持改革创新，正在着力加强以城镇中小学校建设为重点的校舍建设，正在着力提高教师队伍素质，正在着力推进高中课程改革加强教学研究工作，正在着力打造充满生机活力、充满才乡特色的校园文化，全面实施素质教育，全面提高教育教学质量，全面提升才乡教育品位，努力办好人民满意教育，为"临川教育"开创一个崭新的时代。

　　学脉绵长的才子之乡啊！

　　英才辈出的才子之乡啊！

第五章

真情回报才子之乡的才子们啊

无论走在什么地方，
游子都不会忘记家乡；
就像远离家门的儿女，
不会忘记自己的爹娘……

桑梓情结是炎黄子孙的美德

家乡观念、桑梓情结，是炎黄子孙的传统美德。自古至今，身在异地远在他乡的游子，故乡是自己毕生不忘的圣地。千百年来，老少传诵的唐诗"窗前明月光，疑是地上霜，举头望明月，低头思故乡"，便是游子们乡念的写照。"乡音亘古今，乡愁暖人心；走遍天涯路，最是乡情深。"这是游子们乡情的写真。故乡是人生之源本。故乡是人生之根基。这个根、这个本是不敢有忘的。无产阶级革命家陈毅元帅有诗句云："第一不能是忘本"，他把不忘本放在人生"第一"的位置。足见"本"之重要。生之地、养之地不能忘啊！

有哲言曰："不要因为走得太远，就忘了当初为什么出发。"

有古训曰："不忘初心，方得始终。"

基于家乡观念、桑梓情结，我国一代代身在异乡、远在他国的游子们，把报效祖国、报效家乡当作自己崇高的理想。当祖国、当家乡需要的时候，他们义无反顾地效其心力、效其智力、效其财力。共和国成立之后，不少在海外或有大业、或有大财、或有大名的中华优秀儿女，毫不犹豫，甚至是冒着生命危险回到祖国、回到家乡。钱学森就是一个突出的典型。在社会主义建设中，不少华侨、慷慨解囊，报答祖国，报答家乡。曾宪梓、霍英东等就是突出的事例。共和国的史册上，他们用古老的方块字，写下了闪耀华彩的爱国篇章。自古以来，江西的商邦业界，便有一种"使予而儒，母氏劬劳；

使予而商,身劭母康"回馈社会的担当精神。这是江西古时"大款"的道德准则。他们一旦成功之后,便不忘为家乡效力。

家乡观念,是人生的血统观念。

桑梓情结,是人生的人性情结。

这是挥之不去的观念。

这是摆脱不了的情结。

临川的才子们,把这种观念与情结,视同自己的一种品格。改革开放以后,不少才子成了"财子"。当才子成了"财子"之后,一个共同的愿望是成为家乡的"孝子"和"赤子"。

天南地北百事忙,

挑战四海志犹强。

赢得时运归何向,

首当不忘是故乡。

这是一个闯荡他乡的临川才子写在日记本首页上的一首诗。不论诗艺,但重诗意。诗中,有一颗赤诚的游子心在跳动,有一种火热的才子情在喷涌。

临川走出了成千上万的才子。他们怀抱着远大的志向,凭借着过人的才华,"挑战四海",奔忙百事。有的,天南地北,费尽周折,历尽磨难,艰苦创业,终于"赢得时运",才财相得,成为时代的佼佼者。或为"大腕"、或为"大款"、或为"大亨"。他们有名了,他们有钱了,当归何向?"首当不忘是故乡"!临川,是一块生才的土地,临川,也必须是一块生财的土地!这些有血有肉、有德有志、有情有义的才子们,决心以才和财,回报家乡,感恩家乡,造福家乡。

他们是临川的儿子。

他们是临川的孝子。

他们是临川的赤子。

他们就是时下的临川"范儿"啊。

他们果然怀着才回来了。

他们果然带着财回来了。

在临川马拉松式的采访中,从领导者的介绍中,从百姓的口传里,我听到许许多多催人泪下的临川才子回报家乡的故事……

不忘娘一样不忘家乡

伟大的中华民族,是多种优秀文化元素造就而成的。孝,是一个核心的价值元素。古人教曰:"百善孝为先","夫孝,德之本也";"夫孝,天之经也,地之义也,民之行也"。人之重孝,教化为高。

人贵有三心:敬畏之心,感恩之心,孝义之心。三心都是孝文化的核心。临川重孝心,临川出孝子。临川的孝文化,名播古今。有一则在中华大地流传久远的"卧冰求鲤"的民间故事,就出自临川。

相传晋代临川有一个名叫王祥的青年,家徒四壁,一贫如洗。家母久病不起,无钱求医。王祥不知所措,紧锁愁眉。一日,他遇见乡间一个郎中,郎中当面指点:你母亲须有一条鲤鱼配草药治理方得治愈。王祥一听,好不高兴。他是一个活捉鲤鱼的好手,他曾经常在汝水(今日之抚河)捕捉鲤鱼。

王祥谢过郎中,转身就去捕捉鲤鱼。但此时恰为寒冬腊月,北风呼啸,大雪迷茫,汝水河面已冰封日久。冰下之鱼,怎能得手?有心者得缘,临急者生智。王祥忽然想起:冰雪遇热即化。他想,自己青春年少,血气方刚,凭借体温便可化冰为水。于是,他脱光上衣,光着背脊,赤条条卧在冰上。冰凌如针刺啊,为治母病儿可忍!风雪如刀刮啊,为救母命儿可受!他的身躯,渐渐在冰河上麻木,他的神智,渐渐在风雪中迷昏。他在所不惜,他在所不顾。母命是天啊,儿当舍命相救;鲤鱼是药啊,儿当舍命相求!念天下母恩深重,呼世上孝义赤诚,王祥的行为感动了上苍。不多时,风息雪止,他迷蒙中忽然觉知背上有轻轻搔抚之感。他起身一看,身背卧处冰已融化,刹那间,一条大肥红鲤一跃而出,摊在冰面便一动不动了。他谢天谢地,提起鲤鱼直往家跑。按郎中授意,立马烹与母亲吃了。果然见效,母亲好了。

王祥的孝义之举,感动了临川乡里,感动了中华大地。后人为了褒扬他、纪念他,在他卧冰求鲤之处建有"孝义桥"。现犹在。临川人一代代将王祥视为偶像而仰之、而敬之、而效之。

王祥的故事是一个佐证:炎黄子孙是孝子贤孙。

母亲养育儿女,儿女要敬重母亲。天底下,唯母子之情最纯、最真、最深。每一个母亲都将自己的一切无私地奉献在自己的儿女身上,希望自己的儿女成人成才,为人民、为社会、为国家效忠效力。历史上留下了多少母亲忠教儿女的不朽版本。岳家母刺字命儿精忠报国;杨家母举旗号将门舍生取义;三娘教子从良为贤……母亲的教导最亲切,母亲的教导最真切。母教莫忘、母命莫违啊!

如今,在临川有一个母亲教育儿子孝义感恩的现代版本。

临川,罗湖镇。

清晨时早,阳光普照。孩子们背着书包,踏着阳光走向学校。在一所希望小学的门口,站着几位送孩子上学的家长。有位家长拍拍自家孩子的头:"儿子啊,你一定要好好学习,千万不要辜负陆金生先生的心意。"另一位家长接过话音说:"更不要忘记陆金生先生母亲的恩德啊!"

陆金生什么人?他有什么心意孩子们不当辜负?

陆之母有什么恩德更令家长们不能忘记?

时空的魔方,回转到陆金生的少年时光。

陆金生,出生在罗湖的一个贫苦农家。少小时的陆金生,衣不敝体,腹不足食,日子很苦。母亲看见身边饥寒交迫的孩子,十分心疼,常常偷偷地流眼泪。家很穷,命很苦。时日艰难啊!但中国有句绝对正确的古话:家穷志气不能穷,命苦精神不能苦。他初中毕业就辍学了。辍学不能辍读。不能在课堂里读书本,可以在社会上读人生,读人间之万象,读世上之万物。陆金生的母亲不忍孩子在贫苦中忍受，也不甘孩子在穷苦中沉沦。她决意要叫孩子在贫苦中振作，在贫苦中奋起。她希望陆金生要成为一个有志有德的人，有智有才的人，有情有义的人。她是一位善用先人的典范教育孩子的母亲，而他是一个善从先人典范中接受教育的孩子。竹光篾火的深夜，鸡鸣犬吠的清晨，岳母、杨母、三娘教子的故事，神童晏殊大志早立的传奇，王安石"三不足畏"的精神，陆金生从母亲或乡亲们的嘴里听了一遍又一遍。他听而不厌。他受益不浅。他懂得母亲的心意。他不会忘记母亲的教诲。他年小的心灵中发出了强劲的声音：穷，不足畏！苦，不足畏！难，不足畏！他要以王安石"三不足畏"的勇气，立下自己"三不足畏"的誓言，去渡过时间，去改变命运，去追求梦想。

于是，他刻苦劳作。

于是，他奋发求索。

陆金生下定决心：一定要使自己成为一个有德有志、有才有智、有情有义的人。他凭借着初中毕业的学识，怀抱着"三不足畏"的意志，高举着"精神不苦"的旗帜，勇敢地走出了家门，走上了社会。他踏上了一条坎坷的路。他走上了一条曲折的路。他当过小匠人，他做过小生意，他当过打工仔。他坚信，这一切都只是一个过程，是一条必由之路。目标在前，不怕路远！

千真万确：目标在前，还怕路远？

他终于走出了临川。

他终于走出了江西。

陆金生顽强地拼搏，勇敢地求索，大胆地开拓，终于创造了令人惊喜的业绩。他现在定居在上海生活，在上海创立了一家建筑公司。

他成器了。

他成名了。

他成功了。

母亲理所当然为儿子的成器成名成功而高兴。但陆金生母亲的心中，决不是只有自己的儿子，决不是只有自己的家庭。儿子的功名利禄，自己的家庭幸福，母亲不满足。母亲的胸怀很广大，母亲的情怀很真朴。当儿子成功的时候，当自己幸福的时候，她想起了临川，她想起了罗湖，她在为家乡的父老乡亲牵肠挂肚……

夜深了。南京路上的市声，渐渐隐去；黄浦江的霓虹，悄悄熄停。陆金生家的灯还亮着。八十多岁的母亲，将儿子叫到身边。母亲，又要给儿"上课"了——

人，不能忘恩；人，不能忘情；人，不能忘本。我们的本我们的根在临川、在罗湖。临川还不富足，罗湖还很贫苦，还有许多乡亲不得温饱，还有不少孩子上不了学。母亲不安啊！

灯下，儿子望着母亲。母亲的脸色有些凝重。

"妈，您老有什么想法？请您直说吧。"

母亲正襟危坐。母亲目光闪烁。

"你没有辜负我的期望，你为我争气了。但我的期望不仅仅是我们自家过上好日子，我最大的期望是罗湖的乡亲都能过上好日子。我希望你每年从公司的利润中拿百分之十至百分之二十的钱捐给家乡。我希望你要像不忘娘一样不忘家乡……"

"像不忘娘一样不忘家乡"，语重千金，掷地有声啊！

这是陆家母亲的心声！

这是临川母亲的心声！

儿子一听，心潮涌动。

儿子一听，眼眶泛红。

儿子忽然看见，他眼前坐着一个年迈而又善良的母亲，坐着一个平凡而又高大的母亲，坐着一个自己的母亲却又不仅仅是自己的母亲。

儿子感动了。

儿子振奋了。

儿子满口答应：

"妈，我一定按你说的办！"

母亲不说什么了。母亲知道，儿子向来说话算话。其实母亲的心意，也正是儿子的心意。陆金生早在自他离开家乡的那天起，他就立意：如果有一天他有了钱，他一定要回报家乡，回报临川。

陆金生唯母命是尊。陆金生唯母意是从。从此，他便按照母亲制定的"家规"，每年从自家公司的利润中拿出百分之十至百分之二十的款额捐给家乡。每逢春节，他还送上千个"红包"给贫苦人家和孤寡老人。更为难能可贵的是，陆金生和他的母亲，不仅自己为家乡尽心效力，还诚邀有条件、有能力的同事、亲戚、朋友为家乡做慈善事业。上海大型国有企业上勘院6年为临川教育捐资50多万元。身为院士、设计大师在这家企业任职的莫群欢女士，十分关注、关心临川的教育事业，她志意要为临川的教育奉献自己的一份力量。时至目前，短短几年，陆金生和他的"善友"们一起，已向罗湖捐款达千万元之多。在罗湖建起了十所希望小学，建起了多所敬老院，还修建了多处道路和桥梁。

陆家为家乡的确作出了很大贡献。难怪希望小学门前的家长们要孩子们不忘陆家母、记得陆金生。

是啊，不能忘记这位临川的母亲！让我们尊敬地叫一声：临川妈妈！

是啊，不能忘记这个临川的儿子！让我们亲切地叫一声：临川儿子！

值得郑重补写一笔的是，陆金生的岳父季亿祥就如同陆金生的母亲一样，也是一位富不忘贫的慈善长者。他是临川太阳镇人。儿子季国安也是建筑方面的企业家。季父教儿恰似陆母教子：永远都不要忘记家乡，不要忘记乡亲。家乡都不爱的人，还会爱国家吗？乡亲都不爱的人，还会爱人民吗？一切从爱身边的人、办身边的事做起。季家和陆家一样，不尚空谈，只做实事。至今，季家已在太阳镇捐了300万元修筑道路，捐了60万元建了3所小学，捐了50万元建了一所敬老院……

陆家母陆家儿，感动临川！

季家父季家儿，感奋临川！

第九个布点就是临川

古话不错：月是故乡明，人是故乡亲。身在他乡的游子，谁不思念家乡？管跃庆也是一个念念不忘家乡的人。

他是一个地地道道的临川才子。江西冶金学院毕业后，继续考研深造，直至获得美国博士学位。他高挑的个儿，清瘦的脸庞，深邃的双目中，闪现出智慧的亮光。学识的广度，思想的深度，言行的力度，成就了他的才子风度，也打造了他的品牌高度。他敢想而善思，他敢作而力为，他敢说而慎言。时下，在中国的经济层面上，他也称得上是个颇具影响力、张扬力的人物。现任广西投资集团的董事长，下属产业基地遍布宁夏、四川、山东、山西、内蒙、甘肃、安徽等全国各地。

这些产业基地的建立，就是他才智不凡的一个佐证。

管跃庆目光远大，视野开阔。他的心思和目光，不时地在中国地图、世界地图上飞翔。从世界资本主义经济的波峰期到波谷期，从中国社会主义经济的强势期到稳进期，他在悉心地观察，他在冷静地思考。而观察、思考的着眼点、落脚点，就是他正在为之效力的国企发展规律和长远思路。他认定：国营企业，有很多优越性，但也有一定局限性。国营企业，必须改革，必须创新。国营企业必须从现有的"圈子"里，跳出来、走出去，与地方经济和民营经济相结合，充分发挥各自的优势，扬长避短，取长补短，杀出一条血路来，闯出一条新路来。

2010年，管跃庆创造了奇迹。他凭借着自己对世界、对中国经济的感性观察和理性思考，凭借着集团领导班子的民主意志和发展意图，毅然作出了大胆的决策，率先在全国创造了与地方企业和民营企业合作的模式："广银模式"。这需要智慧，这需要勇气啊！这是惊人的一举。这一举，正是他"敢想而善思、敢作而力为、敢说而慎言"的结果。他是一个有知识、有见识、有胆识的人。他的属下黄河说："管总的办事风格和办事原则，凡事三思而行、量力而行、雷厉风行。"一旦作出决定，立马行动。"广银模式"拍板之后，果然"雷厉风行"，果然"立马行动"。方案一下，一日不落，组织人马，八方进发。不到两年，便在全国建起了八个产业基地，而且个个成功，处处见利。

毫无疑义，这个在全国都具有一定代表性的"广银模式"，是一个成功的模式。管跃庆和他的决策者们，决心加大力度、加快速度推广这种模式。

那么，下一个布点，将在哪里？

管跃庆的目光，投向广袤的国土上……

事情似乎有些巧合、有些偶然。

当管跃庆正在考虑第九个产业布点的时候，消息传到了家乡临川乡亲的耳里。

2011年10月21日，这是抚州市临川区委负责人喜出望外的日子。是日，他正率一班人马，在浙江"跑项争资"。忽有信息传来：广西投资集团正在选择铝产业项目加工基地。广西投资集团是个很有实力、很有名气的集团，办事出手大、气魄大。他很敏感。他立马意识到，这很可能是一个好机会。机会机会，有机当会。这位负责人很果敢。他又立马把随行的区招商局长叫到身边："你赶快去查一下广西投资集团产业基地布点的最新资料，这很可能是一条大鱼。"

不多一时，招商局长从电脑荧屏前转身前来报告：资料证实，果然是条大鱼！

区委负责人一听，好不兴奋。这个向来不轻意将情绪写在脸上的人，此刻眉宇间也掩饰不住忽儿来之的快意。

"来而不可失者，时也，蹈而不可失者，机也。"机会难得，乘热打铁。

"你们马上去订明天飞往南宁的机票，我们明天就直飞广西。"

想捞"大鱼"的人等不得回临川了。他通过相关的渠道与管跃庆取得了联系，急着要去广西投资集团考察。

第二天，即2011年10月22日，赴浙江的临川一班人马，"马不停蹄"同机从杭州机场直飞南宁。善于捕捉时机的人，注定是一个不惜脑汁的人。昨夜，身在他乡的临川使者失眠了，失眠对于他们说来，毫不足怪。自从他于困难之际衔命来到临川，便常常失眠。他们常常在眠前"加班加点"。昨夜如是，他人在床上，思绪飞往了广西。他们在猜想：这位管老乡是个什么模样？如何与他议商？如何探知他的意向？他们脑子里闪现出一个个预案。他们不惜费尽心机，要千方百计地抓住这个机会，一定要捉到这条"大鱼"。

此刻，他们在万米高空中，他们在高速飞行的座舱里。他们的心思，似乎也在高空高速地与管跃庆的神交中……

飞机在南宁着陆。

临川使者们的心思也在南宁着陆。

灯光明亮，四壁生光。广西投资集团的会客室里，气氛和畅。管跃庆热情地迎见了远道前来的老乡。握手言欢，请茶施礼。管跃庆的亲和力和亲切感，深深地打动了老乡。

老乡见老乡，满脸喜洋洋。

老乡见老乡，有话就直讲。

礼仪稍息。话到正题。会客室里，环绕着浓重的乡音。

江西的绿色崛起，抚州的"三大战役"，临川的发展现状。凡此种种，自在话中。交谈的重点，当然是临川。临川来的区委负责人有备而来。临川来的区委负责人话匣大开。他诚恳地、热切地邀请、欢迎广西投资集团到临川投资布点，开拓发展。他表示：临川区委、区政府一定会全力支持；他承诺：临川的职能部门，一定会创造优良的环境，实施优惠的政策，提供优越的服务；

他期待：合作成功，合作能够顺利进行，管董事长能早日回家乡考察。

说之者说得很清楚。

听之者听得很明白。

管跃庆明白：随着全国改革开放不断深入和政治建设、经济建设、社会建设、文化建设、生态建设强势发展，在科学发展观指引下，在省委、市委的领导支持下，家乡临川近些年来，在各方面都发生了很大的变化，取得了可喜的成绩。但由于诸多方面的原因，相对而言，发展规模不够理想，发展速度比较滞后。家乡的广大干部群众，因之而奋发求进，全力追赶。特别是近些年来，区委、区政府以紧迫的使命感和强烈的责任心，冷静地面对现实，正确地分析形势，果敢地确立目标，下决心、发猛力，逆势冲击，低谷崛起，分秒不舍，力争力拼。坐在眼前的一行，就是见证，他们见机而行，闻风而动，不洗风尘，不辞劳顿，从考察途中直飞南宁，就是在亲历亲为、力行力拼。他们此行，来意很明。管跃庆理解家乡父母官们的心情，赞赏家乡父母官们的举动。家乡需要支持，家乡需要"给力"。

管跃庆回之以很高的热情，连连表示：欢迎家乡父母官一行的到来。

双方介绍情况。

彼此收听心声。

交谈步步深入，气氛颇为良好。

一见如故，倾心谈吐。心相通，情相扶。一席交流，管跃庆与家乡来宾似乎成了朋友。

然而，管跃庆热情却又沉稳，爽快却又审慎。重大事情他向来是按章而行，循序而进。他答应：争取尽快派人去临川考察。

初步磋合，效果不错。

"但愿不虚此一行啊！"

告别管跃庆，临川的乡亲在归途中这样想。

"真愿为家乡出点力啊！"

送别临川的乡亲，管跃庆在会客室这样想。

不错，管跃庆真想为家乡出点力。这并非今此心血来潮的意念，而是久已有之的心愿。他本是临川的一个贫苦孩子。是临川的母亲河抚河的乳汁养育他长大成人。他像不忘记母亲的乳汁一样，不忘记抚河，不忘记临川。乡情难断，故土难忘！如今，时代委以他重任，掌管着广西投资集团，为家乡做点实事，不能说没有这个能力。但他没有这个依照私念去报孝家乡的权力，他必须时刻牢记，国家的利益第一。凡事都得站在国家利益的高度，去思考、去审视、去决策。但是，现在集团正在做大做强，正在各地拓展，正在立项布点，正在考察选点，从临川来的乡亲一行的口中，家乡临川的诸多方面，都已具备布点的条件。假如情况属实，临川布点，何乐不为？假如比对其他地方，条件均等，适时适当照顾家乡，又有何不可？家乡的利益，也是国家利益的组成部分。

管跃庆想着想着，脑海里的"终端"显现：假如乎合集团要求的条件，第九个项目基地布点，就是临川。

实地考察，是必须先行的程序。

2011年11月24日，广西投资集团所属的广银铝业有限公司总经理杨柏洪和常务副总理邓展洪等人，专程来临川抚北工业园区、抚州金巢工业园区作了为期两天的考察，临川区委、区政府热情地接见了广西客人。一位区委常委、副区长和抚北园区党工委书记及有关方面负责人，陪同广西客人，参观访问，实地考察。

考察结果，果然不错。

形势喜人，及时跟进。

2011年12月16日，抚州市委书记的确是在百忙之中挤出时间亲自出马，与临川区委负责人一同赶赴南宁考察广西投资集团，受到广西自治区委副书记危朝安的接见。随后，这个有谋略、善决断的市委书记，以满腔的热忱，以高度的诚意，与广西投资集团董事长管跃庆就广银铝业投资抚北工业园区40万吨铝加工项目进行座谈，成功地签订了投资总额高达50亿元人民币的意向性协议。有此意向，目标在望。抚州市委书记因之而很高兴。临川区委负责人因之而很兴奋。管跃庆因之而很开心。当日,管跃庆以家宴的方式招待来自家乡的市区两位领导一行。席间,主宾如同家人,话,句句见心;酒,滴滴融情。平日从来慎酒的管跃庆说:"今日我当破例,我当不惜一醉对家乡的父母官表示敬意。据我所知,你们同是外乡人士,为了我家乡人民的幸福,你们没日没夜地劳碌。你们能为我家乡拼命,我更当尽力为家乡谋福祉,凡力所能及,就当在所不辞。"

赤子之心,尽在言中。

临川区委负责人很受感动。他决心全力以赴争取这个项目合作成功。回到临川之后,遵照市委书记的指示,围绕这个项目,作周密的思考,作周详的计划,作周到的安排。一事都不马虎,一日都不放过。

2011年12月31日,他不放过这岁尾年末的时刻,就在这新年将至的时候,他主持召开了区委常委会,常委们广开思路、广开言路,认真、细致地研究制定了广西广银铝业投资项目推进方案。

可以肯定:这是一个将写在临川经济发展史上的日子——

2012年1月7日,广西广银铝业投资抚北工业园区40万吨铝产业加工项目,正式协议顺利签订了。

十天之后,管跃庆匆匆赶到临川。在故乡的土地上,再次与市委书记、区委、区政府领导人等,热情握手言欢,细商有关事宜。就在这一天,宣布组建江西广银铝业有限公司。公司总经理黄河,正式履职。

一切到位。

一切就绪。

一切顺利。

这就意味着:抚州"三大战役"的主战区中,临川工业园区的主板块上,又强势地立起一个主打项目。

这就标志着:临川的产业集群里,又赫赫然出现一个大型的经济实体。

这就象征着:临川逆势冲击、低谷崛起的"火箭",自此又注入了强大的推进动力。

值得祝贺，值得赞赏。《江西日报》等省、市媒体，闻讯而来，第一时间作了突出报道。

江西省委、省政府、抚州市委、市政府十分重视，热切关注。领导同志和有关负责人接二连三赶赴项目园区巡察、考察、调研。江西广银铝业有限公司挂牌的第三天，抚州市市长便赶到工业园区，详细了解项目推进情况，实地察看项目有关事项。

时间在忙碌中推移。项目在忙碌中推进。广西江西，你来我往，双方不停地穿梭联络；市里区里，调研调度，上下不停地沟通协作。据项目大事记记载，在四个多月的时间中，双方围绕项目的重要活动就多达二十余次。活动的密集度，少见；工作的紧迫感，少见；操作的连贯性，少见。正是：来者往者，都是匆匆使者；热乎忙乎，都是不亦乐乎。

2012年3月25日，江西广银铝业公司园区用地开始平地作业。临川的大地上，呈现出一种令人兴奋的气氛，临川的百姓眼里，展示出一幅令人欣喜的画卷。机声隆隆，车轮滚滚。60台现代的作业机械，在轰鸣，在运转。大规模的厂区建设，将行将始；标志性的园区群楼，可期可待。

有人感叹：这个项目规模之大、进展之快、影响之广，都超出想象。

管跃庆高兴了。管跃庆振奋了。家乡的党政领导见机而行、顺时而为、乘势而上的气魄和作风，家乡的干部群众同心同德、齐心协力、力争力拼的精神和勇气，使他感动，令他敬佩。他自喜自贺：将第九个布点选在家乡临川，决策没错，执行正确。

管跃庆能如愿以偿地为家乡效力了。

管跃庆很快将自己喜悦的心情报告了母亲。家贫出孝子。这是中华民族自古以来的孝文化现象。这不能说是普遍的真理，却能说是不争的事实。管跃庆这个贫寒子弟，是个大孝子。长久以来，他身在千里之外，从来没有忘记母亲，没有忘记家人。据说，不管工作多忙，不论时间多紧，他每年一定要回家乡两次、与母亲一同吃两次饭。母子共餐，同席相谈，情胜万般。管跃庆爱家母之情与爱家乡之心，是基于同一个传统根脉。今天，他能在效忠国家的同时效力家乡，是自己开心的事，也是家母开心的事。

他决心一定要把事情办好。

为了把事情办好，管跃庆自立戒律三条：一、不能污染家乡的生态环境；二、不能污染家乡的传统民风；三、不能污染自家的纯朴家风。他是为家乡造福而来的。决不能因工程的实施而污染家乡的水、家乡的地、家乡的空气，更不能污染家乡的人心。因为工程浩大，涉及面广，利益空间也比较广，家乡的亲人、亲戚、朋友、世交，难免有所望、有所求。为此，他对临川的党政领导表示：在项目自始至终的推进过程中，他充分尊重当地领导的意见，唯有一条有言在先、有言为严：决不允许家中任何一个亲人在任何一个事项中以任何一种方式插手沾边。他要光明正大地为家乡办事。他要光明磊落地在家乡父老面前做人。

这就是管跃庆。

这就是临川的才子、爱子管跃庆。

这就是敢作为、慎作为而又善作为的管跃庆。

人们有充分的理由相信：凭其科学的精神、创新的才智、冷静的头脑，管跃庆在家乡一定会成功。事实将会证明，第九个点设在临川，善莫大焉。

两代才子的心声

电话中几次传来临川区委宣传部长的话声,要求我去罗湖镇采写两个"有思想高度、有精神亮度但尚无公众知名度"的才子。我钦佩有思想高度、有精神亮度的人。作为一个作家,我有心意也有责任去为"有思想高度、有精神亮度"的人提升"公众知名度"。依想,这大概也是这位宣传部长一再建议我采写这两个才子的初衷。

看来,罗湖镇之行理当成行。

早春二月,乍暖还寒。我匆匆踏上了才子之乡临川罗湖镇这块春意初来的乡土。迎面走来了两个才子,一个看上去是中年人,一个看上去是青年人。这两个才子是一对父子。父亲名叫喻友贵,是江西华友机械有限公司总经理,儿子名为喻杨峰,为总经理助理。父亲中等身材,尽管衣着朴素,但依然显露出当今农民企业家的风采。儿子高条个儿,1米78,鼻梁上的一副深度眼镜告诉我,他与他的父亲有着不同时代的文化符号。他是一个书生。他属于当今中国农村的"富二代"。他是刚从学子中走出来的才子。他们的文化符号,强烈地显示出他们的形象差异。但他们的"思想高度"和"精神亮度"却是十分契合地彰显出两代才子的人格风度和力度。当我先后与父子二人交谈过后,我发现,这是两个、两代品位、品性、品质相同的临川才子。

两代才子一个梦:创业之梦。

两代才子一条路:创新之路。

两代才子一条心：责任之心。

两代才子一样情；乡土之情。

两代才子一个梦

喻友贵是个只有初中文化的农民。他是"临川才子"？毫无疑义，他是。他没有高深的学业、学问、学历，但他有出色的才华、才志和才干。有哲言说：有学才不一定是人才。有才华、有才志、有才干的人，才是真正的人才。喻友贵便是哲言所界定的人才。在实干中，他拥有实用的才学才能，获得了铸造工程师的职称。

人生的路都是自己走出来的。人生的梦也是自己筑就的。是人都会有梦想。是人都当有梦想。喻友贵自年轻时候起，就有着自己的美好的梦想。他爱劳动，但他不甘心一辈子劳苦，他不愿意一辈子都"面朝黄土背朝天"。他梦想着自己的一片天。他要创业。他要立业。他要兴业。在铸造工的岗位上，他就铸造了自己的梦。他要当个实业家。这是一个大胆的梦。这是一个听来不可能实现的梦。但这却是他立志一定要实现的梦。

中国改革开放的广宽天空，为有梦想的人们展示出了放飞梦想的无限空间。1989年，当一个新的世纪即将到来之际，喻友贵回到家乡创办了临川铸造厂即现今江西华友机械有限公司的前身。他倾其全部家产，蓄就了15万元，办起了铸造厂。

他胆子不小，起点很高，一开始就搞有色金属铸造。没有图纸、没有加工生产技术、没有机械设备。他毕竟是从实干中学到了才智的才子，凭着多年的实践经验和对铸造工艺的了解，带领技术人员仅用一年的时间就将齿轮泵研发投放市场。2004年，又发明了连盖齿轮泵，以年产60万台齿轮泵，每台可减少渗漏油5公斤、节约钢材0.5公斤计算，一年可节约油料3000吨，节约钢材300吨，为社会节省资源消耗4000多万元。目前，公司主导产品宫盖齿轮泵拥有自主知识产权，通过了ISO9001：2008国际质量体系认证。该产品获得两项国家专利，填补了江西省空白。CBN-E300系列齿轮泵先后荣获江西省新产品证书、国家重点新产品证书，2012年度被定为科技部科技型中小企业创新基金项目承担单位。

喻友贵成功了。

父亲的创业精神深深地植根在儿子喻杨峰心中。

父亲的梦在儿子脑海里高高地飞翔。

2011年，喻杨峰从东华理工大学机电专业毕业后，应聘到江苏昆山一家科技公司，从事技术设计工作。工作稳定、收入丰厚。工作中，一位澳大利亚博士仅提供全自动化生产线封箱机的制作视频，喻杨峰用了两个月的时间，便完成了从设计到投入生产使用的全过程，能力得到公司和同事的充分肯定。

但是，他有父亲开创业绩的基因。他不甘在他人门下。他有自己创业的梦想。他下决心毅然辞掉了稳定的工作，回到家乡帮助父亲打理企业，走上了子承父业的创业之路。

两代才子一条路

子承父业，绝不能是子守父业。

喻杨峰心里十分明白：他必须与父亲一起，继续不断地创业。

创业没终点。

创业只在路上。而创业之路，必须是创新之路。

夜深了。刚从东华理工大学机电专业毕业后的喻杨峰，还在窗前放目。他眼望着满天繁星，在海阔天空地幻想着，在无边无际地思考着。他在描绘着一个高远的创新路线图……

他想起了父亲的话：

"你必须走创新发展的道路。而要走创新发展的道路，就必须付出三倍于别人的努力，因为你的起点要比别人高。"

"你要管理人，先得被管理。"

父亲的话如夜空的繁星，在心中闪亮。

是的，起点必须高。

是的，必须努力，必须付出比别人多三倍的努力。

喻杨峰意识到美好的梦幻必须从高空中着陆。要脚踏实地从头学起，从头干起。创新之路，必须坚实地一步一步前行。

喻杨峰决定先到沿海发达地区去"三倍地倍力"，先去"被管理"。他要增长见识。他要广开思路。他要提升理念。

于是，他来到了上海。

于是，他来到了昆山。

于是，他来到了无锡。

于是，他来到了常州。

这个"富二代"心甘情愿做"苦二代"。他不做物质上的"富二代"。他要做精神上的"富二代"。他要做知识上的"富二代"。他先后走进了几家企业打工，接受"被管理"。他住过拥挤的通铺。他吃过变味的菜饭。他熬过无眠的夜班。他在"被管理"中学管理。他在苦干之中学科技。他从一些海外的企业家的管理实践中发现：制度化的管理决不能离开人性化的前提，严谨的企业规划不能没有科学化的精神，一切想成功的企业家不能没有创新的意识……

他终于从"被管理"中学到了比课堂里、比书本中更为宝贵的知识。他满怀着创新意识，再次回到了父亲的身边，要脚踏实地走创新发展的道路。

此间，我来到了江西华友机械有限公司的厂区。一进公司，有一句企业格言在眼前闪亮：科学发展是华友永远的追求。我真切地感受到一种追求科技、追求创新的浓厚氛围。

喻杨峰要在自主创新的道路上踏石留印。

青出于蓝胜于蓝，这是铁的真理。在许多父辈企业家的眼中，喻杨峰有强烈上进心、事业心和责任感，有一种强烈的开拓、求索的精神。他在同辈中是比较优秀的少壮派接班人。但喻杨峰深刻地认识到，当年父亲赤手空拳创办了企业，主要为国内一些企业提供配套加工产品，父亲凭着独立与拼搏精神，使企业有了一定规模。要经营管理好企业，不仅仅是传承，更主要的是如何发展，这光有事业心、责任感是不行的，还需要扎实的管理知识、创新意识。

于是，喻杨峰进入了一个深广的创新想象天地。人们注意到，这个26岁的年轻人，从早到晚都处在一个痴想深思的状态中。他是一个女孩子心目中的"高富帅"。但时至今日，他还是一个没有对女孩子动过初心、萌过初衷、有过初恋的"原生态"处男。他的心思全部用在他的创新中去了。他时刻在想着他该想的事。他站在机床旁想。他站在图纸旁想。他伏在书案上想。他想：自己家的公司一直是加工农用汽车配件为主业，光靠加工这种老配件，企业能发展吗？答案自不待言：不能。

有一天，他站在公司阳台上，忽然听见天空中有飞机飞过的声响。他脑子里忽然开朗：我们附近不是有航空制造业吗？我们为什么不能为航空制造业做点什么呢？他想象的风筝，突然随着高空的飞机飞上了万里云空。

他打开了一扇想象的大门。他进入了一个深思的境地。他一连七天没有出厂门。随着思想的羽翼的飞驰，紧接着在几个有关地方考察之后，征得父亲同意，果断地作了转产、转型、升级的决定：为航空业和汽车业加工配件产品。

这是一个大胆的决定。

这是一个有识的决定。

这是一个正确的决定。

然而，要使决定变成现实，谈何容易！在自主创新路上，他与父亲一同踏上了漫长而艰难的征程。

生产新产品，必须要具有三证，为求三证，他们一连跑了一年零六个月的时间。

生产新产品，必须要有生产订单，为求生产订单，他们到有关方面一连跑了几十个来回。

生产新产品，必须要有新的设备，为求新的生产设备，他们花巨资改造厂房更新设备。

这是一个颠簸不破的真理：工夫不负有心人。

喻杨峰在他父亲的全力支持下，在自主创新、转产升级的道路上迈开了可喜的第一步。临川才子毕竟是临川才子。在短短的三年之内，他一手完成了8个专利，其中有6个已经取得了有关方面的正式授权。这个不足一百人的小农村企业，一下子增加了4000万的主营业务收入，为乡镇贡献了100多万元税收。

事实证明，写在公司门前的那句格言不是空话：科学发展是华友永远的追求……

两代才子一条心

企业上了一个台阶，生产要求也上了一个台阶。生产要求更高了，工作难度更大了，身上压力更重了。临川才子绝不是一心贪求钱财的"财子"。临川才子要做国家与时代的赤子。必须有对国家、对人民、对时代高度负责的赤子之心。喻杨峰说：我父亲就是靠事业心、责任心取得成功的。我必须以高度的事业心、责任心去创造奇迹。

这个年轻人的可贵，就在于说话算话。他的沉稳和成熟，在表现他的言而必信，信而必行，行而必果。他注重新产品研发。他确保产品质量。他不断完善管理。他在不断提升公司的生产水准。生产规范的要求，严上加严，难上加难，哪怕是一个小小的螺丝误差也不能超过一根头发丝的七分之一。他说，他对一切生产误差零容忍。

他的心更高远了。他要进一步扩大生产规模，提高生产品位。要在高层次上发展。他有他的"升级版"。他有他的"加速度"。他有他的"时间表"。他要在三年之内，使厂房占地面积扩大50亩，企业占地面要扩大8倍。要引进8台进口加工设备，年生产量要大幅度翻升。要不断开发新产品、申报专利，成立企业研发中心，大规模引进专业人才……

想做的很多。

要做的很多。

能做的很多。

这个年轻人啊，令人思考的也很多……

我是一个作家。我十分注重我眼前的人的表现，但讨厌眼前的人的表演。我眼前的这个年轻人，他的谈吐丝毫没有表演的成分。他说话真实。他表情诚实，我相信他所说的一切都会实现。因为他和他的父亲一样，有一颗金子般的赤诚的责任之心。

两代才子一样情

我在采访临川才子的过程中，有一个临川才子的特质发现：几乎所有的临川才子都有着浓浓的乡情。临川才子的心中，时刻不离家乡父老乡亲。自己富了之后，一心想着要为乡亲们出点力、尽点心。

喻友贵和喻杨峰便是。

现如今，有人一旦富了就爱显摆。君不闻，"房叔""表叔"就是代表人物。

喻友贵和喻杨峰不是这样的人。有名言曰："一味跟着钱走的人最终很可能是不值钱的人。"喻家父子不是一味跟着钱走的人。他们是一味跟着情走的人。这个情就是人情和乡情。

喻友贵自己花钱很"小气"。他刚创业不久，因为原先与自己合作的配套厂家倒闭了，他不得不拿上自己的产品北上南下重新寻找新的市场，风餐露宿地到处奔波。有一次去山东聊城，由于不舍得把钱用在吃住上，火车上只简单地用烧饼、矿泉水充饥。但是，为乡亲们花钱都很"大方"。哪里出现灾难，哪个家庭有困难，他从不"小气"。据统计，在生产规模很小的时候，他就为家乡办公益事业、救助贫困家庭捐出资金不下 100 万元。

父亲的"基因"传承在喻杨峰身上的每一个细胞内。

有职工告知我，喻杨峰有一张 20 万元的银行卡从不离身，但从来不为自己乱花一分钱。他的随身卡意做何用？他的随身卡是准备为企业职工解燃眉之急。

喻杨峰懂得，企业快速发展，人才和凝聚力总是最关键的问题。他知道，人本精神、人性意识、人情味，对于管理是非常重要的。他要人性化、人情化地对待职工。他的父亲一贯注重对优秀员工的奖励，自己自然在管理团队的年薪、奖金上也下了一番功夫。他一方面在业绩考核中激励员工在本职岗位上作出成绩，每月还评选 2 名"月底之星"，每年评选 10 名先进职工代表进行奖励，激发职工的积极性和创造性。另一方面，还专门设立了"厂长奖励基金"，用于帮扶生活中有困难的职工。喻杨峰坦言，企业职工不是机器，不是工具，企业职工必是有梦想的企业主人。企业要发展，靠的是职工，企业发展了，最终也一定要体现在职工身上，从而践行自己"你努力，我给你机会；你需要，我尽其所能"的诺言。

可贵的乡情！

可贵的人情！

喻友贵和喻杨峰在自己的乡土上唱响着一曲时代的乡情之歌。他们下决心不离开乡土。他们下决心不离开乡亲。早些时日，有一位区委主领导者曾对他们建议，要求他们将公司迁移到区开发区去，给他们更大的发展空间和优惠条件。他们谢绝了区委领导的好意。他们说，他们离不开乡土，他们离不开乡亲，他们离不开乡情……

那就在自己的乡土上创造更大的辉煌吧！

我们有充分的理由相信，喻家父子，一定会在自己深爱的乡土上，打造更高的思想高度和更亮的精神亮度，至而拥有更高的公众知名度……

高举智慧与道德的旗帜

有位文化名人在他的著作中写道:

每一个人,无论是伟人、要人、名人、凡人、富人、穷人,都是一个历史细胞,都是一个历史符号。由于价值观念、价值取向不同,其符号意味着什么,象征着什么,标志着什么,就因人而异了。

吴福清是个什么符号?

"他是个无愧于临川的文化符号"。

有人这样说。

其实,吴福清的经历也毫无疑义地这样说。

吴福清,临川二中毕业后,考入天津大学化学系。他自幼勤奋好学,小学、中学、大学,都是高材生、优秀生。他立志要为国家发光发热。天津大学毕业后,凭他的优秀的学业和品德,本可有机会在江西省一个厅级单位工作,但由于他不善于一些环节上的"潜规则",又无高层人脉关系,只好望而却步。他携着天津大学高材生的毕业证书,在江南蓄电池厂从事技术工作。高材生的优势,不是单纯的学分高。高材生的优势应当是素质高、心志高。吴福清心志高远。一切心志高远的人似乎都不安于现状。吴福清自从踏进江南蓄电池厂起,他就没有将他的人生圈定在江南蓄电池厂的"圈子里"。他敏感的头脑,他敏锐的目光,不停地在捕捉信息世界的亮点。他清楚地意识到,我们面临的世界,必须是一个知识的世界,科技的世界。必须不断地学习新的知识,必须全力掌握新的科技。他必须向世界新的、先进的知识与科技靠拢。

于是，在江南蓄电池厂工作一段时间之后，他"跳槽"了。

他怀着一种强烈的求新求进的渴望，来到了广东顺德一家日本电池企业打工。他之所以选择日本人经营的电池企业工作，目的很明显：要不断"充电"。他要学新的知识，他要学新的技术。

我们的国家不是说要建设成学习型、创新型国家吗？

我们的社会不是说要建设成学习型、创新型社会吗？

这就需要善于学习、善于创新的人才。

吴福清正是一个善于学习、善于创新的人才。他要办学习型、创新型的企业。

在日本电池公司工作实践中，吴福清果然学到了不少新的知识。他实实在在地"充电"了。有电就可以发光。有电就可以发热。

该发光了。

该发热了。

他决意自主创业。离开日本人的电池公司后，他自力创办了一个十几个员工的作坊。一切创业期都是艰苦期。一切创业期都是炼历期。吴福清块头不大，是戴着眼镜的小个子。这个小个子的肩上，感受到创业的沉重压力，但他的深度眼镜中，总是闪亮着充满信心的目光。他靠智慧设计产品。他靠智慧争取市场。他靠智慧壮大团队。他的"电力"越来越强劲。几年之后，吴福清创业史的第一步成功了。有个香港企业家，看中了吴福清不俗的才华，毫不犹豫地要以自己的"大财"谋合吴福清之"大才"，搞个"财才联营"，合作创办了一个新的公司。毫无疑问，随着时间的推移，吴福清的才与财与时俱进，与日俱增。吴福清高分的毕业证书演绎成了高效的创业证书。

吴福清的确是个人才。人才只可以自制，不可以复制。人才只可以按照自己的意志创造自己的模式。陆金生有陆金生的模式，管跃庆有管跃庆的模式，吴福清当然也有吴福清的模式。但不管是哪种模式的人才，一切有志于国家、有益于人民的人才，有一点是相同的，那就是都有回报意识与奉献精神。吴福清毫不例外。与陆金生、管跃庆一样，吴福清很想尽心尽力回报的就是自己的家乡。

一切成功人士头上的光环，最为闪亮的所在，是在家乡人民的心目之中。

吴福清的才华与业绩，在临川广有口传。他有意回乡创业的信息，也很快传进了家乡人民的耳里。家乡的父老兄弟，很快向他伸出双臂，很快向他传出善意。那时在任的临川区委书记，三去广州，"三顾茅庐"，代表家乡人民欢迎吴福清回乡创业。吴福清很感动，吴福清很感激。

然而，回乡创业的路，必须脚踏实地。既然要在家乡创业，就要对家乡负责。要为家乡做事，就必须做好，要使自己和自己的企业，成为家乡亮丽的文化符号和产业符号。为此，他每一步都很谨慎。从选址开始，每一个创业要素、每一个创业细节，都再三考虑、再三评估，毫不马虎。经过三次反复，在充分考虑自身创业需求和家乡利益的前提下，他在临川成立了江西恒力电池科技有限公司。他要在临川打造一个亮丽的文化符号和产业符号。

这不是空话。

一切高科技产业，都必须在高起点、高标准的轨道上运行。吴福清向来目光远大，心志高远。他自公司成立之日始，就站在现代化、国际化的高度，审视公司的发展前景。有一个实事他看得十分清楚：越是经济发达的现代化国家，对备电产品的需求量越大。因此，他果断地将公司的产品标准提升到外销的档次，将公司的销售指针拟定在海外市场。他几乎是以铁腕手段，严格、严谨、严密地制订生产工艺、工作程序、管理条规。一切有条有理。一切合格合规。一切如愿如意。产品质量、服务质量的达标率都是百分之百。要让每一位商客在每一张订单上都签发：OK。

吴福清的公司在高起点、高标准的轨道上，随着岁月的时针，不断向前推移。运作顺利。形势可喜。

事情也有例外。

事情也有意外。

这是员工很少见到的吴福清眉头紧锁的日子。

夜深时分。吴福清的办公室里，灯火通明。他独自在办公桌前，望着一张来自美国的订单，犯急犯难。按照合同规定，一批美国客商订购的产品，交货时日将到。但由于一些不是他可掌控的配套设施存在缺欠，生产受到影响。这批货很难在确保质量、确保数量的前提下按期交货。交货时期，合同上白纸黑字明写着；生产失调，车间里产品欠数明摆着。在他心目中，质量、信誉就是生命。守之以信，待之以诚，晓之以利，取之以道，这是他坚定不移的商务信条。能违约吗？决不能违约！

怎么办？

他的确很着急很犯难。

怎么办？

员工们纷纷出主意，纷纷提建议。

能不能加班加点赶出来？

不。

能不能向客商解释原因？

不。

能不能请有关方面出面协调一下？

不。

吴福清急，但心态沉稳，头脑冷静。抢时间赶出来？质量难保；解释原因，请求谅解？信誉难保；托人出面协调？情面难保。一切都不必说了。"凡出言，信必先"。既然有诺在前，就必须依诺兑现：保质、保量、按期交货！

货从何来？

买！

吴福清毅然决断，忍痛拍板，以高价向同业购买质量上乘的同型同类的产品。产品如期如数交货兑约。他不惜血本，以超出预算成本几倍的代价，以空运、专运的方式，如数如期地将产品交付给商客。面对诚信高于一切，商客能不说"OK"？

货OK！

吴福清 OK！

江西恒力电池科技有限公司 OK！

吴福清此一举的确"OK"。善为人者智。善为事者明。吴福清的确是个很明智的人。他这一举是破了财。但财既可以生利，财也可生力。在"财利"与"财力"发生碰撞的时候，他会义无反顾地选择"财力"。他此一举就是这种选择的结果。其实，此一举产生了一种"隐性价值"和"双重效益"。正是由于他的守信和允诺，大大地提升了他的信誉度。一切精神的力量都可以不翼而飞、不胫而走。他的诚信为他赢得了市场，许多外商像看好他的为人为事一样看好他的产品。现在，他公司的产品有80%以上行销欧美。而此一举的另一种价值和效益尤为可贵，在很大程度上触动了职工，教育了团队。公司副总经理吴华说："吴福清是靠智靠德创业和兴业，他在我们面前，树起了一面智慧与道德的旗帜。我们在这面旗帜下，可以脚踏实地地前进。"

评价过高？

说得到位！

吴华说得很贴切、很真切。千真万确，吴福清创业、兴业，一靠智，二靠德。而他自己更看重德。在道德滑落的时候，我们的党和国家领导人曾号召要以德治国。吴福清很认同很拥护。他要以德治业。他希望自己领衔的团队是一个智慧的团队、道德的团队。他，就是一个榜样。

吴福清现在很富有，他却很简朴。现如今，我们这个社会有一种"大款派作"，"家中红旗不倒，家外彩旗飘飘""没有山珍海味不上桌，不是洋酒便不喝"。吴福清绝对是另类。他一不问花柳，二不重酒肉。他经常在食堂吃饭，与职工一起用餐。他很有自控意识和自律精神。他原先有吸烟的习惯。但为了工作、为了事业，他断然革除了这个习惯。在与外商的洽谈中，他发现外商都很绅士。他们从来不在洽谈时吞云吐雾。他必须尊重客商。他也必须"绅士"。烟瘾发作，他强忍着。忍，很痛苦。长痛不如短痛。干脆戒了！他说到做到，戒了戒了，一戒就了。他很快摘掉了"瘾君子"的帽子。

他站在事业的高度、道德的高度审视自己的言行，他也站在事业的高度、道德的高度打造自己的团队。俗话说：人上一百，形形色色。要想用道德规范每个职工的行为，的确不容易。他以人性化、规范化、制度化的理念去营造团队的精神家园。他对员工有一个不成文的"三不"戒律：一不准做违法乱纪的事；二不准做伤风败俗的事；三不准做损人害己的事。他要求严格却又态度亲切。他善解人意，他很通人情。公司有不少人夫妻两地分居，难免会产生一种难言的"饥渴"。一旦被他"发现"，他宁肯对"饥渴"者批假回家，决不允许"饥渴"者花钱去胡闹。

用心良苦啊！

吴福清就是这样举起智慧与道德的旗帜。

吴福清就是这样凝聚智慧与道德的力量。

这个知识型、学习型、创新型的临川才子，就是这样以智以德在家乡立身立业。他在塑造形象。他在打造品牌。智慧与道德的旗帜宣告：吴福清和他的企业，是一个闪亮的临川才子符号。

在荣誉的史册上

金秋时节，清风送爽，丹桂飘香。

2010年9月16日，农历八月初九。

这是临川一个喜庆的日子。

抚州市临川区一幢20多层建筑，耸立在车水马龙的赣东大道街口，明朗的设计风格，流畅的建筑语言，使现代气息、现代气派一目了然。此间，大厦流光溢彩。清风中飘扬的旗帜，艳阳下火红的条幅，强烈地营造着、喧染着热烈的气氛。行人不由自主地驻足。行人情不自禁地注目。但见大厦门前高悬着耀眼的横幅：抚州荣誉国际酒店开业典礼。前来祝贺的领导和观典的市民，鱼贯而入，络绎不绝。好一派喜庆的场景。

的确可喜可贺！

这是荣誉酒店集团第十二家连锁酒店。是临川才子、集团董事长胡连荣和他兄弟集团总裁胡海荣、集团总厨胡满荣在家乡树起的一个新的里程碑。胡氏兄弟，满怀才志，于本世纪初年，离开临川，先后奔赴海南福建。十年打拼，大业有成。十年拼搏，声名远播。胡连荣领衔的荣誉酒店已是国内颇有影响力、张扬力的酒店品牌。先后荣获：福建省著名商标、福建省企业知名字号、福建省餐饮名店、中国金叶级绿色饭店、国家五星级酒店、国家特级酒店、中式菜肴推广示范基地、中国鲍鱼名店、国家食品安全示范单位、中国餐饮服务品牌企业、世界金钥匙酒店盟员等诸多荣誉。荣誉集团，荣誉多多，名副其实。今天，荣誉集团在家乡又立名号，又添荣耀。要以一流的管理、一流的服务、一流的信誉，在家乡打造一个高档次、高标准、高品位的五星级品牌酒店。这怎能不令家乡的领导、父老乡亲欣喜？

这是临川一个新的城市地标。

这是临川一个新的文化符号。

把酒店办成城市地标和文化符号，这本来就是胡连荣一贯的指导思想。荣誉酒店集团之所以有今天的辉煌，一个重要原因，就是缘于文化的功效。胡连荣十分重视文化形象。胡连荣十分重视文化力量。他认定：文化决定企业的核心竞争力。酒店，尤其是这样。他认为：酒店本身就应当是文化符号。他动用文化的手段，深化文化的内涵，彰显文化的魅力，使他的酒店成为享受文化的地方。

文化创业，文化兴业，文化强业。胡连荣这个临川的文化才子，始终忠于临川的文化血脉，有着强烈的文化情结。所以，有人说，他是一个典型的儒商。文化成就了这个儒商不同凡响的形象。这个文艺学校舞蹈专业的高材生，这个自少年始就秉笔泼墨的书法家，相貌文静，言谈文雅，举止文明，一表文人风度。他很秀气，但他又很帅气。他的志气、他的才气、他的胆气、他的朝气，强烈地展示出他的帅气。而秀气与帅气，恰到好处地打造了他的人气。十多年来，他迈着"现代舞""霹雳舞"的步伐，从文艺舞台走上了商业舞台。文艺舞台前的喝彩声变成商业舞台前的叫好声。文人的气质，商人的头脑，使他在人生舞台上成为一个抢眼的角色。文化底蕴、文化素养、文化意识，在他的脸谱上，抹上了赢得人气的亮色。

文化自觉、文化自信、文化自强的意念，在他心目中日益强烈。他下定决心，要着力建设企业文化。要借智于文化，给力于企业。企业文化的核心，就是人。这是他坚定的文化观。他在《员工以店为家和文化决定企业的核心竞争力》一文中写道："我们的企业是服务行业，基本上都是靠人力操作的。人的思想和心态，直接决定着企业的生命力和竞争力。酒店服务除了一些规范性操作需要培训外，很多事情以人的本性、本能就可做好。在酒店的管理中，除了必要的行政命令和经济奖罚，最有效的办法，是借助于企业文化。"

他的话很平白。他的话很质朴。于平白中见情理，于质朴中见哲思。说得"文"一点，他的话无疑是来自于实践的"不刊之论"。酒店服务业是人对人、人为人的直面服务业。他建设以人为本的企业文化，就是他所说的"人的思想和心态直接决定着企业的生命力和竞争力"的理性升华。实事上，他在企业管理中，正是本着这种尊重人本、通达人性、注重人情的理念去运作一切。

荣誉酒店集团企业文化的旗帜上，大写着一个人字。顾客是人，员工是人。服务顾客的人是员工。因此，他首先将企业文化建设的主体目标放在员工身上。他要用文化武装自己的团队，他要用文化熏陶自己的员工。他将自己的员工看作第一服务对象。他说："荣誉的客户首先是自己的员工，如果连自己的员工都服务不好，怎么服务好客人？"董事长的人本精神、人性意识和人情意味，尽在话中。他要求集团各级管理者，认真地、切实地践行集团以人为本的文化观，将员工视同兄弟姐妹，视同亲生儿女。以柔性化管理实行刚性化制度。在制度上，实行军营式管理；在业务上，实行学校式管理；在生活上，实行家庭式管理。酒店以员工为本，员工以酒店为家。胡连荣要"从骨子里向员工贯输主人翁意识"。酒店是家了，员工是主人了。主人翁意识大大地激发了员工的主动性、能动性和积极性。他们自觉地学习着，他们自主地工作着，他们心甘情愿地辛苦着也情不自禁地快乐着。试想，以人本文化造就的服务团队能不是一流的团队吗？员工的"思想与心态"，果真成了企业生命力、竞争力的一个重要组成部分。

酒店企业本身就是文化企业。两个大的文化元素，决定着酒店的文化品质。一是宿，这是起居文化；二是吃，这是饮食文化。胡连荣依仗着他的优秀的服务团队，要把这两个文化元素铸造成品牌元素，要把这两种文化打造成招牌文化。为此，他下了很大的功夫，使了很大的气力，花了很大的血本。而这一切，他依然是从人本文化的理念出发。他把着眼点、立足点、着力点都放在了人性化的服务上。

胡连荣的功夫没有白费。

荣誉集团海纳百川。每天，它敞开胸怀、张开臂膀，迎来八方使者，接待四海宾客。欧洲、美洲、亚洲；白皮肤、黑皮肤、黄皮肤，不同疆土，不同风俗，有不同的需求。有一点是绝对相同的：都希望有优秀的服务。出门观天色，进门看脸色。荣誉酒店集团的脸色都是"招牌脸色"：和蔼、亲切。一见宾客，便是得体的亲热。微微欠身，甜甜一笑，轻轻一声问好，这看来是许多酒店宾馆都能见到的程式化的礼仪，但在荣誉酒店却是常态化的氛围。这是"人对人""面对面""心对心"的服务理念，是自觉、自主、自然的表现。这是以人为本的文化观、以客为上的服务观真实、真诚、真切的演绎。一支支训练有素、服务有方、待客有礼的服务团队，年头岁尾、朝朝夕夕，在福建、在北京、在江西，在十二个酒店所在地，展示出同样的风采和技艺。据说，有的服务员从衣着与神态，可以猜想出住客的职业与爱好，从体型与情绪，可以看出住客的健康状况与心理需求，因而他们可以有针对性地实施个性化服务。顾客走进房门，就如同走进了家庭；顾客见到了服务员，就如同见到了亲人。顾客起居咸宜，顾客进出安乐，顾客便有愉悦感，而服务员们也就有了成就感、有了满足感。这是何等美妙的感受、感触、感悟的交融啊！难怪有住客说："小住三日不愿走，一怀惬意会长留。"优秀的服务员，优秀的服务，不是"作秀"而是真秀，不是"争优"而是真优。这一切都是胡连荣"从骨子里"对员工灌输主人翁意识的结果，都是胡连荣以人为本的文化观、服务观践行的结果。

关于荣誉集团的饮食文化，更是大有文章可做，值得郑重一说。荣誉集团的饮食文化给荣誉集团带来的荣誉，实在是太多太多，真是名噪四海，誉传八方。媒体的报道，接二连三；顾客的口传，不绝于耳。获奖次数之多，获奖层面之广，获奖档次之高，使荣誉集团的光环，四处闪耀。胡连荣说：饮食文化的超级打造，他的兄弟胡海荣、胡满荣有着不可磨灭的功劳。

餐饮文化，在一定程度上和一定意义上来说，是一个地方、一方民众生活水平的"风雨表"和"风向标"。餐饮业的价值取向和文化定位，必须注视着其时、其地、其民的"风雨表"和"风向标"的演示。胡海荣是个传奇式人物。从娱乐城的调音师，到全国武术冠军，再到"世界骰王"，直至荣誉集团的总裁。他的不凡的身世，造就了他的不凡的见识。他在董事长胡连荣的统筹统管之下，将调音师的艺术感知、武术冠军的体美感知和骰王的特艺感知，综合成一种酒店文化特别是餐饮文化的观念特质。食客来自不同地方、不同的层面。有达官贵人，有巨贾富翁，也有平民百姓，但"民以食为天"，不管是什么人，吃得放心，吃得开心，是共同的意愿。而这一点，就是他设计餐饮文化的出发点、立足点、着力点。顾客有四个要求是一致的，这就是：赏心悦目的餐厅，清洁卫生的厨房，德艺双馨的厨队，放心的料源。而这四点，正是他打造"五星品质"餐饮文化的四大文化元素。

　　几乎所有荣誉酒店的餐厅，都很讲究。讲究实用性，讲究民俗性，讲究观赏性。不以华丽为美，但以悦目为贵；不以档次为尊，但以舒心为好。无论是可容上千人的宴会大厅，还是丰俭随意的浅酌小间，其布置、其陈设、其氛围，既高雅而又不失大众的造化，既时尚而又不失传统的养育。餐厅是膳食的地方，餐厅也是享受的场所。

　　厨房是食客看不到的地方，却是食客关注的地方。"美食之美，不可胜极"。美食之美，不仅在于美食家们的厨艺，首先在于生产美食文化的生产场地。荣誉酒店集团，把厨房当作美食文化的"绣房"。每个厨房，空间宽敞，四周光亮。依据操作有别，实行区间作业。煲仔部、点心部、预进部、风干部、加工间等十个部位，井井有序，很有条理。卫生设施齐备、保洁措施严密。经过专家评审，完全符合6S厨房的要求。胡海荣说："我们的厨房是客人看不见的地方，却是客人可以放心的地方。"

　　餐厅好，厨房好，最为关键的，当是厨队好。荣誉酒店的厨队，被称之为荣誉集团发展的"核动力"，是荣誉集团的骄傲。

　　荣誉酒店集团有个王牌人物：胡满荣。他是集团的总厨。他是"核动力"的核心。他的功夫，不是一个好字了得。他手下生色，他案上造绝。他的厨艺，近乎神秘、近乎神奇。他以他一流的厨艺厨德，赢得了八方涌来的食客，震惊了全国同行的业者。他头上的光环与头衔，令人眼花缭乱：

中国十大名厨。

中国鲍鱼大师。

中国烹饪大师。

中国高级营养师。

国家级业界评委。

国家级业界裁判。

餐饮界十大人物。

中央电视台《满汉全席》烹饪大赛三连冠擂主。

法国蓝带美食协会高级会员。

够多了，够档次了。胡满荣真是满身是荣，似乎荣"满"了。但他很低调，但他很清醒。他说，我的一切荣誉都属于荣誉集团，我的一切荣誉都来自荣誉集团。这是他的实话。他原来是一名保安员，十多年前，胡连荣安排他去学习厨艺。他一进厨房，如进学府，全心苦学，全力苦求，不到几年工夫，他大有成就，大显身手。真是"朝为田舍郎，夕登天子堂"。他一举成为中国餐饮界的王牌人物。是荣誉集团给了他机会，是荣誉集团给了他平台。他把荣誉归于荣誉集团，自在他的情理之中，自在他的心意之中。

但"核动力"的厨队，不能只有他。他要凝聚一个技艺高超的整体。他立足荣誉集团酒店，放眼世界饮食大全，带领厨队勤学苦练。他要使每一个厨师都业务精专。他以"请进来、派出去"的方式，使厨队升级，请专家、教授进店讲课，派员工出去求学。现在，厨队成员中，有不少已是"名厨"了。他这个"大师级""王牌级"的团队成员中，有的已是"品牌级"的人物。"核动力"当是不息的原动力；"核动力"当是持久的推动力。

现如今，人们对吃很不放心。走进荣誉酒店，食品安全，没有悬念。荣誉集团的"三胡"有一个饮食文化"杰作"：打造食料绿色生态工程，建设食料绿色产品基地。确保品食材料源安全，是荣誉酒店的重中之重。他们不惜花大本钱，建立食料生态园。在"泉水叮当响"的地方，有他们的养鸡场；在"湖水碧波荡漾"的处所，有他们的养鸭场；在蓝天白云下、在花草树丛间，有他们的水产场、果菜场……他们自养的鸡，被推选成餐桌上的"极品"；他们自养的鸭，被称之为鸭类中的"国粹"。绿色生态的材料，在"大师级""品牌级"美食家的手下，成为色香味别具一格的佳肴。科学、营养、绿色、健康，这就是荣誉酒店奉献在每一个餐桌上的终极目标……

荣誉酒店集团，以大手笔为美食文化不断书写着新的篇章。

文化，彰显软实力。

文化，提升价值观。

文化，使荣誉酒店集团的软实力、价值观在服务层面，得到了充分的印证和体现。他们的成功，证实了他们的创业初衷：以人性化的文化力量，塑造集团的形象，以文化的力量打开员工的胸膛。他们集团的文化景观，他们团队的文化气象，如同起居文化、美食文化一样，在宾客眼里熠熠生光。在他们的"春晚"舞台，在他们的"奥运"赛场，在他们的"百家"讲坛，他们的集团领导与员工一同在展示企业文化的品位，在解读企业文化的内涵，在宣示企业文化的价值。"不要问我是怎么来的，应该问我为什么留下，未来又将为荣誉做些什么。"这就是荣誉企业文化的强音……

荣誉已经成功了。

荣誉尚在成功中。

荣誉的史册上，大写着荣誉二字。他们是酒店强势企业，有为业界领跑的荣誉；他们是纳税先进企业，有为国家担当的荣誉；他们是慈善爱心企业，有为社会奉献的荣誉……他们为荣誉而开拓。他们为荣誉而求索。他们为荣誉而拼搏。而今，他们为荣誉而高歌。他们已是酒店文化的一方翘楚，但并不满足。既然走上了一条正确的道路，就一往前行，决不停步，有更大的目标在前头。正如中共抚州市委、抚州市人民政府在2010年10月16日在祝贺抚州荣誉酒店开业的贺信中写的一样：荣誉集团的事业，一定会蒸蒸日上，兴旺发达，大展宏图。

在才子之乡扬才子豪情

有诗人这样写道:

"我感恩生我养我的土地,

用我的信念、激情和智慧"。

他就是用信念、激情和智慧感恩生他养他的土地的人。

他就是凭借信念、激情和智慧为酒文化创造奇迹的人。

他,就是杨灿龙。

这是一个早已写在共和国英模史册上的名字。

这是一个早已在临川为人们口传口播的名字。

他很有信念,他很有激情,他很有智慧。他是江西省抚州市临川酒业集团的领军者。他在中国,创立了、打造了一个白酒品牌:临川贡酒。他是"文化之邦"的酒文化领头人。他是"才子之乡"的酒文化才子。"喝临川贡酒,扬才子豪情"这句八方知晓的企业格言,就是他的作品。这就是他的信念、激情、智慧的结晶。

很巧,我是在酒席上认识这位酒老板的。我虽不是好酒贪杯之辈,但兴之所至,也会小酌几杯。以酒交友,一见如故。三杯下肚,嘴无拦堵。是日饭后,我们彼此口若悬河,自由言说。中心话题,当然是酒文化。我与酒老板谈酒,自是班门弄斧。但对于"喝临川贡酒,扬才子豪情"这句企业格言,我还有点发言权。我对他的这句企业品牌格言,大加赞赏。杨灿龙也豪气十足地说，这是他的得意之作。中国的酒文化，重人性，有人性。借酒可以浇愁，借酒可以壮胆，借酒可以生情。酒可以解闷气，酒可以生勇气，酒可以激灵气。借酒壮胆者，武松是也，喝下三碗酒，拳打大老虎。借酒生情者，李白是也，斗酒三百篇，千古为世传。这一切，都是因酒而豪之所至。因此说，这句十个字的企业格言，很有文化内涵，很有文化思想，恰到好处地将临川的才子文化与酒文化找到了一个碰撞点和融合点。酒与才子有一个共同的个性特征：豪迈，豪放，豪情。贡酒与才子以豪情为文化之邦、才子之乡大添色彩，大生亮光。

杨灿龙和他的企业格言一样，一直在才子辈出的土地上，扬才子豪情。

杨灿龙文化不高，学历不高。但他力求志气高，智慧高，思想水平高。此高胜彼高。他自年少的时候起，就立志为国家作贡献、为人民谋利益、为社会造福祉。他有高远的人生目标。他高中毕业后，决心以信念的高尚、以激情的高扬、以智慧的高深，一路向好，一路走高。在并不传奇的人生道路上，他有过三次转折和转变。1978年，中国改革开放自始之年，他逢时运，一走出校门就被招进临川县染织厂当工人。那时进工厂，全家脸生光。第二年，他当上了车间主任。这是他人生的"华丽转身"。1994年，他从临川染织厂调往临川酒厂，这是他人生的"岗位转型"，后来，随着改革开放深入发展，他领衔的企业由"国有、国治、国享"的"三国"企业改为"民有、民治、民享"的"三民"企业，他由领导干部变成了企业老板。这是他人生的"身份转轨"。但不管怎么转、怎么变，他人生的信念不转不变，他工作的激情不转不变，他处世的智慧不转不变。如果说有变，那是信念越来越坚定、激情越来越高涨、智慧越来越深广。

人生的道路由时代铺就。

人生的脚步随时代前行。

1994年2月，早春时节。春寒料峭，乍暖还寒。杨灿龙忽然接到了一纸调令，即赴江西临川酒厂任厂长和党委书记。杨灿龙一看调令，心情如同天气一样：冷了。他知道，临川酒厂是个"老大难"厂。他对酒业，又是"门外汉"。

手上的调令很沉重，心头的预感很沉重。但时命难违。但党性莫违。他服从组织决定，立即上任。

这天，他冒着寒冷，顶着寒风，独自一人骑着单车来到酒厂。下得车来，放眼四顾，"门庭冷落车马稀"。破旧的厂房，陈旧的设备，呈现出频临倒闭的氛围。与其说是工厂，不如说是作坊。一看账本，杨灿龙心麻了：至1993年底，账面净资产236万元，内部潜亏700万元，实际亏损400多万元。1994年1季度，因春节因素，本是销售旺季，但厂里的销售量还不到上年同期的一半。市场萎缩，资金紧缺，工资无门，人心不定。

杨灿龙犯难了。

杨灿龙着急了。

但杨灿龙毕竟是杨灿龙。

在困难的时候党把困难的任务交给我，这是组织上对我的信任。临危受命，这是我的光荣。怕困难的人是一条虫，搏困难的人是一条龙。我既然进了酒厂的门，我就有责任带领全厂职工齐心协力，团结一心，在困难中打开局面，在困难中求生存、求发展。我不能是一条虫。我只能是一条龙。

看来，杨灿龙决心已定。

杨灿龙面对酒厂的困难现状，意气高昂，豪情陡涨。他对职工说出的第一句话是：天不会垮，地不会塌。只要我们一起想办法，临川酒厂，一定会兴旺发达。

第二天，他就带领职工想办法了。他下车间，进宿舍，上家庭，与职工谈心，与家属交心，稳定人心。接着，他率一班人马，北上山东，西入四川，进街巷，下乡村，调查产品销售走向，了解市场销售行情，学习同行成功经验，分析本厂失败原因。如此这般之后，一个很大的问号，出现在杨灿龙的脑海中：一个有几十年厂龄的酒厂，几十年都只有一个一贯制的单一产品，行吗？"好酒不怕巷子深"。一个酒厂没有好酒，能有市场吗？

临川酒厂，必须推出质量好、档次高、品牌响的产品！

要有临川的"白兰地"！

要有临川的"五粮液"!

杨灿龙不是空想。杨灿龙不尚空谈。已经看到、已经想到,就要做到。

于是,为了创造临川的"白兰地"、临川的"五粮液",他四处奔跑,八方求教。他问计于客户,他领教于专家,他请益于员工。广求高妙之计、高明之策、高效之举。从多方面了解到的所有的信息反馈,都有一个共同点:临川酒厂要创造名牌产品,必须依据"文化之邦""才子之乡"的文化底蕴和文化名气做文章。

路要一步一步走,事要一件一件做。

生在抚河之畔,长在梦湖之滨。杨灿龙长期以来,受"文化之邦"的文化熏陶,受"才子之乡"的才气洗礼,他能从临川厚重的文化史书里、从临川厚重的文化底蕴中悟出点什么吗?

他在思考。

他在琢磨。

这天,夜深人静,皓月当空。杨灿龙独立窗前,仰望长天,思绪万千。无意之间,他想起了唐代诗人郑谷的一首酒咏:"何事文星与酒星,一时钟在李先生,高吟大醉三千首,留着人间伴月鸣。"敏感的杨灿龙,忽然心有灵动。人间自古,才子爱酒。临川自古就有"才子之乡"之美誉,难道没有才子喜爱的美酒?灵动启动着他的灵感。他要翻开临川的史书,在远去的时空中,寻找临川的"文星"与"酒星",寻找"高吟大醉三千首"的临川才子。

次日天一亮,他匆匆起床,洗刷一毕便匆匆出门。他去图书馆广查资料,他去乡村遍访乡民。功夫不负有心人。一个民间传说,令他心潮扬波。900年前,即大宋年间,临川大才子王安石身为朝庭大臣,为孝忠皇上,他把家乡佳酿献与皇上。皇上大喜。皇上宋神宗也算得上是个有心人,他知道他的爱臣王安石平日不爱饮酒,此间"举案齐眉",捧酒上殿,龙庭敬献,定非凡品。于是乎,令当殿开酝,当庭举盏,咯呷三口两口,龙颜大悦,金口大赞:"此乃临川之佳酿也!"自此,临川年年岁岁以酒上贡皇宫。

杨灿龙得知这个民间史料后,如获至宝,连声叫好。酒名有了!品名有了!

他日思夜想，广征博求的自主创新型品牌就是"临川贡酒"！得之有皇庭典故，传之有文化由头。天赐我也！

杨灿龙立即豪迈起来。

杨灿龙立即豪放起来。

杨灿龙立即豪情高涨起来。

他为"文化之邦"而豪。他为"才子之乡"而豪。此间，他似乎就是一个"高吟大醉三千首"的豪放诗人，心潮起伏，灵感喷涌，两句临川酒文化的经典语言，脱口而出：

喝临川贡酒，扬才子豪情！

1994年5月，也就是杨灿龙在临川酒厂上任后3个月的时候，经过全厂员工100个日日夜夜的拼搏，两个低度、高档临川贡酒，投产成功。临川贡酒投入市场，大受欢迎，广受好评。不多时日，八方飘香，四面名扬。

事情当然不会像说的一样容易。创新一个知名品牌，做强一个企业，不是一举之功。从一个酿酒小厂，到酒业公司，到贡酒集团，杨灿龙倾其心力、倾其智力、倾其能力，抒写了一部充满才子豪情的创业史。

杨灿龙很有谋略。他懂得一个朴素而浅显的道理："心急吃不了热豆腐"，"一口吃不下热馒头"。他拟定一个"求活""求兴""求强""三步走"的战略，实现他的使命，履行他的担当。

第一步是"求活"。要救活企业，复活企业，搞活企业，是他的当务之急。

上世纪90年代初，全国白酒市场风云变幻，品牌琳琅满目，市场竞争硝烟弥漫。面对着严峻的市场形势和企业严重亏损的诸多困难，杨灿龙出手不凡。公司按照国家提出的"低度、优质、低消耗、高档次"的酒业发展方向，坚定不移地实行"稳定、调整、充实、提高"的企业八字方针，苦练内功，深挖潜能，全面深化质量管理，提高技术含量，调整产品结构，改进内外包装，降低物料消耗，企业迅速走上正轨，企业效益不断上升。几年时间，公司实现利税1.5亿元。他成功实现了第一个战略目标。

第二步是"求兴"。当企业有了底气和活力之后，顺时而为，乘势而上，求振兴,求发展。为使企业步入发展快速道,杨灿龙适时地拓宽了发展思路,制定了"以酒为主、多元发展、复合经营"的经营战略,先后投资兴建了江西品牌化工有限责任公司、抚州白鹭生态园等企业,在主业带动下,多元产业并驾齐驱,企业规模、经济实力、品牌美誉度都得到迅速飙升,成功实现了第二个发展目标。

第三步是"求强"。杨灿龙站在集团规模发展的高度,放开手脚,加快步伐,将企业推向发展高峰期。他和他的领导班子带领全体员工,坚定不移地走效益型、多元化、跨越式发展的道路。把名品做成优势,把企业做成强势。

正确的发展道路为杨灿龙的事业添了一把火,使临川酒业如日中天,一往直前。杨灿龙高兴地看到运酒的车辆,天天车水马龙,不断地穿梭在企业的大道上和灌装车间的大门口。在大好形势面前,他情绪淡定,头脑清醒。抓住其时葡萄酒业迅猛发展之际,决策筹划投资兴建葡萄酒项目,投资3000万元兴建江西欧米亚酒庄有限公司,兴建一栋酒庄、一栋会所、一栋车间,利用企业现有的各项资源优势,做大做强企业规模。该项目以生产、销售葡萄酒为主,以生态旅游、娱乐、会务为辅,建成后具有年产葡萄酒1000吨的生产能力,并可以解决80个劳动就业岗位。前期与法国波尔多区域著名葡萄酒庄合作,引进法国葡萄酒生产技术,进行强强合作。2009年7月动工兴建。欧米亚葡萄酒庄的投产,使临川贡酒集团如虎添翼。

杨灿龙"三步走"的战略目标,如愿以偿地实现了。他观念与时俱进,他事业与时同行,紧紧跟随改革开放的步伐,始终坚持"质量是生命,销售是龙头,创新是灵魂,管理是根本,效益是核心"的经营方针。在全体干部职员共同努力之下,不到二十年时间内,使企业发生了十大变化:

从作坊式小厂到国家中型企业,具有现代企业形象,实现了量的扩张;

从濒临倒闭到全省纳税大户,在同行业中效益领先,实现了质的变化;

从经营管理到科学管理、文化管理、现代经营,企业"内力"大大增强;

从脏乱差到花园式的工厂,硬软环境协调发展,企业形象发生了巨大变化;

从单一产业到多元产业共同发展,抗风险能力大大增强;

从原始生产方式到半机械化、自动化的生产方式，生产力水平大大提高；

从单一有形资产支撑企业，到有形资产、无形资产协调发展，共同支撑企业发展的良好状态，保证了有形资产和无形资产的保值增值；

从封闭式经营到开放式经营模式，品牌知名度大大提升；

从产权国有型企业到产权私营化的新型现代企业，产权性质发生了根本性的变化；

员工从地位低下的工人到具有"安全感、自豪感、荣誉感"的"临酒人"，社会地位和队伍素质发生了巨大变化。

现在，江西临川贡酒集团，已成为全国白酒业界享有较大知名度的地方知名品牌，并成为全国质量管理先进单位，全国质量效益型先进单位，中国白酒工业百强企业。

杨灿龙的确很有信念。杨灿龙的确很有激情。杨灿龙的确很有智慧。信念的旗帜在心中飘扬。事业的激情在心中澎拜。智慧的源泉在心中喷涌。而他的信念、他的激情、他的智慧，都高度浓缩在他的企业发展理念中。人们看重他的业绩，但人们更看重他的理念。近10年来，杨灿龙结合企业实际，先后提出了无数个明确的企业发展理念。例如，"制度完善及管理创新体系建设、产品组合及市场网络体系建设、产品开发及质量保证体系建设、服务质量及监督考核体系建设、企业文化及人员素质体系建设"五大体系建设，"目标数字化、措施程序化、考核制度化"的三化及"工作目标可实现性、措施可操作性、过程可监督性"的三性管理要求，"以制带兵、以法带兵、以情带兵、以个人魅力带兵"四个带兵要求等一系列的发展理念……

杨灿龙的创业史是一部信念、激情、智慧充分表达的创业史。"太阳发光发热，却一直沉默"。杨灿龙懂得这句格言的忠告。他说，临川酒业的快速发展，绝对不是他个人的功劳。他所做的一切，都是在上级领导的支持下，与企业的领导班子和员工团队一起为国家作贡献、为社会造福祉、为人民谋利益的核心价值体现。"扬才子豪情"的贡酒，是他和企业的价值品牌。这个因王安石以酒上贡皇上而得名的品牌，别有意味。900年前，王才子以家乡临川的美酒感恩皇上。王安石只图"一安"，安皇上。900年后，人心"不古"。杨才子心图"四安"：他民主执事以安股东；他优质服务以安客户，他人性关怀以安员工；他公益奉献以安社会。他感恩国家、感恩人民、感恩社会。他所领军的企业已向国家上交近十亿税金。他和他的企业，已向社会损赠1000多万元的资金。他的"四安"，大安人心，大得人心。他得到企业员工和社会各界的高度赞赏。他被光荣地评为全国劳动模范。尤为使他感到光荣和自豪的是，他在出席一次全国工会代表大会时，受到胡锦涛等党和国家领导人的集体接见，并在主席台就座。当他走下共和国的主席台时，他豪情满怀，信心满怀，决心一辈子为国家作贡献，为社会造福祉，为人民谋利益。

　　随着改革开放的深入发展和"十二五"规划的不断推进，在江西省委、省政府的统一部署下，临川酒业为求得更好、更快的发展，走上了强强联合的道路，现已与江西四特酒业实现联营。但杨灿龙并未因此而止步。他继续在为临川的酒业贡献才智，而且他又开拓视野，再创新业，在"才子之乡"的土地上，继续"扬才子豪情"……

　　临川的才子们啊，都在以"才"和"财"为"才子之乡"扬才子豪情！

第六章
"临川文化"的春天

时代的阳光雨露，
滋润着一片文化沃土；
一个五彩缤纷的春天，
在昭示着人们的心目……

给"临川文化"名片抹一重亮色

古代贤明,为临川打造了两张金色的名片:"才子之乡""文化之邦",为文化的临川、为临川的文化奠定了深厚、牢固的基础。这是临川的先祖们留给子孙万代的宝贵的文化遗产和精神财富。

什么是文化?有人说,文化是一种抽象度极高的集合概念。它的包含面很广泛,比如知识、科技、信仰、艺术、法律、伦理、风俗、习惯和价值观等等,都在其列。但文化的功能都是以文为化。《易经》说:观乎文化,以化成天下。文化,乃为以"化成天下"一种高雅而灵动的境界。"文"通过"化"的方式,赋予到人的生命中和一切物品、一切思维、一切生活之中。文化是人类发展中所创造的物质成果和精神成果的总和。

故曰:文化是民族的灵魂。

故曰:文化是民族的血脉。

历代临川人,都十分重视文化。前面多次提到,以文育人、以文化众、以文励志、以文昌贤,是临川优良的文化传统和文化精神。临川文化母体的脐带,传接了一代代文化精英,连接着一种种文化现象。随着时代的发展、生活的改善,人们以不同的方式表现对文化生活的共同追求。文化,只有文化,日益成为我们这个国家、我们这个时代、我们这个社会的凝聚力和创造力的不竭源泉。临川广大干部群众,充分地认识到这一点。"文化民生",是科学的理念。前贤者是"各领风骚数百年",后来者当是"争先恐后力着鞭"。

当代的临川人,在党和国家高度重视文化建设的大背景下,在当地党政"文化为民、文化惠民、文化强民"的思想主导下,倾财力之所及,尽人力之所能,大力发展文化事业和文化产业。他们响亮地提出,要给"临川文化"名片抹上一重耀眼的时代亮色。改革开放以来,特别是近几年来,公益文化事业、经营性文化产业和创收型文化产业,快速恢复、快速产生、快速发展。

每个地方都有传统文化产业和特色文化产业。临川的传统文化产业,是源远流长的采茶戏。这是"国家级非物质文化遗产"。临川人特别爱看采茶戏。曾经,为看一场采茶戏,远行十里不说累。因此,临川特别注重采茶戏的发展。

近些年来,以采茶戏表演为主的演出业不断壮大。全区现有各类演艺团体近百个。其中以采茶戏表演为主的,生产经营活动经常化的有31个,而且在不断增加。每年演出近千场次,营业收入十分可观。临川区抚州采茶戏演出有限公司在演出业中发挥了骨干作用。这个公司全年的演出达到150余场,几乎场场火爆。由于历史悠久,又有很好的群众基础,该剧种于2008、2010年先后被列入省级、国家级非物质文化遗产保护项目。与此同时,临川区业余演出团体大量涌现。现有祥和艺术剧团、赣东浪子艺术团、新声业余文艺演出团等业余民间剧团31个,每年送戏下乡上千场。这些民间演艺团体,充满时代气息、充满泥土气息、充满生活气息,很受民众喜欢。

不妨举两个实例。

临川"才乡艺术团"是临川社区广场文化的先行者。这个团以上顿渡河滨广场为据点,从最早的一根笛子、两把二胡和一个小小的扩音器,发展到现在拥有架子鼓、电子琴、大提琴、手风琴等齐备的专业设备;从单一的采茶戏腔调扩展到民族唱法、流行歌曲、京剧、黄梅戏、舞蹈等各种表演的形式。这个艺术团最初只是广场上的零散艺人表演,渐渐地,10多个同道中人自发组成一支固定的队伍,经常聚在上顿渡城区演奏、唱戏。2006年7月,他们开始把河滨广场作为相对固定的演出场所,每年为观众义务演出将近100场次,成为广场业余剧团的佼佼者。为了吸纳好的歌手入团,团长章木堂在演出时经常号召观众参与演出。据了解,年龄最大的表演者已70岁高龄,年龄最小的表演者仅 7 岁。通过"海选",该艺术团目前有 30 余名成员,其中有十几名"专职"歌手,有唱三角班的,有唱流行歌曲、京剧、民歌的,还有唱民族、美声的,可谓歌者众多、歌艺应有尽有。该艺术团多次组织"文化下乡"巡回演出,赢得了各个乡镇老百姓的一致好评。

再说说旭东艺苑剧团。这是地地道道的农民剧团。这个剧团的开创者是 10 余名农村业余文艺爱好者。自发组建起来的团队没有名称,没有负责人,也没有演出经验。设备是几件菩萨袍、几件自做的软料戏剧服装、一把二胡和一件打击乐器。演出时以汽灯或普通灯泡照明,有时要靠燃烧松枝照明。没有扩音设备。节目是"三角班"戏目,演出范围为临川区各乡镇,收入来自每演出一场 100 元的演出酬劳。剧团成员活动方式十分灵活,农忙时各自分开,各忙各的农活,农闲时又聚在一起演出。直到 1995 年,团队有了自己的名字"临川区旭日艺苑剧团",在主管部门办理了演出执照,剧团开始走上了正轨。后来,剧团挂靠临川区文化馆,改名为"临川区文化馆旭东艺苑剧团"。而"旭东"是取自剧团的负责人朱旭东的名字。剧团的发展得到了文化部门领导的重视,被列入当地民间文艺团体的试点剧团。从此,剧团进入了发展迅猛期,专业艺术人员纷纷加盟。目前全团 20 多名演职人员中,超半数都是专业文化表演者,其中不少都是市戏剧家协会、省戏剧家协会或省音乐家协会的会员。旭东剧团表演的采茶戏逐渐红遍临川区,并声名远播,多次被周边的进贤、丰城、福建等地的农民请去演出。2007 年 12 月举行的全省农民剧团展演中,由旭东剧团表演的《他乡、老乡与家乡》和《十送情郎》分别荣获了省文化厅颁发的一等奖和二等奖;2008 年 12 月举行的华东六省一市戏剧小品大赛中,《他乡、老乡与家乡》又荣获了银奖。这个原本是地地道道的草根农民剧团,发展到现在,简直就是业余剧团中的"专业剧团",一年中约有 9 个月下乡演出,每年演出场次在 200 场以上,而每场的演出酬劳费最多时达到 5000 元,平均每位演员的年收入都在两万元以上。

近十年来,中国有一场静悄悄的革命。在国家的财力支持下,规模空前、势不可挡的文化惠民热潮,席卷着整个中国。数以十万计的书屋书吧、文化站点、电影放映队、文化大巴车等，出现在广袤的国土上。卫星、互联网等先进技术，把全国紧密地连在一起。

这当然包括江西。

这当然包括抚州。

这当然包括临川。

党的十六大以来，遵照党和国家公益性、基本性、均等性和便利性的原则要求，临川区坚持以政府为主导，以公共财产为支撑，以基层特别是农村为重点，大力发展公益性文化事业。城乡的公共文化服务体系基本建立。电影队、图书馆、文化站、广播站都在朝着"无障碍""零门槛"的方向推进。人民群众的休闲娱乐产业也在快速增长。全区现有网吧105家，电脑终端1万余台，安置就业人员800多人，每天营业额13万元左右。2010年，经过区文体广电局的努力，全省五家之一的网吧连锁企业江西王者科技有限公司投资1千多万元在抚州市城区落户，在抚州市城区开设了5家网吧直营门店，极大地丰富了广大人民群众的精神生活。临川区歌舞娱乐的场所正式营业的有14家，都集中在市城区，其中规模较大的有6家，安置就业人员1千余人。电影电视业发展也比较快。现有电影放映队37家（个），2012年上半年已放映电视3千场左右。广播人口混合覆盖率达到100%，电视人口混合覆盖率达到98.3%。

不同地区的人有不同的信息敏感。宁波人、温州人有商业敏感。上海人、深圳人有股市敏感。临川人有文化敏感。当国家提出要把文化旅游当作支柱产业之后，临川顺时而为，乘势而上，立马提出要做大做强文化旅游产业。为进一步加快旅游的产业发展，促进旅游资源优势转化为产业优势，把临川建设成为南昌和闽台地区旅游观光休闲度假的"后花园"，促进全区经济社会又好又快地发展。因此，临川全力抓重点景区、抓重点项目、抓重点产品。目前，温泉镇的温泉旅游开发区已成立抚州市临川区温泉景区管理委员会，切实加强对临川温泉景区建设的组织领导，优化配置人、财、物等资源，指导临川温泉景区的旅游开发工作。湖南乡的喻家村文化园也正在紧张地筹备建设之中。金山寺佛教文化旅游已初具规模。看来，临川的确正在文化旅游方面"给力""发功""造势"。

说到文化旅游，我要多扯几句。现在，全世界都在注意、注重文化旅游。我国旅游学者伍飞先生有一部《旅游整合世界》的著作在国内外文化旅游界都有反响。他将旅游提到整合世界的高度。2012年11月，他就此在联合国一个旅游专业会上与联合国秘书长潘基文同台发表演讲。有五十位驻华大使曾在接受记者采访时发表谈话表示认同。我也十分赞同、赞赏这个观点，并为其写了一篇题为《深化旅游的文化思考》的评论在《人民日报》上发表。我强调旅游的文化软实力。我强调旅游的文化影响力。现在的旅游不是单一的游山玩水的消遣过程。现在的旅游是一个观赏的过程，一个学习的过程，一个交流的过程，一个思考的过程。人们在旅游的过程中，希望产生文化的激情和文化的思想。因此，旅游产品的文化内涵、文化思想十分重要。而在这一方面，临川具有特殊的优势。作为"才子之乡"和"文化之邦"，临川几乎每一处景点都有浓厚的文化基因，都有深刻的文化内涵，都有深广的文化元素。都能让游客产生"文化的激情"和"文化的思想"。临川的人文景观，大有潜力可挖，大有资源可用。可喜、可贵、可贺的是，临川旅游当局，已经或正在往这方面下功夫。我们希望，文化旅游在不久的将来，会成为临川这个文化名城的一个重要产业品牌。

加强文化建设的一项重要任务是实行文化体制改革。作为文化体制改革的中心环节，经营性文化单位转企改制是衡量一个地区文化改革是否取得实质性进展的重要标志。时至当前，临川的剧团改制工作已经完成。依照积极稳妥推进文化体制改革的基本原则，从2012年4月至5月底，临川区抚州采茶剧团转企改制任务全面完成，已注销了临川区抚州采茶剧团，成立了临川区抚州采茶戏演出有限公司，妥善安置了职工，切实做好了社会保障和国有资产处置工作，上级给予了政策及财税支持。

文化市场综合执法改革工作也已初见成效。按照江西省《关于加快推进全省文化市场综合执法改革工作的意见》及其《补充意见》要求，临川区利用文化、广播电影电视、新闻出版为一体的机构优势，理顺和调整职能，成立了临川区文化市场综合执法大队。这一举措解决了职能交叉、责任不清的问题，切实提升了文化市场行政执法的能力和水平，进一步推进了文化市场综合执法工作的法制化、科学化、规范化。

此外，临川还理顺和完善了电影管理体制，有力地促进了电影产业和谐发展。根据江西省政府机构改革方案，积极理顺电影管理体制、加快电影产业发展的要求，临川区迅速完成了电影行政职能划转工作，实现了广电部门对电影的统一归口管理。此举为临川向省广电部门争资金、跑项目夯实了基础，促进了全区电影产业发展，区电影公司工作业绩稳居全市第一，荣获"全国农村电影放映工程先进集体"称号。

文化的体制改革，重要的是出作品、出人才、出效益。临川的演艺界从体制改革中获得了活力和生机。他们正在怀着空前的创造、创新、创作热忱，实现"三出"的目的。据有关人士透露，临川采茶戏演出有限公司，经过长时间策划和酝酿，正在创作一部反映、讴歌当代临川人理想与追求的大型采茶戏《追梦》。可以预料，《追梦》的公演，将会为临川这座梦幻之都的梦幻文化，添上梦幻般的光彩。

"临川文化"，是中华文化史上独树一帜的奇葩。为使这朵奇葩常开常新、常开不败，临川一代代文化人或热爱文化的人，为之倾心，为之倾智，为之倾力。许多"文化才子"，用自己的心血和汗水，滋润着这朵奇葩，使其更加多彩，使其更加艳丽，使其更加繁华。

"戏剧之乡"的戏剧人物

临川是中国的戏剧之乡。

临川是伟大的戏剧家汤显祖的故乡。

临川的戏剧舞台上,七彩流光,七弦交响。

代代临川人将"戏剧之乡"的招牌,扛在肩上,感受到"戏剧之乡"的历史分量。他们在"戏剧之乡"的舞台上,演绎时代的历史沧桑,也演绎自己的人生形象。

共和国成立以来,临川的戏剧工作者们,传承经典,延续魂脉,或在幕前,或在幕后,义不容辞地恪守职责,毫不顾惜地奉献心血。临川有个"蛤蟆头"的雅号。其实,这是一个褒词。蛤蟆叫时会发出"呱呱"的声音,而且会抬起头来。因此,临川人每逢夸赞一个人时,便伸起大拇指,仿蛤蟆抬着头"呱呱"叫时的形象和声音。这大概就是"蛤蟆头"的来由。有三个人,是临川百姓和临川戏剧界称之为"呱呱叫"的角色,值得书写。

这是一个在幕后忙碌的人,却也是一个临川戏剧界的重量级人物。这是一个不演戏却又不断地生产戏的人物。此人名叫吴德春。他本身似乎就是一个很有"戏路"的传奇人物。他原来是一个农村青年,后参军服役,在部队这所大学校受到良好的文化熏陶和精神洗礼。上世纪80年代初,他迎着改革开放的春风,退役回到临川荣山乡当农民。不知是出于戏剧之乡的"基因"使然还是他的天资造化使然,他对戏剧情有独钟,颇有戏瘾。他爱看戏而且爱写戏。他常被戏路"套"着，不知晨昏交错，不知自家烟火。他仿佛天生只为戏剧而活。这个四百多年后的汤显祖的"小弟子"，渐渐成为临川的戏剧小才子。有人因之写了一篇题为《山里有个写戏的人》的小文章，这篇小文章一经见报后，立即引起了社会各界特别是戏剧界的关注。他遇见了"伯乐"。临川文化当局破格授予他"拔尖人才"的称号，继而调入临川采茶剧团担任专职编剧。

这是他的"华丽转身"。

不"转"则已，一"转"到底。自此，吴德春便"誓为戏而生，誓为戏而死"。他决心为"戏剧之乡"之时代辉煌而尽责尽职。他心无旁顾。他格物笃志。他从物化世界走进了一个戏剧人生的精神世界。有名言说："在精神世界经历既久，物质世界的豪华威严实在无足惊异。只为物质世界的豪华威严所震慑者，必是精神世界的陌路人。"他不是"物质世界的震慑者"。他是"精神世界"的同路人。在地方剧团舞文弄墨，所得几许？他不计较。他囊夹萧条，但他是精神富豪。几十年来，他不断地写出了不少颇有影响的戏剧文稿。

1985年，吴德春创作的小戏《审父》获江西省首届农民戏剧一等奖。1986年这个小戏被指定进入庐山世界博览会展演，同年为江西省全省政法工作会议作专场汇报演出，不久，《局长摆摊》获第二届江西省玉茗花戏剧节编剧二等奖。另有剧作、小品《鸳鸯坡》《会亲家》《他乡、老乡与家乡》等作品在各类大赛中分别获奖。其中《他乡、老乡与家乡》获华东六省一市小戏小品大赛银奖后，于2009年由江西省相关单位定为全国基层小戏小品进京展演作品。1989年临川文化局编印出版了吴德春小戏专集向建国40周年献礼。2010年临川纪念汤显祖诞辰460周年举办了吴德春小品作品专场演出。他用大半辈子的时间，挖掘整理或指导了近百个大小传统剧目，并由江西文化音像出版社出版。吴德春共搬上舞台的戏曲作品多达300余部（件），公开发表文字作品数十万字，撰写人物类、风光类、行业类电视专题片200多部（件）。《人民日报》《中国戏剧报》《江西青年报》《抚州电视台》等十多家媒体以对其人的相关信息作过报道。作品先后获大小奖项近60件（次）；

连续23年保持县（市）（区）拔尖人才称号；省委组织部两次就他的相关业绩对其进行表彰奖励；抚州市授予他市级劳模（先进）称号一次。他是中国曲艺家协会会员、中国戏剧家协会江西分会会员。他是汤显祖故乡自学成才的一位农民戏剧作家。

现在，他年近花甲，秃顶稀发，依然忙碌无暇。他是一个"三贴近"的戏剧作家。他在时代中。他在群众中。他在生活中。他赤诚地忠于时代。他无私地服务群众。他热情地歌唱生活。时下，党和国家已吹响了建设社会主义文化强国的号角，是一切有时代使命感、责任感的文化工作者冲刺的时候了。吴德春不甘后人。他是一个不辱使命、不辞劳苦的文化工匠。时代已开出了一张张订单。他必须加紧生产。他正在准备创作一部反映临川大教育气象的大型现代戏。他在奋力捉笔。

剧本是案头创作。

表演是舞台创作。

易兰英就是一个善长舞台创作的表演艺术家。她是上世纪中后期抚州采茶戏的代表性人物。她的舞台语言十分丰富。她的艺术功底十分深厚。唱功、做功、形象、意象都十分出色。她是名角。提起她的名字，临川人、抚州人都有"粉丝""玉米"的兴奋感。她主演、参演了诸如《红松林》等一大批剧目，并多次进京演出，受到党和国家领导人的接见。

是命运注定了她的演艺机缘？一出校门，她就被分配在抚州采茶剧团。她刚入剧团，就遇上剧团排演一个大型剧目《人往高处走》。那是1954年秋天。其时，易兰英才21岁，入团才8个月。她在《人往高处走》中，扮演剧中的"孙玉梅"。在江西省第二届文艺汇演中，《人往高处走》获得了剧目奖。易兰英以其脆亮的唱腔、优美的形象获得了表演奖。因此，人生的舞台与艺术的舞台，是易兰英的幸运奖台。《人往高处走》使易兰英一步步"往高处走"。她的戏艺，她的戏名，一路走高，一路看好。后来的《红松林》，后来的《李二嫂改嫁》等等作品，使易兰英在临川大红大紫。

易兰英得到了多种层面的褒扬。

易兰英得到了多种层次的奖赏。

易兰英得到了最高的褒扬与奖赏。

1961年4月19日。这是易兰英终身难忘的日子。

这天,红日当头照,喜雀枝头叫。抚州采茶剧团接到了当时的省文化局的一个紧急通知,要剧团组织"尖子演员"立马赶到南昌市洪都宾馆,有特殊演出任务。并称,演出时,有首长要接见演员。什么级别的"首长"?是哪位"首长"?省文化局没有说明。不必多问,有令则行。剧团领导很快商定,由易兰英、李凤娇、李如珍、万安安等部分"尖子"演职员为"首长"演唱《杏花女送郎》等采茶戏唱段。

是日入夜,洪都宾馆小礼堂四壁生辉。易兰英等早早来到舞台彩排。那时,名演员为"首长"演出,并不奇怪。易兰英在舞台上没有特别的期待,只有演出前的等待。当然,也有人暗自思猜:会不会有中央领导人来?

忽然,小礼堂朱门大开,彩灯一齐亮了起来。全场一齐欢呼起来。但见一个身材魁梧、神彩奕奕的首长步入礼堂。天啊,是毛主席!是伟大领袖毛主席!易兰英看得十分清楚,今夜前来看她们演出的首长,就是她日思夜想的毛主席。今夜的演出,是她的天命;今夜的演出,是她的天职;今夜的演出,是她的无比荣幸!她热血滔滔,她情怀如潮。

她巴掌拍红了。

她热泪盈眶了。

毫无疑问,接着是满台的精彩纷呈。演出十分神圣,演出十分成功。在伟大领袖的掌声中,易兰英感受到了从未有过的兴奋和激动。

演出结束后,举行了联欢舞会。大人物也有小爱好。国人都知道,毛泽东"得宽余"时也喜欢跳跳交谊舞。毛泽东时代的文化生活很单调,那时没有电视,那时没有电脑,那时没有歌舞厅、酒吧之类的时尚场所。只有交谊舞能为人们添点乐趣消消疲劳。

乐声顿起,旋律优美,节奏明晰。柔和的七彩灯光中,空静的舞池渐渐生动起来。首长们随着音乐的节奏在移动脚步。由于首长们年龄偏大,舞池中多是"华尔兹",绝对没有"斗牛士"。有位落落大方的女宾,微笑着走到毛主席座前,伸出右手,微微欠身,恭请毛主席跳舞。毛主席也微笑着起身应约。四座的目光,一齐投向毛主席。这位平日在中南海日理万机的开国伟人,此间的舞步,如同他的"闲庭信步"一样,十分大气、大度。易兰英静坐在舞厅一旁。她以景仰的目光,注视着伟人的风雅。一种潜意识,忽然涌上她的心头:我能不能邀请毛主席跳一曲舞?她很矛盾。那时的她,还不太会跳舞,她有些胆怯。但心意却很坚决:这可是一个历史性的机会啊!她注意到毛主席跳的都慢三慢四,因此她想,我就陪毛主席在舞池里走一曲也是最大幸福啊!

易兰英仿照那位女宾的模样,鼓起勇气,恭恭敬敬地来到毛主席座前,微笑着说:"主席,请您跳个舞。"毛主席微笑着看了她一眼。随之离座走到她身前,随着一曲慢四的节奏一同步入了舞池。易兰英很紧张。易兰英很拘束。她仰望着毛主席伟岸高大的身躯,这是中华民族的一个伟大的历史高度。她感到自己不免有些唐突,竟敢邀请一个历史伟人跳舞。易兰英差点走错了舞步。毛主席看明了易兰英的心情,立即与易兰英交谈起来。

"你是做什么工作的?"

"我是一个戏剧演员。"

"啊,演员好。你要好好工作,好好演戏,好好为人民服务。"

"谢谢主席的教导。我一定好好工作,好好演戏,好好为人民服务。"

易兰英万分地激动、万分地兴奋。她曾在屏幕上见到过毛主席的伟大形象,她曾在广播中听到过伟人的湖南口音。此间,她零距离面聆毛主席的教诲。何等地亲切!何等地荣幸!毛主席的话,随着澎湃的热血注入到她的每一个细胞。她站在历史的巅峰人物面前,感到自己也是一个小小的历史符号。此后,她的一切,都要对得起历史。

易兰英当夜无眠,感慨万千。毛主席的教导时刻响在耳边。

次日,返回临川之后,她如同经历过一场全身心的精神洗礼,性格更开朗了,心地更明朗了。她牢牢地记住毛主席的教导,她牢牢记住自己的承诺:

好好工作，好好演戏，好好为人民服务。此后，她认认真真唱戏，勤勤恳恳做人，日夜工作，四处奔波。为"好好演戏"，天天忙碌，天天辛苦。她经常随团下县城，走乡村，忠诚地"为人民服务"。那个时代，演员赴外地演出，是无条件的"为人民服务"。不像现如今的演员特别是明星演员，每到外地演出，高级轿车代步，豪华楼宇留宿，出场费动则十万数十万。那时条件很艰苦，那时人也不畏苦、不避苦。易兰英出团演出，经常夜宿庙堂，以稻草铺地当卧床。那时，她也算得上抚州地区的"三名三高"的人物啊！但那时明星人物是"明心"人物，凭着明明白白的心去为人民服务。易兰英就是凭着一颗明明白白的心，全身心地在戏剧舞台上无私地奉献。她说：我要将戏剧舞台当成我的人生舞台。我要将自己的人生演绎成像戏一样美好、一样精彩。

"将自己的人生演绎成像戏一样美好、一样精彩。"怀抱这种人生志向的，不只是易兰英，万安安亦如是。

如果说，易兰英是抚州采茶戏的名角，万安安便是抚州采茶戏的名伶。她的人生舞台的确与戏剧舞台一样精彩。她小学毕业就进入了抚州采茶剧团。从学员，到演员；从演员，到团长，她个人的成长史就是剧团的部分发展史。她从艺四十六年，主攻花旦，创造的女性形象，数似百计。观众、专家、媒体对她的演艺高度评价：嗓音清亮、音色甜美。她在剧团自创剧目《红松林》中的《青龙山》唱段，由中国唱片厂灌制唱片，全国发行，深受好评。1965年，在江西赴京汇报演出中，她在小戏《秋》中扮演春梅，首次将抚州采茶戏唱进了北京城，并登上了中南海的大舞台。尤其值得她荣耀一生的是，她与易兰英一样，也在江西省委为接待毛主席的小型清唱会上以一曲《芙蓉调》为毛主席献演。她也获得了毛主席的掌声。

一个地方的文化前进车轮，必须有强劲的人才推动。

万安安十分注重培养新一代演艺人才。一个人的人生舞台再精彩，也无法使一个地方的戏剧舞台不断精彩。一个时代有一个时代的精彩，一代人有一代人的精彩。作为一个老演员，作为一个团长，万安安知道，培养新的戏剧人才，是她的职责，是她的使命。她主持剧团工作后，先后推出了《霸陵亭》

《花妹》《画中人》《维也纳之梦》《残霞》等一批自创新剧,让年轻演员在这些剧目中挑重担,当主角,收效很好。2000年,《县官下乡》一剧,奉命调进北京,在灯火辉煌的人民大会堂,成功亮相,荣获群星奖。

戏剧的生命力,在于传承,在于普及。万安安深深懂得这个道理。因此,她将培育新人的目光投向团外课堂。她曾在抚州文艺学校兼课,教唱传统曲目。该校先后培养了梅制科、刘桂芳、胡长明等30余名文艺骨干人才。她还在抚州采茶班授艺,为一批批学子教唱、排戏,培养了万智慧等40余名采茶戏的传承人。

老一辈德艺双馨、树大根深。

新一辈生机勃勃、雨后春笋。

戏剧之乡的戏剧舞台上,锣鼓响、锁喇亮,大生光彩,长舞霓裳……

"江南牛王"与书法才子

人文环境对于一个人的成长有着不可忽视的作用。对于范如之来说,经历就是学历。范如之学历不高。范如之学识不浅。范如之学问不凡。从农家孩子,到画坛才子;从事务"杂家",到知名画家,在很大程度上,都是经历成就了他。他当过牧童,他当过工人,他当过战士,当然,他也当过学生。他干过许多杂七杂八的事。最重要的一点是,他当过战士。

人生自幼始。人们都说,三岁看大,七岁看老。这就是说,一个人的一生,从幼小之为便可知其终老之果。

范如之自幼就喜爱画画,树枝是笔,在地上画;石头是笔,在墙上画。手指是笔,在掌上画。人有人缘,他似乎有种画缘。他在湖北电力技工学校毕业之后,被分配在黄石发电厂工作。工作之余,他以画为乐,笔墨不辍。因一幅画作缘,他遇见了画坛伯乐:湖北省大画家(后为湖北省美术院院长)周韶华。人有缘,命相牵。凭借一双慧眼,周韶华认定:范如之将是画坛一个大有作为的青年。周韶华收范如之为弟子。范如之拜周韶华为恩师。从此,范如之潜心习画,才华大长。1960年,在周韶华力荐之下,范如之加入了中国美术家协会湖北分会,成为其时最年轻的画家。

范如之有画缘,并非猜度之见。1961年,范如之参军入伍,进入武汉军区创作组,一个偶然的机会,又结识了著名画家方增先(后任上海美术家协会主席)。他再度高攀,师从大腕。好运不断,画缘再三。恰在此时,一批刚从湖北美院毕业的学生，分配到武汉军区创作组。新同事学有专业，范如之学有专志。同事、同业、同志，范如之悉心学习，受益良多。其间，他信心雄起，广泛涉猎，对油画、国画、水彩画、书法、篆刻等多种艺术门类都有所触及，甚至学会了书画装裱。他在部队的6年，为以后的艺术腾飞打下了坚实的基础。

能说范如之的经历不是学历？

能说范如之的人缘不是画缘？

1966年，范如之从武汉回到故乡，在临川县文化馆担任专职美术干部。他不分白天黑夜，一心忙于专业。大凡文人都是性情中人。文人好饮，如之如是。他每天至晚，必定举盏。家乡老酒，三杯下肚，稀里糊涂，上床"呼噜"。凌晨醒来，用白开水泡饭垫垫肠肚，便使功夫。将醒后的灵感、灵气、灵动，一齐泼上画稿，直至东方日晓。数十年来乐在其中，不觉其苦。1972年他创作了中国画《我和爷爷上夜校》，在全省引起轰动。范如之渐渐艺高胆大。上世纪90年代，已过"知天命"的他，竟效仿齐白石衰年变法，否定先前之自我，重寻艺术之门类。无钱游名山大川和拜四方之高人，便重返故土，以自然为师，在乡村野趣里接地气、找灵感，时达5年之久。画风随之大变，将大泼墨、大写意融入具象表达中，在精巧的构图里，展现出丰富的意象内涵，使作品具有独特的艺术张扬力和视觉冲击力。

1995年，范如之带着新作到南京江苏美术馆举办个人画展。其清新脱俗的作品一下子抓住了观众的心，金陵画派的大腕陈大羽、张文俊、朱葵等都对画展给予了高度评价。自南京画展后，范如之又先后在中国美术馆、上海刘海粟美术馆、南昌市美术馆等地举办过个人画展，所到之处，无不好评如潮。

范如之的作品，题材广泛，视野开阔。但画得最多的是牛。为了画好牛，他自己仿佛就是一头牛，勤下功夫，不辞劳苦。他深入赣东数县的近百个村镇，朝随牧童放牧，夕伴老农夜话，"遍搜牛儿打草稿"，画本盈箱、废稿充栋。范如之笔下之牛也几经大变：最初是画"百家牛"，借东家牛的蹄子，仿西家牛的角子。后来，眼中之牛日熟，心中之牛日亲，笔底之牛渐活，终成自家风骨，画出了带着深深个人烙印的"如之牛"。再后来，范如之不仅像是在画牛，更像是在为国人造像。许多人从范如之的"牛"里，看到了父辈的形象。

我也很爱牛。我也曾以诗的样式歌颂牛。上世纪 80 年代的牛年新春，我写了一首《牛年感怀》载于上海《解放日报》，江西电视台要我自己朗诵并现场拍摄，配以牛耕的背影画面播出。后来我又写了一首礼赞牛的诗，诗中写道：

"不是千里马也决不妄自菲薄，

做条老黄牛，又何尝不可？

厚实而坚韧的肩头上，

可以让人民套上木枷和绳索，

在千里奔驰的道路上，

也驮着祖国的重托……"

我的牛与范先生的牛不在一个层面。我的牛不"牛"，他的牛很"牛"。但我的牛诗与他的牛画有一点恐怕是相同的，都是崇尚、崇拜牛的崇高无私的奉献精神，"可以让人民套上木枷和绳索"，可以"驮着祖国的重托"。范先生认同否？我想，他之所以能让人们从他的牛里看见父辈的形象，不正说明范先生自己也具有一种牛的品性和风骨？

我想是。

我想一定是。

很遗憾，我不善读画。但我读得懂人。我读得懂在纸上出神入"画"的人。画家的神韵往往就是纸上的墨韵。范先生本身就是一条老黄牛。他就是牛的化身。几十年来，他像牛一样诚实，他像牛一样勤劳。因而，他一生爱牛、一生师牛，一生痴牛，一生画牛。他常说："牛是农家之宝，是国家之魂，是民族精神的象征。"毫无疑问，牛也是他的灵魂与精神的象征。所以，他的牛画格外逼真，格外成功。他在上世纪 90 年代后期完成的《百牛长卷》，展示了牛儿们从晨起到牧归的各种形态，栩栩如生，动、静、立、卧，无不形神俱备，令人感叹不已。

艺术没有止境。

范如之也没有止境。

范如之师承传统的书画艺术，他也不断地在进行着大胆的探索和创新，将人物、山水与大写意花卉等诸多技法巧妙地融为一体。他追求意象、意境、意趣的高度统一。他用泼墨手法画牛，更是堪称一绝，形成自己独特的艺术风格。

一切有成就的人，时代都不会忘记。范如之的名字已被载入中国当代美术家名人录及中国当代书法家名人录。范如之性情豪爽，醉后画牛，风味独特。1995年，"范如之画展"在江苏美术馆举办，《新华日报》《南京日报》《金陵晚报》《扬子晚报》、江苏电视台等当地各大新闻媒体作了报道，一时间金陵南京刮起"牛画"旋风。1997年是牛年，在北京中国美术院，由当代著名书画大师范曾先生题写展名的"范如之书画展"隆重开展，首都各大媒体也纷纷对范如之"牛画展"进行报道。《人民日报》发表了《"江南牛王"范如之画展在京引起轰动》的文章，称"如之先生笔下之牛，形神兼备，呼之欲出，堪称一绝，画界誉先生'江南牛王'再恰切不过。"

"江南牛王"，声播名扬。

"江南牛王"，奋"蹄"图强。

范如之不以一时之功名而"如之"。他要以毕生之才华而予之，他有自题诗励之：

风里岁月雨里天，

风雨牧牛五十年。

吾学牛犊不怕虎，

画到白首自成仙。

诚如斯言！

画传情，诗言志。"字里乾坤大，书中日月长"。范如之年过半百，看来，还雄心勃勃，只要画笔在手，他还要大展宏图。

自古书画一家。

临川有许多卓有成就的画家。

临川也有不少才华横溢的书法家。

我在与临川文化局的人士交谈中,有人这样说,在临川有一个人的名字几乎家喻户晓,这个人就是书法家吴德恒。在临川街上,拦住一个当地人一问:"你知道吴德恒吗?"回答肯定是:"知道。"

信不?

不信?

街头一问,果然是真。我在一家店铺问一个营业员:"你知道吴德恒这个人吗?"

营业员不假思索地说:"知道,这个人的字写得很好。"随之,她朝门外对街一指:"喏,对面那个招牌就是他写的。"

文化局的人士没有吹牛。

不错,吴德恒的确是临川的书法才子。他的书法,自成一家。

有人说,看吴德恒现场笔书,是一种文化享受。他铺纸捉笔,神情奋飞。但见纸上龙飞凤舞,但见笔下如泼如注。刹那间,满纸飘香,满纸生光。气韵绵长而昂扬,笔势雄浑而激荡。他的不少作品可以典藏。书画家大都有一定的文学功底,特别是诗词功底。吴德恒便是。他常常自吟自书。他所书写自创的古体诗词如《归思楼记》《天香园记》《大士殿记》《半隐庐记》等更是格律严谨、想象丰富。文学功底与书法功艺,相得其益,同纸生辉。早在上世纪80年代后期,他便获得了两项大奖:一为全国书法大赛一等奖;一为全国征文比赛一等奖。在评审吴德恒的书法作品时,专家一致认为,他的书法外柔内刚、秀美自然、潇洒出尘,如清水出芙蓉、似佳人立楼台,功力非常深厚。

一朝高中,终生受用。打此以后,吴德恒如春蚕化蝶,振翅欲飞。1988年,全国首届"华夏杯"书法篆刻大赛上,他的书法又获得一等奖。1993年10月,首届国际中国书画博览会在北京开幕,他的一幅对联书法作品入选,并被评为特级作品,这属珍品。1995年,他又被中国鹤壁艺术家画廊聘为高级书法师,这属殊荣。如今,他的作品已赢得全国书法界的关注,入选全国各地几十处碑刻；近百部书法作品集中，都选有他的佳作。

吴德恒因之而名声远播。知道他的人，远不止抚州人、江西人、中国人。在网上，有专门介绍吴德恒及其书法的网页。美国、英国、加拿大、日本、新加坡等国家和香港、台湾等地区的书法爱好者，有的登门求教，还有的写信求字，均以一睹或收藏吴德恒的书法为幸事。而吴德恒却很自谦。面对褒扬，他作诗自勉："不是明月不是星，大千世界一微尘；随缘随分随荣辱，任褒任贬任浮沉。"

这粒大千世界的"微尘"，些许年后，在人们的眼里，能不能成为一颗明星？……

临川还有一个书法才子，是青年书法家王剑荡。王剑荡，是临川区供电公司一位普通员工。1969年生。他的生命本质中，有一种艺术品质。他爱作画，也爱书法，但功力更见长于书法。人们走进他的画室，站在那些泼墨山水和畅快淋漓的书法作品前，目光会为之一亮：清新俊雅的秀竹，稚气未脱的牧童，呼之欲出的苍鹰……还有那磅礴大气的草书，这一切顿时让人赏心悦目。

王剑荡对书画一直都是痴情的。这种痴情是与生俱来的。他出生在乡村，父母只是荷锄犁田的农民，满屋子的家当陈设中，找不出半张书画来。当小剑荡上了小学时，对课本中的插图，有着莫名的兴奋，但他只能用铅笔依着葫芦画着瓢，画来画去，令老师们却很为欣赏。就这样，王剑荡一边读着书，一边描红临贴。即使面临高考，他也挤出点滴时间临摹。1991年7月，从江西省商业学校毕业后被分配到临川供电公司工作，学财会专业的他因一手漂亮的钢笔字而成了一名专职文秘。繁忙的工作，也没有挡住他对书画的痴情。工余时间，他都奉献给了书画。他是无师之徒。他以书本为师，上溯秦砖汉瓦，下探宋元明清，书法心摹神追王羲之、颜真卿、柳公权、米芾、苏东坡、王铎等四十多位书法大师的法帖；绘画早学王维、范宽等范本，后临王昌硕、李苦禅、张大千、徐悲鸿等绘画大家的大作。为了书画，他可将一切割舍。他是画痴。他是书痴。他的工资，除正常生活开支外，几乎全都用于购买书画资料。他清心寡欲，勤于探索，深居简出，读书临贴，每每至深夜。或许是因在书画上花费了太多的时间和精力，年轻的他显得有些老相老成，亲朋好友相隔久日之后竟不敢相认。有高师才有名徒。无师之徒不能不遍访高师。王剑荡遍访名家大师，有幸得到了中国书协顾问权希军、著名书画家李锋、慰天池、黄天璧、西域驼王田夫、中国书画院院长张本平、诗书画印四绝的邱左贤、江南牛王范如之等高师指导。每有作品，即让家人、路人、专家进行点评。

几许付出，几许收获。王剑荡不断推出佳作。1999年中国文联主办的"全国民间工艺美术书法大展"中获得了银奖。近年来，他的书画作品先后获"第四届王子杯海峡两岸书画大展"二等奖、中国文艺协会主办的"首届中国文艺金爵奖"书画类金奖、"首届翰墨养生全国书画名家邀请赛"金奖等数十次荣誉。2005年，他的书法作品参加了由中国人民对外友好协会、抚州市委市政府在中国国家博物馆举办的"纪念舒同百年大展"，得到舒同之子舒安、舒同夫人王云飞女士的好评，并被国家博物馆收藏。2007年，他的三幅书画作品，参加了国家电网公司首届职工美术书法展摄影作品展并全部入展，其中书法作品也荣得了该次大展书法作品奖项。

请记住这个人生真谛：天道酬勤。古今中外都认一个道理：业精于勤，学富于勤，物丰于勤。一切成功的人，都是从勤奋、勤劳、勤苦中走过来的。王剑荡就是一个勤奋、勤劳、勤苦的典型。我敢断定，这个年轻的工人书画家，在勤谨奋为的道路上，当是前途无量。

一个文化局长的文化担当

临川的文化人,毫无保留地倾付自己的文化才智,满腔热忱地奉献自己的文化心力,不辞劳苦地践行自己的文化作为。他们是临川的文化才了。他们是临川的文化赤子。他们是临川的文化"痴子"。

这样的人的确很多。

聂江波也是其中一个。

作为一个文化人,聂江波的文化情结和文化志向,不在书案上,不在画幅上,不在舞台上。他的文化血液,是流淌在生他养他的土地上。

聂江波1957年10月出生在临川嵩湖乡下聂村。1974年在才子摇篮临川一中高中毕业后,在中国的"上山下乡"运动大潮中,下放到下聂村当农民。尔后当过工人。尔后当过记者。尔后当过机关干部。2000年任临川区文化局局长。官位不高,权力不小。他掌管着整个临川区的文化、体育、广播、电影电视等方面的"拍板权"、"点头权"和"摇头权"。2010年底,他退居二线,但待遇不变。他依然可以很风光地坐在他的"交椅"上,听下属们以"聂局长"而尊之。十分令人料想不到的是,刚退居二线不久,他竟然申请"退居乡村"。他决定提前离开文化局,回到自己的老家下聂村。

此举令人费解。

此举令人不解。

在当下,不少人为官位为待遇而不遗余力地攀爬,聂江波却主动下滑,究竟居于何种想法？他想"告老还乡"？他想学陶渊明情钟"桃花源"？有乡亲问他："不到退休年纪就回家，你犯傻？"

他不傻。

聂江波是个很有头脑的人。他为什么要提前离城回乡？他回乡不为告老，他回乡不是学陶公爱"桃"，他回家乡是因为血脉与文脉的召示，由于使命与担当的驱使。他说：我为什么要提前回到下聂村，原由有三则：一、下聂村是我人生的怀抱。我必须报孝。我要将我余生的热血，奉献给生我其身、育我之魂的家乡建设。二、我1962年下放到聂村，在我人生最艰苦的时候，乡亲们待我很好，多方关照。我感恩之心久已有之。我要回乡回报。三、现在，党和国家一再号召，要建设社会主义新农村，其时正好，我要为之效劳。

心意昭昭，话很明了。

乡亲们理解了：

"小球的想法很好。"

"小球"是聂江波的乳名。乡亲们对这个刚回乡的文化局长，不以官名称之，而以乳名呼之，足见他与乡亲们真是心相近、情相融。

我很想见见这个"小球"。

这是一个炎热的夏日。在临川区委宣传部长陪同下，我们一行驱车来到了下聂村。

车在村口停下。

车前站着"小球"。不，我看见的却是"老球"。我见到一个头上一丝不存的"完秃"。其实，聂江波才"年到五十五，胜似出山虎"。他"全秃"不显衰老，更觉成熟。有人似玩笑似认真地说他：他被满脑子文化挤掉了头发。他没有头发却有才华。

下聂村是一个美丽的村庄，位于临川东南郊，距临川城区8公里，与临川著名文化胜景灵谷峰隔河相望。下聂村生态环境优美，抚河、梦河两水东西拘村而过，北倚诮山大仙岑，南望万亩冲积平原，是一个"两面河川三面流，一村三色半村湖"的半岛村庄。

下聂村不仅风光很美，而且文化底蕴十分深厚。

说起下聂村，聂江波话兴很浓。他如数家珍般对我说起了下聂村的历史。

下聂村开基先祖系北宋著名经学家聂崇义后裔，从河南迁入，至今已有近千年历史，村内有800年前的悬案神龛，有临川境内规模最大的400年石板桥，有300余年的古祠堂。现存明清门楼4处，牌坊1处，凉亭3个，古民居13栋，省市文保单位2处。古建雕刻，均以先祖北宋著名经学家聂崇义《新定三礼图》文化为内容，颇见历史文化内涵。下聂村是宋代名臣户部尚书聂昌、明代江西著名书画家聂大年、抚州的名儒聂大勋、清代进士江西大慈善家聂裕芳的故里。小小的一个下聂村，竟有众多誉传古今的历史名人，不愧是临川文化的一个重要历史文化名村。下聂村是临川一部有型的历史文化书稿。

历史毕竟是历史，昨天的辉煌不是今天的荣光。人间正道是沧桑。史河前波接后浪。今天的下聂村人，决心开创自己的时代，书写自己的历史。

跟随着历史足印，我们在下聂村步行。聂江波口若悬河，一路上对我作现场口播。

下聂村从2010年起开始进行新农村建设，总投入约230万元。资金主要来自国家项目、部门支持、集体投入、村民资助、个人捐资等。至2012年8月，全村入村入户道路全面硬化，通互联网，有有线电视，有自来水，环境绿化且美化净化，村貌焕然一新。下聂村十分注重文化保护，部分古建筑得到维修，主要有一座古桥，一座古祠，一个古亭，六处门楼，七处先贤故居挂牌，重建钦橄功德牌坊一座，新建景观亭两处，古石苑一处，仿古文化墙一座，中华聂族全国工作会议碑记一座，路径文化石刻28块，开通大仙岭观光道路2公里，其中800米全部硬化。新的文化设施和文化建设，十分风光，村里建起了蓝球场、路径健身场、农家书屋、数字电影队、女子腰鼓队、板凳龙灯队。还有《聂村美》村歌。2010年、2011年举办了两届抚州市帐篷节，抚州各县区户外爱好者两届共4000余人参加。下聂村成为抚州首个户外文化基地，产生了广泛的影响。2011年9月举办了全国聂族宗亲会，会议为期三天，包括台湾在内的16个省市119位宗亲参加，主要讨论聂氏文化建设。下聂村2011

年被评为江西新农村建设百佳优美村庄，2012年被评为江西省生态文明村庄，2011年中央电视台对下聂村春节龙灯文化活动作了生动报道。

这就是今天的下聂村。

这就是我们从聂江波口里听到和亲眼看到的下聂村。

这就是聂江波放弃文化局长待遇急于回到的下聂村。

聂江波怎样在下聂村实现自己的心愿？怎样兑现自己的承诺？我想知道回到下聂村后的聂江波。

聂江波对于自己回家乡做点实事抱有信心。他认为自己在下聂村有一定的群众基础，自己也有一段社会文化行政工作经验。尤为重要的是，他确实有一种为家乡效力的强烈心愿。他希望自己的家乡，是一个为世人所赞美、所向往的地方。

说来早有一个故事。那是上世纪聂江波下放到下聂村的时候。有一天，他在大队部编写宣传栏。宣传栏的内容是"农业学大寨"。他低着头，在画着，在写着，似乎又在思考着。忽然，他一回头对在身边的一位大队干部说："现在全国农村学大寨，说不定有一天大寨要学全国农村。有人也会学我们下聂村。"那位大队干部一听，好不一惊，转身把这话学给身旁其他几个大队干部听，大家不由得哄堂大笑：一个小小的下放青年，竟然嘴舌无边，口出狂言。这真是在开天大的玩笑！

聂江波脸红了。

然而，历史没有开玩笑。今天，改革开放后的中国农村，不都比当年"改天换地"的大寨好吗？其中就包括下聂村。下放青年的话，是狂言？是预言？是誓言？是年轻人心中真实的语言！至于会不会有人也要学下聂村，这当然是聂江波的心愿。时至今天，旧事早已尘封，但他还记在心中。记忆也是动力。现在他之所为，不正是为了实现自己早已心怀的意愿吗？

个人的力量有限。这点，聂江波心中十分清楚。作为卸任后的文化局长，他相信文化的力量。他要把文化带回家乡。他认为，新农村建设必须在科学发展观指引下建设，必须在社会主义文化观指导下建设。不注重文化内涵、不注重文化元素、不注重文化品质的农村建设，不是社会主义新农村建设。他决心在村党组织和村委会的集体领导下，以文化的思想、文化的理念、文化的思路从旁助力。要以文化提升村民的素质，要以文化改变村庄的面貌，要以文化打造下聂村的品牌。回到下聂村后，他言必称文化，事必重文化，因此，下聂村的村民风趣地说："小球现在是我们下聂村的文化局长。"

下聂村的"文化局长"当有文化担当！

事情要一件一件做，而且要从村民最关心的事做起。

村口有座石板古桥，名曰梦桥。自古以来，这座桥是两岸几千村民和过往行人的唯一通道，也是连接嵩湖和钟岑两乡的一条重要渠道。这座桥已断了十余年。十几年来，人们只靠踩着独木板步行，给村民带来了极大的不便，而且很危险。曾有一位老人就不慎掉下桥当场身亡。还有两个村民，从桥上行走时，跌成终身残废。这座桥成了村民们难解的心事。聂江波每次回到家乡，都听到乡亲议论桥的事，盼望有人牵头把桥修好。

2008年，有一天，聂江波回家后步行到桥边，无意间，碰上一位刚干完农活的妇人，妇人知道聂江波是在城里当官的，她一见聂江波，立马站住，用手指着桥说："小球啊，这座桥必须修好呀，修桥的事只有指望你哟！你当真要想个主意把桥修好啊！"

村民的期盼，聂江波一直记在心里。现在，他回来了，修桥的事，他能不管吗？况且，梦桥本身也就是文物，也是文化。修桥补路，为民造福。聂江波知道，他的三辈先祖，曾经都是修造梦桥的事主。如今，修桥理所当然是他应尽的义务。

这桥必须修。

这桥必须马上修！

聂江波立即下了决心，并四处奔波筹集资金。不久，依照史料，按原貌修好了这座桥。现在，他每当看到桥上过往的行人车马，心里非常高兴。他牵头修建梦桥，既为村民办了件实事，又保护了文化遗产，同时也算是完成了他善承祖辈的意愿。

聂江波修桥的事很得人心，也增添了他为家乡做实事的信心。他决心趁热打铁，动员村民搞新农村建设。2009年9月，临川区新农村建设开始布点。按区里的项目规定，每户配套2000元，才有望列入实施计划。当初村民对新农村建设也不甚了解，特别是对项目申报半信半疑，对配套资金不放心。几次村民大会讨论都没有结果。聂江波没有冷心。他一户户去劝说。他一次次做工作。他亲自出面召开村民会作动员。几天过后，一天上午，一个村民站在自家建房的脚手架上，忽然高兴地冲着正进村的聂江波大声叫："小球，通过了！"原来，头天晚上村干部又召开了大会，有村民说，小球已经为家乡做了很多事，一心一意为家乡好，相信小球不会错。如果不支持，我们对不住小球啊！于是，绝大多数村民改变主意，表示赞同。又隔几天后，又有一个村民在路上碰到聂江波，朗朗地笑着说："小球，大家是真的相信你，看你的面子，现在大家没意见，正在收钱。"

感谢大家的信任。

聂江波脸上露出了笑容。

但这不是事情的全部。

2010年5月，新农村建设已经开始实施。一天，聂江波在村里正与理事会几个成员商议新农村实施事项。忽然，一位60多岁的村民很不高兴地横过村路走过来，冲着聂江波开口就说："小球，你哪里是来帮家乡哟，你是来害我们。"

聂江波一听，不由一怔，文化人最讲究面子。文化人最看重自尊。聂江波大小也算是个干部，他什么时候受过如此大失脸面、大失自尊的斥骂？他一时不知所措。这时旁边的几个人立即制止了老人的骂声。恰在此时，这个村民的妻子挑一担浣衣走过来，知道刚才发生的情况后，狠骂丈夫不会说话，又安慰聂江波。聂江波心里真不是滋味，他忍了。他没有任何责怪。他知道，任何事情都有一个了解的过程。只有了解，才能理解，只有理解，才能谅解，只有谅解，才能和解。之后，聂江波主动与这位村民耐心沟通，问这位村民发火究竟是为哪回事。原来，这位村民听说理事会考虑资金不够，将原计划入户水泥路宽1.2米调整为1米，是聂江波点头同意的。1米路面不方便板车拉粮进户，会给村民生产生活带来不便。这老人因此对聂江波动了肝火。

聂江波感到老人的话有理，马上向村民理事会建议按原计划实施，资金问题另想办法解决。

全村路修好后，不久，聂江波又碰上了那位村民，聂江波还没有开口打招呼，那位老人就笑了。聂江波说："你还怪不怪我？"老人不作声，低着头嘻嘻地笑了。

笑了，就好了。

还有什么值得计较？

然而，有一件事非计较不可。

2011年11月，这天，聂江波刚进村，看到一群人围在村边，道上停有挖土机，还停有一辆空着的卡车。聂江波以为村民开工建房，也过去看看。一看，原来是村民将屋旁两棵数十年的老树以600元议价卖给了苗木生意人。一棵已拔起，一棵已经挖开，个把小时后就将一起运走。一些群众不同意卖，但制止不了。

聂江波问明清况，十分生气。这位一向心境和善、态度和悦、说话和蔼的文化人，此刻不"和"了，他冲着当事人好一阵批评。这是乡亲们第一次看到他生气。聂江波想，要将坏事变成好事。他要以此为例，教育村民爱护树木，保护生态，增强美化环境的意识。于是，他对在场的村民上了一堂现场环保教育课。搞新农村建设，一定要绿化村庄。他以没有商量的口气说："今后村里不允许砍一棵树、卖一棵树。"

随后，他要买树的人把树重新栽起，另一棵树重新培土。

买树人说："挖起的树，我们栽不活了。"

聂江波板着脸说："死也让树死在村子里！"

聂江波火气未消，但为了把事情妥善处理好，他从自己的钱包里掏出了800元给买方，作为损失补偿和重栽工时的费用。

聂江波的言行，感动了村民。

聂江波的言行，教育了村民。

坏事的确变成了好事。打此之后，村民们对自然的文化保护意识、生态文明理念，大为增强。村民对村里的一草一木都自觉保护。2012年5月，一位村民做房，一棵有20多年的樟树影响用地，该村民自觉花钱请挖掘机将树移栽至村口一座古亭旁边，而旁边居住的村民也自觉地经常浇水、培土。

文化、文明逐渐地入脑入心。聂江波十分高兴地看到，村民们悄悄地形成了一种文化自觉。他们注意环境保护，他们注意公共卫生，他们看重自己有文化内涵的生活。村里的烂房，悄悄地拆掉了，村头的牛栏，悄悄地迁走了，路边的猪圈，悄悄地移建了……

人都很现实。现实改变了人们的目光，也改变了人们的心理。新农村建设实施之后，下聂村的人们很自信了。最容易改变心态的，往往是身边实实在在的事情。村民十分高兴地举了两件实事，一是"的士"进村了。以前，村民到临川城里打的士回家，司机不愿意，加价也不走。现在方便了。下聂村人在临川城，手一指，车就停，口一开，车就行。下聂村人神气了。原因就是进村路修好了。二是年青人找老婆容易了。由于下聂村经济基础不好，年轻男子以前找老婆很不容易。现在大不相同。下聂村男青年的身价大升。2011年，订婚娶亲的就有五六个。村民聂国章有个儿子，一经媒人介绍，佳人便自投怀抱，双方见面第三天，就订婚办婚宴。原因不用多讲，女方一家都说：现在下聂村是个好地方。

下聂村的一切，都在悄悄地变化之中。

物质文化与精神文化，是一对并驾齐驱的车轮。我们的国家，我们的时代，在双轮的驱动中不断地前进。下聂村人也在双轮的轨道上留下了自己的足印。当文化成为一种健康的精神滋养，文化就是思想，文化就是力量。这不是哲学的武断，这是现实的彰扬。下聂村人知道，下聂村今天的一切，都是缘于国家缘于时代。唯有今天的国家今天的时代，才有今天的下聂村和下聂村人。他们感激今天的时代。他们感恩今天的国家。他们希望有一种能唱响心愿的文化表达。

2009年12月26日上午，下聂村大仙岭的一个山头上，响起了雄壮嘹亮的国歌声。在一座用石块砌成的旗台前，站着一排年轻的村民。他们是聂津津、聂龙波、聂海波、聂浪华、聂省华、聂志刚。在解放军驻广西南宁某部原国旗手、退伍军人聂志兵的指挥下，青年们将鲜艳的五星红旗，缓缓升起。全体村民，仰首面旗，一齐行注目礼。

国旗在晴空中高高飘扬。

国旗在心目中高高飘扬。

这就是下聂村人对国家的文化表达。

这就是下聂村人对时代的精神表达。

此后，每逢十月一日，下聂村的村民们，都自发地来到大仙岭上，庄重地站立在旗座前，举行隆重的升旗仪式。

当人心凝聚于国家和时代，人心的价值就无可比拟了。

聂江波的心，强烈地被大仙岭上的国歌声所震撼。

他夜不能寐。

古希腊一位哲人说：太阳每天都是新的。太阳给每一天带来新的希望。

一轮朝阳升在东方。这是一个宁静的早上，聂江波踏着清晨的阳光，独自来到大仙岭上，举目跳望山下的村庄。他情怀激荡。他意气飞扬。他思绪高涨。一种从未有过的自信，涌上他的心房：下聂村大有希望。下聂村必将是人们向往的好地方……

"临川文化"的春天不会遥远

我赞美文化的临川人。

我钦佩临川的文化人。

正是一代代、一辈辈热爱、热心、热忱于临川文化的人们,忠诚地继承着临川的文化传统,坚守着临川的精神家园,使临川文化不断地推陈出新,使临川文化不断地向前发展。

然而,一切事物都当在哲学的视角中论证。上层建筑总是受物质基础的约束。临川一位区委分管文化的常委、副区长认为:限于财力、物力等诸多制约的因素,临川文化的前进脚步,还不是时代的理想速度。临川区文化局局长坦言,近年来,我们临川区的文化产业有所发展,一些产业取得了可喜的成绩,而其中较为强势的有:图书业、演出业、互联网产业、电影业,这些产业的发展为促进我们区里的经济增长,满足广大人民群众的文化需求作出了贡献。但是,我们区文化产业发展情况总体较为滞后,这主要表现在产业规模不大,特色不明显,效益不高。与发达地区相比,我们追赶的距离还很长,与时代的要求相比,我们努力的空间还很大。我们必须加倍努力。

临川区文化产业发展在当前面临种种困难,遭遇种种瓶颈,但是,伴随着文化产业意识的觉醒、政府力量的扶持、社会力量的凝聚,临川文化产业依然在前行,而且必须加快步伐前行。现在,各级政府对发展文化产业的意识大为增强。党中央明确指出:"要坚持社会主义先进文化前进方向,兴起社会主义文化建设新高潮,激发全民族文化创造活力,提高国家文化软实力"。临川的党政领导部和文化工作者,受到极大的鼓舞和触动。他们清醒地意识到,党中央的指示精神,为全面兴起文化产业提供了坚定的政策依据。同时,文化产业的优越性使得各级政府认识到文化产业作为朝阳产业,有着广阔的发展前景,从而,大力营造文化产业发展氛围成为必然之举。为此,临川有一条清晰的文化产业的发展思路。

首要的一点,当然是要强化"文化自信、文化自觉、文化自强"的思想意识。这是文化产业发展的关键所在。各级党政部门决心以"临川文化"和"文化临川"为品牌。高度重视文化的发展。大力营造发展文化产业的氛围。紧接着,对文化产业的发展进行全面规划,确定重点发展的产业。行政部门调动各方有利因素,在财政扶持、税收优惠、市场准入、工商和价格管理、土地使用、资产管理、收入分配、社会保障、人才培养政策等方面采取得力措施并落实到位。

一个具有突破性意义的举措是:制定文化产业扶持政策,将文化产业发展纳入招商引资范畴并给予特别优惠的政策享受。

于是,当下临川的文化工作者们,信心满满,雄心勃勃,为临川绘制了一幅前无古人的文化发展蓝图。蓝图中,有五个重点项目令人鼓舞。

其一,玉茗堂艺术品创意产业园。玉茗堂是汤显祖从浙江弃官返乡后的新宅。因当地名花玉茗而得名。玉茗花是当地的奇葩,色白香浓,可观可闻,因而深得世人喜爱,不少文人雅士,吟诗作赋,题词题联。玉茗花很有文化意味。玉茗花质韵高洁高雅,又很有品格象征,汤显祖因之而以此花名命名新宅,以此花名作品。四百多年来,玉茗堂便成了于文化品性和文化创意为一体的人文胜景。现在,聪明的临川人,借玉茗堂之名构设创意产业园,本身就是一种既传承又创新的创意之笔。玉茗堂艺术品创意产业园项目建设选址在临川区温泉,规划500亩可建设用地,其中包括商业、旅馆业综合类用地,住宅类用地,公共基础设施综合用地,计划总建设面积为18800平方米。项目总投资为4.5亿元,计划第一期投资约2亿元,其余分两期投入,在三年内完成。通过三到五年努力,将玉茗堂艺术品创意产业园打造成中国艺术家的高级会所和灵感摇篮,打造成中国高档艺术品的原创中心、鉴赏中心、直销中心,打造成中国创意产业的高峰论坛、研发基地和示范基地,从而使抚州和临川成为在全国知名的响当当的文化梦都和艺术圣地。

其二,启动喻家村文化创意产业园区。喻家村文化创意产业园区立足古村,突出主题,依靠强势主题特色参与文化产业分工,以建成国家级的文化产业示范基地为发展方向,是抚州市第一个正式以"文化创意产业园区"命名的专业化的现代文化产业集聚区。这个园区建设期定为2年,初期总投资4.5亿元人民币。由此形成4大产业链:旅游、画廊、工作室和工艺美术品加工制作、教育培训——设计——创意产品制作以及文化地产——物业管理——文化遗产保护。

其三,培育动漫文化产业。积极创建"互联网户·动漫游戏"大型专业投资公司。在充分满足人们日益增长的物质文化需求的同时,互联网上网服务场所经营逐步规范。目前,市场正在从初始的混乱向规范发展,从个体向规模连锁发展,这种转变是良性转变,为动漫文化产业的长期发展奠定了良好的市场基础和良好的发展环境,市场拓展预计将发展设点40家。

其四,繁荣文艺演出市场。积极培育全区演出市场,重点培育祥和艺术剧团、赣东浪子艺术团、新声业余文艺演出团、旭东采茶剧团等业余民间剧团,预计全区各类演艺团将达到一百个以上。

其五,规划灵谷峰诗山风景的建设。利用自古就有"江南第一诗山"之美誉,扬临川才子之乡名望,充分发挥灵谷峰为王安石读书的地方的特殊历史背景,确立文化旅游的市场定位,还诗山美誉。根据灵谷峰山中辟有的十大胜景,即洗墨池、瀑布泉、棋坪石、漉酒泉、南北井、文印峰、退心石、驻云亭、石门关、古牛石,把临川灵谷峰建成集旅游度假、文化娱乐、休闲养生、体育健身、旅游房地产于一体的全省一流旅游度假胜地……

想法很好啊!

意向很明啊!

有想法才有办法。

有意向便有动向。

临川文化产业的发展规划和发展举措，很有凝聚力、很有诱惑力、很有感召力。一处铜锣响，四处有回音。临川文化创业之门大开，便有有识之士争先前来。深圳著名画家陈子荣第一个来到临川创立了画坊。陈子荣先生是书画界的临川才子，是一位创新型画家。他的作品是西方画和中国画的"混血儿"。他的画幅上，彩墨交融，中西合璧，既有油画的冲击力，又有国画的愉悦感，十分赏目，十分耐读。因此深得国内外有识之士的赏识。北欧有的国家以人民币200万元和160万元的高价，收购了他两幅作品藏于皇家画院。无独有偶，海南岛有一位老画家也是一个临川的"老才子"，不顾年事已高，拟步陈子荣的后尘，也有意回家乡效劳。他于2012年早些时候，向临川有关部门申报，要在临川泼墨挥毫，陈铺画稿。

"时日易往，文化长存。"

真理！

看来，临川的文化才子和文化匠人们，都懂得而且看重这个真理。由此可以推论，他们将时代的使命感和责任心精心绘制成的美好图纸，决不能也决不会是一张白纸。他们在时代的画版上，用春天的雨露和春天的阳光调色、着色，俨然是春光灿烂的春天画页。人们有理由相信，不，人们有理由确信，"临川文化"的春天，不会遥远，因为"文化强国"的春雷就响在耳边，因为"文化为民"的旗帜就亮在眼前。"文化之邦"将大呈文化之光。临川的文化，文化的临川，不是诗画的语言，必定是现实的展现。

历史入铜镜。铜镜照古今。临川的昨天，像一面明亮的镜子，闪亮着临川文化的灿烂光芒。临川的今天，在历史的铜镜面前，辉映着临川文化的时代色彩……

第七章
创新型社会的文化功能

文化在社会的每一处存在,
文化又从社会的每一处走来;
当社会成为欢乐的舞台,
文化的演绎十分精彩……

从大震惊到大清醒

中国的老百姓,从古到今,企宁怕乱,人心思安。安居、安乐、安康,是每个普通百姓的美好愿望。因之,他们希望自己所依存的社会,所过往的时代、所生活的环境安定、安稳、安全。这是理想的社会,不是虚拟的社会。中国历史上,曾经的确有过"夜不闭户,路不拾遗"的平安纪录。

新中国成立以后,我们的党和国家,一直把人民大众的安全感放在治国理政的重要位置。从执政层面到社会层面,都十分注重这方面的工作。上世纪中期,尽管一场旷日持久的"文化大革命",全方位地冲破了安全底线,使百姓一度失去了对平安社会的信心,但一番拨乱反正的苦功,又使我们的国家,我们的时代,我们的社会,很快安定下来。

历史前行的轨迹,是辩证法认知认同的轨迹。改革开放以来,中国社会发生了翻天覆地的变革、变化和变异。随着国门的开放,随着市场经济的兴起,特别是近些年来随着网络文化的盛行,东西方文化发生激烈碰撞,物质文明与精神文明失去应有平衡。社会分工越来越细化,社会人心越来越复杂,价值基准混乱,社会矛盾叠加。诚信失守,道德失范。道德的钟摆剧烈地摇晃着道德的底线伦理。君不闻:"说金钱是罪恶,都在捞;说女色是祸水,都想要;说高处不胜寒,都想爬;说天堂最美好,都不去。"这话听来不免有些偏激,但也在一定程度上反映了现实:人欲膨胀。人心不古。于是,"人情社会"转向"陌生社会"。一部分人渐渐失去理性,交往秩序渐渐失去规则。尤其是有的干部，执政不公，腐败严重，酿造民愤。基于上述各种原因，以至在一定的社会背景下，群体事件甚至暴力事件，时有发生。一些本不当发生的事，毫不留情地发生了。

这样的事，居然就发生在临川。

2011年5月26日。

这是临川历史上最不安宁的日子。

上午9时18分、9时29分、9时58分，在短短的几十分钟之内，抚州市检察院停车场内、临川行区中心西楼地下车库和东侧药监局路口，接连发生3起汽车爆炸，造成4人死亡。这是犯罪嫌疑人钱明奇1人所为，属一起刑事个案。

三声突如奇来的轰响，震动了整个临川。

三声突如奇来的轰响，震惊了全城民众。

刹那间，整个临川处在紧急状态之中。警务执行车在呼叫。医护急救车在奔跑。市民在惊恐中疑惑不已。网民在惊恐中传递信息。临川的爆炸声，迅速传遍了抚州，迅速传遍了江西，迅速传遍了全国。

刹那间，在媒体上，在网络中，在手机里，高频率地出现一个地名：临川。

这就是"才子之乡"临川？

这就是"文化之邦"临川？

人们很惊奇。

人们很惊异。

刹那间，人们都在关注着临川。

而最为关注的，当然是江西省抚州市临川区的各级领导干部。抚州市委、市政府的主要领导人，在第一时间匆匆奔赴现场。临川区委、区政府的所有干部，在第一时间火急火燎地忙乎在爆炸点上。

三次连环爆炸，对临川造成了很大的伤害。

临川爆炸尽管是一个刑事个案，却是又一次向各级权力层面敲响了警钟。在转型社会中，必须坚定不移维护社会主流价值，必须无时不刻地关注社情，了解民情，必须及时地、正确地、主动地掌控并疏导社情民情。如果坐视社会底线失守，坐视社会行为失范，坐视社会负能量到处流放，必然造成"恶的漫延"，必然侵蚀社会运行基础，必然造成社会伤害。人民大众企望建设一个太平盛世，党和国家号召建设和谐社会。没有太平，何来盛世？民情不和，社情不谐，何谈和谐社会？

　　三次爆炸的一场大震惊，给临川各级干部带来了思想上的大清醒。不能只顾埋头抓经济保增长，必须抬头看形势保稳定。

　　百端待举，首当何为？

　　稳定压倒一切！

　　稳定先于一切！

　　没有稳定便会失去一切！

　　不错，临川是"才子之乡"、'文化之邦"。"文化之邦"就当充分发挥传统的文化优势，高举先进文化的旗帜，借智、借力文化的功能，全面加强社会建设，创新社会管理模式，使临川的社会面貌焕然一新，使临川的百姓安居乐业。

　　人祸如天灾一样，猛不防会产生次生、派生的后果，甚至于有可能产生"骨排效应"。临川在"5·26"案件发生后，负面影响很大，企业改制、征地拆迁、涉法涉诉等各种社会矛盾，集中突显，积案全面爆发，信访稳定形势，一度十分恶化。毫不夸张地说，临川的社情、民情，进入了一个十分敏感的时期。局面一度令人担忧。有太多的事情需要处理，有太多的问题需要应对。需要勇气、需要智慧。区委、区政府的领导者们，面对严峻形势，头脑清醒，态度从容。他们以爆炸案为反面教材，深刻反思，吸取教训，举一反三，严加防范。大胆面对矛盾，积极化解矛盾。依照其时的实际情况，在全力以赴处理好"5·26"刑事案件的同时，痛下决心，举全区之力在全区范围内打了一场信访疑难积案化解的歼灭战、攻坚战。

　　这是一场有领导、有策略、有步骤的战斗。区委、区政府从多方面下硬功、发猛力。首先一着，认真贯彻落实好省、市有关信访维稳工作的一系列指示精神，并把精神及时传达到各级党政组织，传达到各级党员干部，在全区统一思想，形成共识，形成合力，将"5·26"教训转化为促进稳定的强大动力。接着，全面动员发动。区委、区政府主要领导高度重视，分管领导全力以赴，各乡镇、各单位各负其责，实行村（居）信访维稳工作目标责任制，切实把各阶层力量动员起来、搅动起来，真正形成全区上下联动、密切配合、齐抓共管的信访维稳工作大格局。之后，全面排查接访包案。按照横向到边、纵向到底、不留死角的原则，重点围绕企业改制、城市建设、征地拆迁等方面进行深度排查，加强情报信息搜集，及时掌握动态，把防范工作抢在前头。不断深入开展"领导大接访"活动，通过现场接访、重点约访、带案下访、入户下访、结案回访等方式，零距离地接触群众，面对面地化解矛盾。严格实行领导包案责任制，根据管理与挂点情况，明确分管领导为第一包案人，挂点领导为第二包案人。落实"五包"要求（包掌握情况、包解决问题、包教育转化、包稳控管理、包依法处置），做到任务明确，责任到人。把问责制贯彻到信访工作的始终。

在那些日子里，临川的干部没有上班与下班的概念。

在那些日子里，临川的干部没有白天与夜晚的感知。

在这场信访工作攻坚战中，区委、区政府的领导身先士卒，站在最前列。作为临川区信访工作问责制的第一责任人，他们十分重视信访工作。他们有种强烈的平民意识和百姓情结。"知屋漏者在宇下，知政失者在草野"。他们时时告诫自己，要相信群众、依靠群众、深入群众、了解群众。及时化解群众的心结，排除群众的忧患，在广泛的群众基础上筑起坚固的"思想消防"墙。他们坚信：没有不讲道理的群众，只怕自己讲不清道理。老百姓是最通情达理的。关键是"情"通不通，"理"达不达。

这是他们在工作实践中的切身切心的切实感受。

领导者们的群众观上了一个台阶。不相信群众等于不相信自己。作为一个负责干部，哪里有群众的忧怨，哪里有群众的呼声，就应当出现在哪里。面对着一件件难案积案，必须牢固地树立全心全意为人民服务的思想，用群众观念指导信访维稳工作，坚决把能够解决的矛盾彻底化解，把能够解决的问题全部解决。

　　信访积案化解的攻坚战，打得很坚决，打得很漂亮。在短短两个多月的时间里，临川的社会形态正常，社会秩序正常，社会形势正常。上访率明显下降，甚至出现了"零上访"时段。信访化解率高达80%以上。

　　"思想消防墙"坚实了。

　　临川，平静了。

科学管理才是创新管理

然而，维稳决不是几招功力的事情。维护社会稳定，创新社会管理，必须站在科学发展的高度，去认清社会问题的广度，去认识社会矛盾的深度。临川的领导们认为，维护社会稳定，创新社会管理，必须树立、确立科学的社会观。首要一点，就是要防止和克服社会平安、社会稳定就是"不出事"的认识误区。

这话有理。

社会出不出事，是不以当权者的主观意志为转移的。现在，有的地方、有的领导，因为怕出事，就常常去"捂事"，甚至去"压事"，使权利维稳变成了权力维稳，使动态维稳变成了静态维稳，使和谐维稳变成了强制维稳。个别地方，甚至花钱买"稳定"，忍让求"平安"。这都是典型的违背科学发展观的错误做法。领导干部不要"怕出事"。而是要使自己会想事、会做事。一些地方，之所以会出事，就是因为有的领导干部不会想事、不会做事，不会处事。

应当说，临川历届区委、区政府在维护社会稳定方面都做了不少有益的工作。因为社情不断发展、民情不断变化，这方面的工作不断有新的要求。区委、区政府旗帜鲜明地提出，维护社会稳定，最为重要的一点，也是首要的一点，必须提升各级干部的执政水准和执政能力，必须树立科学发展的执政理念。古云："为君之道，必先存百姓。""许国不复为身谋"。

谋当为民。"官为民役",且是"益民之役"。现今的领导干部必须坚持以人为本。真正做到情为民所系,利为民所谋,权为民所用。切实落实"民生优先、服务为先、基层在先"的要求。临川当前存在的很多不和谐的因素,乃至发生"5·26"事件,追根到底,根源在于发展不快,经济实力不强,财政不够殷实,导致政府在扩大就业、实施民生、完善保障体系等方面存在不少困难,继而产生群众上访不断,社会矛盾突出。正是基于这个原因,区委、区政府领导班子正确处理改革发展稳定的关系,在实现经济发展和居民收入增长基本同步的同时,着力改善民生,坚持把新增财力倾斜到民生工程和各项社会事业,努力提高人民幸福指数,让人民共享改革发展的成果,真正把以人为本落实到行动上,体现在群众最关心、最直接、最现实的利益问题上。

维护社会稳定,必须坚持科学决策,从源头上减少社会矛盾。这也是临川区领导层的共识。在"5·26"案件处置和信访疑难积案化解过程中,他们发现,有些信访案件是因为政府的决策失误而引起的。因此,他们一致认为,要把科学决策作为关键环节来抓,进一步建立完善社会稳定风险评估机制和科学民主决策机制,凡是重大决策,想周全、议透彻,做到没有深入调研不决策,没有征求意见不决策,没有比较方案不决策。坚决做到违反客观经济规律的事不做,民主决策程序不到位的事不做,老百姓不同意做的事不做,努力从源头上防止和减少矛盾发生。

可以说,这是理性的思想飞跃。但一切事情都是靠人去做的,首先是靠干部去做的。因此,维护社会稳定,必须狠抓干部作风建设,优化发展环境这个关键。临川区委、区政府,铁下心去抓这项工作。以客观的视角纵观近年来的一些信访矛盾纠纷,或多或少背后都能见到干部的影子,要么自身不正、违纪违规,乃至侵害群众利益;要么态度散漫、作风粗暴,不善于做过细的思想政治工作;要么在受理群众信访时渠道不畅,处置不公,纠正不力,解决不及时,引发群众上访。针对这些问题,区委、区政府及时开展了作风建设"百日提升"活动,集中治理"门难进、脸难看、话难听、事难办"

和"不作为、慢作为、乱作为"等不良作风,加大了惩处力度。2012年以来,在巩固扩大2011年"百日整治"活动成果的基础上,依据实际,乘势而为,又在全区范围内开展"效能作风整治""工程领域查纠""规范三公消费""区委用权监督""农村三资监管""清风正气文化年""公共服务平台""乡财区代管""两违整治"等九大专项行动,强化制度约束,全方位、全领域开展环境整治,力争以更优的服务优化发展环境,铺平加强发展道路。

和谐社会并不是没有任何矛盾的社会。敢于正视矛盾,善于化解矛盾,才有真正意义上的和谐社会。临川区的当权者们,从现实出发,从远处着眼,为维护社会稳定,构建矛盾排查化解工作的大格局。他们认为,评价社会和谐程度的基本指标不一定只在于发生利益冲突的频度和强度,而在于对现实冲突的排解能力及其效果。构建一个矛盾排查化解工作的大格局,才能做到发现问题及时,处理问题迅速,化解问题有效。

这些文字,读来似觉枯燥,很有官样文章的味道,但这样的官样文章我以为必须做。因为这是临川区各级干部以"抓铁留印"的工作强度,在临川大地上留下的最真实的身体力行的文字。

这"大格局"的形成的确要花大气力啊!

现如今有许多官方流行的热词,"接地气"便是。接地气首要的一点就是听民声。所以,临川的干部们纷纷下去"接地气"了。区委首先要求干部全面深入基层,排查社情民情中的隐患,让老百姓有敢诉求、敢说话的机会。古时当权者尚且"谏鼓谤木,立之于朝",专门创造条件让老百姓批评朝政,有"小人怨詈"不予追究的胸怀,如今的执政者们就更当倾听人民百姓的心声。临川区领导层认定:要畅通民意诉求渠道,构建区、乡、村三级信访排查网络,坚持领导大接访制度,深入开展矛盾隐患大排查,做到抓早、抓小、抓苗头,防止堆积民怨。有气就让老百姓出!有冤就让老百姓喊!

然而,要真正畅通民意,顺乎民情,就必须采取适当的方式方法,化解矛盾。化解社会矛盾是做好信访维稳工作的关键环节,是解决民诉问题和社会纠纷的关键所在。临川的各级干部,以全面解决问题为前提,在不违背原则的前提下,灵活变通,什么办法管用就用什么办法解决。他们善于抓关键、抓难点,从破解各种疑难杂症入手,通过难点问题的大突破,带动各种信访矛盾的大化解。

化解矛盾的关键在于面对矛盾的人。必须让干部是敢于面对矛盾的责任人。这一点,临川做得的确不错。为了及时化解矛盾,他们切实落实责任,并且包案处理。对排查出来的信访问题,按照"谁主管、谁负责"的原则和"一岗双责"的要求,严格落实领导干部包案责任制度,做到任务明确,责任到人。对信访包案,每周定期调度,跟踪督办,限期解决,通报结果。

然而,维护社会稳定永远都不能一劳永逸。区委常委、公安局长说,维护社会稳定,创造平安社会,不能大跨越,不能大跃进。必须一步一个脚印地向前推进。必须一环一环地抓实抓紧。谨防"一处弛则日处懒。"要依照科学发展观的理念,建立一套基础好、水平高的工作机制,以达到保一方平安、造一方福安的目的。临川区政法委书记说,临川在创新管理方式、完善社会管理机制方面,也着实下了一番力气,在硬件上下软功夫;在软件上下硬功夫。

临川又在怎样下功夫?

功夫之一:创新社会治安动态管控机制。现在是科学时代、信息时代。古人曰:天网恢恢。"天网"为何物?古人不得而知。现在处处可见。电子眼就是"天网"。临川正在不断地推进"天网"工程建设,将乡镇、村(居)、学校、金融部门、企业等重点部位全部纳入天网工程建设范围,力求全覆盖。全区第一期已投资200多万元安装了177个电子监控探头。与此同时,加强单位内部安全保卫整治,对216个机关、院校、企事业单位逐一建档,规范管理,不断提高单位自身防范能力,有效地预防了重大刑事案件和治安灾害事故发生。着力构建专群结合、点线面结合、人防物防技防结合、打防管控结合的立体化治安防控体系。

功夫之二:创新流动人口服务管理机制。建立以政府为主导,综治部门牵头,公安部门指导,计生、劳动、城管、卫生、民政、教育、工商等部门参与的流动人口服务管理工作机构,积极为流动人口提供服务。同时强化源头管理，做到流动人口统一登记，劳务、房屋中介机构统一管理，社会管理信息统一采集，严格落实社会管理责任制，最大限度地减少游离于管理之外的"自由人"和"自由群体"。

功夫之三：创新特殊人群管理机制。在全区实行乡镇和谐平安联创中心、派出所、村（社区）综合工作室联动，对闲散青少年、流浪未成年人、农村留守儿童、空巢老人等有针对性地做好教育、管理、服务和救助工作。对管辖区域内吸毒人员、肇事肇祸者、精神病人等高危人群进行建档立卡，监控救治，实行动态管理。

功夫之四：创新刑释人员管理机制。坚持派出所民警、法庭法官、检察官进驻社区，与社区帮教相结合，对刑释解教人员落实有效帮教，实现监所与社会管理的无缝对接，防止漏管现象，同时建立帮扶机制，落实安置政策，加强日常管理。充分发挥刑释解教人员安置帮教基地的作用，2011年以来，安置帮教基地共安置刑释解教人员86人。

此外，临川还编制社会管理网络。在坚持"严打"不动摇和坚持打防并举的同时，加强虚拟网络管理，在完善应急预案方面，已着力夯实了区乡应急保障，增强应急队伍力量，大幅提高应对突发公共事件的能力。至今，全区已制订好总体应急预案及18个专项应急预案，42个部门应急预案和基层应急预案基本完成，组建了综合性应急救援队伍5000多人，已初步形成应急预案体系网络。

创新社区管理，另一个重要举措是提升服务水平。临川在这一方面有新的建树。一方面，完善社区管理制度，制定了居务公开目录，全面加强居务公开的指导和监督。建立了社区便民服务中心，为居民提供"一站式"全程代理的公共服务，增加了社区居民归属感，提升了社区居民的幸福感。另一方面，完善服务体系，加快建设以居家养老为基础、社区服务为依托、机构养老为支撑的覆盖城乡的社会养老服务体系，特别是敬老院建设取得了较大的进展。建立了社区爱心超市、法律诊所等多种形式的服务平台，为社区居民提供各种优质服务。

创新社会管理,是一个新的课题。临川还在不断探索。

所有这一切,足见临川区的领导者们为创新型社会管理,倾注了心血。我无法一一将具体的事例罗列。但我在采访过程中,听到了许多为构建临川和谐社会尽心尽力的人和事。我姑且选择其中几例,略作书写。

积小平安为大和谐

孙悦一曲《祝你平安》唱遍了长城内外、大江南北。从上世纪唱至今天，还在广为流传。这首歌为什么能唱得这么久远？道理很浅显：唱出了人民大众的共同心愿。自古百姓无奢望，平安无事第一桩。

平安之求，家国之福。百姓求平安，社会求平安，国家求平安。平安在哪里？平安近在眼前近在身边，平安也远在四海远在天边。平安是一个与人同在的概念。凡有人的地方，就注重平安这个字眼。个人，家庭，街巷，村庄，遍布在广袤的国土上，组装着一个国家的形象。如果每一个人、每一个家庭、每一个街巷和村庄都平安，国家就平安了。

民安则国安！

然而，君不见，四处车马，四时喧哗。社会如此之广大，民事如此之庞杂，谁能保证时时莺歌燕舞？谁能保证处处惠风吹花？

难也。

难免有吵骂。难免有打斗。难免有凶杀。

我们的党，我们的国家，因之而总是为之牵挂。

平安，事大！

当为党和国家分忧啊！

当为百姓的平安操劳辛苦啊！

于是，在人民大众的眼前，站立着一个威武的群体，挺出了一支赤诚的队伍：人民警察。他们的存在，他们的出现，正是为国家的平安分忧。他们时时刻刻在为百姓的平安奔波忙碌。他们承载着社会的寄托。他们背负着人民的信赖。他们是社会平安的守护神。他们是百姓平安的保护伞。

有困难？

找警察！

有麻烦？

找警察！

有危险？

找警察！

这是当今人们共同的呼声与召唤。

哪里有困难、哪里有麻烦、哪里有危险，警察就奔向哪里、出现在哪里。

果然有人在呼喊！

2012年4月10日。这是临川百万群众和谐、平安、幸福生活着的普通的一天。六水桥派出所的民警们，在忠诚地守护着时光的宁静。

上午8时30分，派出所值班室突然响起一阵急促的电话铃声。话筒里传来一个报警电话：在世家宾馆后门羊城公寓，有一个轻生女孩站在六楼平台欲跳楼自杀。

警情就是命令。

放下话筒，正在岗上的副所长罗军，立即带着民警张俊和协警徐辰、高庆，拔脚就跑，两分钟就赶到了现场。现场一片混乱。羊城公寓下，聚集了大批围观的群众。人们急得心如火燎，大喊大叫。罗军抬头一看，一名十多岁的女孩，已站在六楼平台护栏处，正想往下跳。

情况十分危急。

少女的生命在分秒之中来回啊！

少女的生命纠结着在场警员的心。保护人民生命的安全，是自己神圣的使命。万万不能眼看一条青春焕发的生命在自己眼前消失。罗军想跑上六楼平台施救，但时间不允许有这个过程。想喊话劝阻，又担心有逆反效应。十分焦急。十分为难。恰在此时,民警张俊带着两个协警,几个箭步跑上了二楼平台。他在二楼平台扫视四周,发现旁边有居民晾晒的棉被。急中生智。张俊随手将棉被抱下。棉被刚一落地,围观人群中,立即走出了四个市民,他们是:马久成、易竹宁、陈腊民、熊涛。千钧一发之际,张俊一声口令,指挥两名协警与四名市民合力拉开棉被,在女孩的下方,迅速制作出一个简易的"缓冲垫"。四人伸手牵拉棉被作"缓冲垫",这不是没有危险。一个人体从高空下落,体重加冲力砸在一个有限的空间,落点稍有偏差,后果就不堪设想。但所有伸出的手臂,都坚定不移。承接生命的一切,都在分秒之间完成。

这不是电影镜头。

这不是小说情节。

这真正是生死一秒啊!

当棉被刚一拉开,女孩就从六楼跳下,正好坠落在棉被上。

"啊,天呐!"

现场一阵惊叫。

女孩如何?经医院检查,只受轻度挫伤。

有什么比救人一命更受人敬佩?有什么比见义扶危更受人赞扬?当下,在我们这个国家,人们爱以"最美"一词称誉见义勇为的人,如"最美教师""最美士兵""最美妈妈"。眼下,临川的百姓在自己身边看见了"最美市民""最美警察"。

消息不胫而走。六水桥民警和马久成等四位市民合力急救少女的事迹,很快传遍了临川城和抚州市。省市媒体在第一时间作了显著报道。抚州市委书记、市长、市委常委、市政法委书记等接见了这个无约而成的警民群体,高度赞扬他们的义举和良为。

警察的形象,在人们的心中是神圣的。

警察的形象,在人们的眼中是高大的。

把安全与方便留给别人,把危险与困难留给自己。每一个警察都没有别的选择,这是他们神圣的职责。为了人民的安全,他们肯舍弃一切。集结号一响,热血满胸膛,警察便是铁,警察便是钢。

在临川,这样的警员,何止一个两个?

为了社会的平安,民警揭慧斌、杨应惠在一次执行任务中,冒着生命危险,从5米多高的墙上一跃而下,揭慧斌左腿严重骨折。

为了社会的平安,文昌派出所副所长张咏,在一次追捕行动中,带着脚伤在满地钉子、钢筋的建筑工地上,与罪犯生死扭打,遍体鳞伤。

为了社会的平安,派出所教导员熊峰,刚从外地完成一个特急的任务回到所里,便接到了女儿的告急电话:他妻子因车祸重伤,正在医院抢救。他理所然要去看妻子。但恰在这时,他又接到了一个追捕的命令。去看伤痛的妻子?去追捕逃跑的罪犯?对妻子恩爱的人性情怀,顿时化作了对人民负责的大写的人本精神。没有犹豫,他眼含泪水,狠下心肠,掉转车头,直奔战场。

警察的心肠不是铁打的啊!警察也都是有血有肉的人。他们在人民大众面前,只能是毫无保留地敞开火热般的心境。副所长饶文胜,花9小时的奔波,将一名迷路儿童平安送到父母怀中;副所长罗军,驱车50公里,将一位痴呆老人送回自己的家里。这一切,在他们看来,都是应尽的义务。他们认为,他们每做一件事情,都是在谋求一份平安。这是他们的责任。个人的平安,对于整个社会是一个"小平安",但正是这一个个"小平安"的和合,才是社会的大平安啊!因此,他们甘为辛苦,他们甘为付出。

的确,警察有武的一面,也有文的一面;警察有刚的一面,也有柔的一面。请不要小看了柔的力量啊。水是柔的,但水可以滴水穿石;风是柔的,但风可以摧枯拉朽。全国公安政法界已经有一种共识:公安公安,有公则安,警察警察,先警后察。要少用"拳头",要多用"舌头"。要在一切勤务执行中,注重情理的人性力量。警察要在"危险之处显身手",警察也要在善恶面前显真情。人性文化使中国的司法干警更有人格魅力,更有职业水准。

这是一位女性司法警察,名叫刘瑜。她是临川检察院司法警察大队队长。

她以平凡的坚守和无言的忠诚，作出了出色的成绩。她所在的大队被评为"全国检察系统司法编队示范单位"。她自己被江西省检察院评为先进人物。她说，她没有什么特别，她只是以人对人的视角、触觉，去审视、去感知她所面对的一切。她的工作风格，不是轰轰烈烈，不是火火热热，不是意气飞扬，不是气宇轩昂。她很多时候，很多场合，都是凭借着人本精神、人性理念、人情意识去识知人心、化解人心、改变人心。她是凭借着"静心、细心、耐心和责任心"去履行自己的职守。从检从警多年的实践时时告知她、提示她：检警工作一味机械地执行程序是远远不够的。必须将自己的身心融入办案的全过程，融入当事人的心思中去，采取政策攻心与人性讯问同步进行。

2012年6月。临川检察院查处一宗涉嫌贪污犯罪的案件。在审讯中，嫌疑人拒不交代其罪行。审讯进入僵局。刘瑜是个细心的人。她在执勤中，发现储物柜里嫌疑人的手机上有一条生日祝福的短讯。看过短讯，思索有顿。她立即向侦查人员提出了为犯罪嫌疑人过生日的想法。以情动之，以理晓之，这是优秀司法人员的一个不成文的共识。她的建议立即得到了院领导批准。

这天，她俨然如一个家庭主妇在精心地为一个家庭成员安排生日事务。她吩咐一名干警购买了生日蛋糕和蜡烛，随后，安排食堂特地炒了几个小菜。一切办妥，叫犯罪嫌疑人入座。犯罪嫌疑人来到餐桌前大吃一惊。

"这是为我过生日么？"

"不错，正是为你过生日。"

意料之外的生日祝贺，使犯罪嫌疑人感动不已。他忽儿低着头，他忽儿闭着眼，他忽儿双手捂着脸。最终他长叹一声，流下了一行行泪水。他哽咽着说："这是我一生中最难忘的一次生日啊！"

不必多说，接下来的讯问工作变得十分顺利。这个犯罪嫌疑人从特殊的生日座席上，看清了他正确的人生座标。

刘瑜是一个细心的人。刘瑜更是一个耐心的人。

2011年7月，临川区检察院对一个乡镇干部玩忽职守一案侦查终结并移送起诉。其年迈的父母眼看着自己的儿子行将成为一个犯罪分子，心理上难以接受。他们连续三天到区检察院闹访，企图达到检察机关撤回起诉的目的。面对情绪激烈的闹访家属，刘瑜和她的干警们，整整地忙乎了三天。一面耐心细致做思想工作，并嘘寒问暖，一面保持着高度戒备状态。其时，正是"5·26"事件后的治安敏感期。刘瑜丝毫不敢麻痹。三天中，她一直没有离开现场。困了，在过道的椅子上打个盹；饿了，随意吃点干粮。

22日下午5点钟左右，坐在5楼走廊上哭闹的被告人的母亲，突然从地上爬起，声称要上厕所。刘瑜见她满脸泪水，警察的职业敏感提醒她：满脸泪水上厕所，事非正常。她随之悄悄跟上。刚到卫生间，嫌疑人的母亲突然加快脚步奔向窗户，刘瑜情知有异，一面大声呼救，一面不顾自己身躯弱小，冲上去紧紧抱住尚未跨出窗户的另一只脚。在随之赶来的同事协助下，成功阻止了一起极端事件的发生。

刘瑜有心。刘瑜有功。这起极端事件的制止，对于正在经受"5·26"事件考验的检察机关，对于全区乃至全市的稳定与平安，无疑是一件功莫大焉的事。事后，江西省和抚州市检察院的领导，向她致意，为她请功。

司法警察的神经，没有哪一天绷得不紧。

这事过去不久，又一宗突发事件来到了刘瑜眼前。

2011年9月，金巢开发区一工厂女工在作业时致残，家属向工厂提出了巨额赔偿要求，但这个女工当时是顶替其妹妹的名字招工入厂，法院判决该女工败诉，工厂也拒绝赔付到位。女工亲属不服，组织20余人围堵工厂，经多方调解无果，严重影响了这个工厂的生产秩序。刘瑜得知这个情况后，立即向领导汇报，并赶到了现场。现场很乱。女工与厂方，互不相让。面对僵局，刘瑜不忙不慌。这是她女性的特质？不是。或者说，不完全是。这是多年来，她品格素养和职业修养表达的真相。她的"静心、细心、耐心和责任心"驱使着她又一次证实，人性的文化力量，可以打开人性的心窗。

刘瑜来到女工面前，静心地听，细心地想，耐心地讲。她苦口婆心，循循善诱，引导女工及其家属走正规的司法程序，建议女工向检察机关提起抗诉申请。建议公正，语意公平。上访群众听取了刘瑜的劝说和建议后，火气顿消，态度转好。20分钟后，在场人员，全部自觉散去。

之后，办案人员深入调查，收集证据，依法抗诉。与此同时，刘瑜利用休息时间深入女工家中进行劝说和调解，使他们实事求是、合情合理地提出赔偿要求。最后，两方终于妥善地解决了纠纷。双方都很满意。工厂领导层集体到区检察院致谢，女工也送来了"公正执法，热心为民"的锦旗……

这就是人民警察平凡的坚守与忠诚的作为。

让我们也一同向他们致意。

正是他们一天一天的平凡的坚守与忠诚的作为，换来一天一天的"小平安""小和谐"，至终为我们这个社会的"大平安"和"大和谐"筑起时空的里程碑。

但构筑平安社会与和谐社会，不能只依靠一个特殊的群体和团队。社会由人组成。人在社会中。每个公民特别是每个干部都可以都应当为"小平安""小和谐"出力。

临川，有不少为"小平安""小和谐"尽心尽力的人。

这个人名叫谢德泉，是临川区建设局的干部。他负责规划监察工作。这是一份麻烦的差事。按他自己的话说，这份差事，"走断腿，磨破嘴，受苦受累又受气"。看来，这差事的确不好办。因为，动不动就会伤和气。

但事情再难办也得办，而且要办好。伤和气的事必须办成很和气。

什么理由？

"我是干部。"

我是干部，这就是全心全意为人民为社会做好自己该做的事情的最大理由。

俗话说："只要干，不要赢"。谢德泉就凭着"干"的原则，去履行职责。

他坚信，只要公平、公正，再难办的事情都可以办好。

2012年3月底，他在城关村发现村民邱风生正在建房。他是拆除旧房，在原址上建设新房，已经打好地基。经询问，邱风生还未获得建设工程规划许可证。这样做行吗？不行。这属于"两违"整治对象。谢德泉示意马上停工。

邱风生情绪激动，坚决不肯。谢德泉知道，这是建房户不懂得、不理解国家的规定，他有责任按照"平"的原则处理这件事情。于是，他当场向邱风生和在场的村民宣传政策。之后，及时与规划、土管、城管部门联系，又及时抽调人员到现场进行确认、测量。邱风生明白了政策，理解了谢德泉的职责，只用三天时间，事情就办得妥妥贴贴。许多类似的建房户见状后，也主动补办了手续，还夸谢德泉工作环节少，效率高，费用少。

这个人名叫胡国平。他原本是一个生意人。他历尽艰辛，在江苏张家港创办了一个资产超过1000多万元的物流公司。2010年8月，他毅然回到家乡临川腾桥镇石塘村当党支部书记。老板不当，打道回乡，他想过官瘾？不是。他要与乡亲们一起实现"人生价值"。什么是他的"人生价值"？他要使他领导的村成为"小康村""和谐村"。赚钱不是他的真本领。他最大的本领，就是凭心做人。就是以心沟通心。他经常做的一件工作便是听民怨、访民情。为使村民不成"火药筒"，他愿做"出气筒"。因此，他天天在群众中。他说："你离群众有多近，群众对你就有多亲。"为打开工作局面，解开干群"心结"，他坚持每年有一个月吃住在村子里，带领村干部上户与群众敞开心扉谈政策、谈法律、谈问题、谈生产，回应关切、化解矛盾、释疑解惑。这样做的结果，群众的心齐了，气顺了，与干部距离更近了，对发展的信心更足了。民心民意亲如一家。村貌民风焕然一新。

会交心还要会办事。胡国平说：几年来，他为老百姓的确做了不少实事、不少好事。每一件事的评判标准，就是"让群众满意"。他说："当干部一定要凭良心做人、凭党性干事，这样才能让群众满意。"通过发放"村组干部便民连心卡"，开展"三资"监管，努力创建"公信党支部"等活动，为群众解决了一大批事关群众切身利益的难题，进一步凝聚了民心，维护了社会稳定。他成功调解了事关婚姻、土地山权、交通事故等棘手矛盾纠纷多件。他不仅是一个"出气筒"，还是一个"和事佬"。他善于和解、善于和合。致使他所领导的村实现"零"信访的突破。2011年对全村58名低保户进行"阳光实名制投标评选"，有效杜绝了"关系保"现象，以公心赢得了群众的信任，很多村民都动情地说:"支部说的话信得过,做的事更放心。"

在抚州市、临川区"三大战役"的前进号角声中,石塘村突飞猛进。现在,正在兴建2万平方米的高标准别墅型新农村建设点。村民们脸上的笑容,便是胡国平"人生价值"的证明。

胡国平,不也是一个以"小平安""小和谐"求"大平安""大和谐"的人吗?

正是。

不可或缺的文化功能

许多事的因果证明，社会平安需要借力于文化；许多人的善行证明，社会管理必须借智于文化。在创新社会管理、创新社会建设中，文化有不可或缺、不可替代的功能和作用。

文化是有形的又是无形的。文化是物质的又是精神的。文化是硬性的又是软性的。文化无所不可及。文化无所不可为。人心浮燥时，文化是滋润剂；人心虚弱时，文化是滋补品。文化滋养着每一个时代的人们。

有着优良文化传统的临川，在开创创新型社会建设中，理所当然地要发扬文化的优势，注重人文关怀和心理疏导。以文化众，以文昌贤，寓教化于文化，是临川文化的独特个性。临川特别注重社会公共、公益文化建设。尤其是在"5·26"事件之后，社区文化蓬勃发展。在5个街道办事处、38个社区中，已建起50多支社区文化队伍，每年组织各种文化活动100多场次。全区现有3个文化活动中心，24个社区文化活动室。另有2个街道文化中心和6个社区文化活动室正在建设中。在各个文化活动场所，由政府埋单，已配送了超百万元的文化设施。最高明的教化，莫过于寓教于乐。最有益的娱乐，莫过于受教于乐。临川善于将所有文化的公共空间，变成宣教的课堂。他们巧妙地让法制教育、道德教育、卫生教育、环保教育等等，融合在歌声与舞步中。

这就是临川的公共文化特色。

这就是临川的公益特色文化。

说起临川的公共、公益特色文化,被市民交口称赞的,首先是广场与社区文化。区文明办的同志说:"我们城区的广场上,天天是歌舞升平"。

临川区现有羊城广场、马家山广场、金巢广场、河滨广场、新城广场等公共文化载体。这些广场,是临川全方位开放的"城市客厅"和"大众乐园"。每个市民可随时享用。善歌者,可以随意歌之;善舞者,可以尽兴舞之。丰富多彩的广场文化活动,日益成为市民最活跃的娱乐、休闲方式。

近几年来,广场文化活动的蓬勃兴起,使社会宣传和文化活动前所未有地与社会、与群众密切结合起来。广场文化的品位和水平,不断提升。各种节日晚会、各种社会义演、各种主题比赛、各种文化展览,都在广场上大放异彩。如"五一劳动者之歌"文艺晚会、国庆文艺晚会、四川汶川大地震赈灾义演、迎奥运、"和谐家园"等主题文艺晚会以及美术书法摄影展览等等,使广场文化的品格、品质、品位,在先进文化的轨道上彰显、张扬。文化部门还经常邀请省市专业文艺团体在广场文化活动中亮相。

如今的临川广场,既有体育健身,又有艺术表演,既有大众文化,又有高雅艺术。逐渐形成广场文化团体化、规模化、常态化。

临川还有一种公共、公益特色文化颇有影响:宗祠文化。

宗祠文化是中华民族的一种独特的文化现象。几千年来,魂脉不断,薪火不息。文化大革命中,这种文化受到很大冲击。改革开放后,特别是近年来,宗祠文化成为一种很有群众基础的文化现象,在逐渐恢复,在逐渐完善,在逐渐提升。

临川区现有宗祠数千个。为数不少。充分利用好旧祠堂,赋予它时代的新含义,既可解决部分农村文化场所不足的问题,又能让旧祠堂"老树发新芽",积极为新农村建设服务。嵩湖乡嵩湖村昔日用于祭奠先人的老祠堂,如今已悄然变成了农村传播先进文化的重要阵地和农民的"新文化乐园"。往昔破败的祠堂,均已修葺一新,都已成为村里的文化活动中心,开设了图书室、棋牌室。祠堂两侧墙壁上开辟了黑板报,报纸张贴栏,计生、法制宣传栏等。祠堂外兴建了戏台。金鼓铜锣,管弦锁喇,时时在这里响起。村民不仅可以在这里寻找自身的文化传承，而且可以在这里享受现代的时尚文明。

乡土文化也是临川的百姓大众十分喜爱的特色文化。许多乡镇，因地制宜，结合自身的地方民俗和文化资源，开展内容丰富、形式多样的文化活动。临川是个西瓜之乡。盛产西瓜的鹏田乡，就善于拿西瓜做特色文化文章。自2006年以来，每年举行一次"西瓜运动会"，以西瓜作由头，以西瓜作道具，开展农民体育活动，如"挑西瓜跑步""抱西瓜挤棍"等等，无不妙趣横生，其乐无穷。观赏性、娱乐性，不亚于欧洲、美洲有的国家的瓜果节。类似的乡土文化活动，极大地激发了农民的兴趣。罗针的板凳龙灯会、河埠的灯彩会、腾桥火老虎灯表演等民俗活动，也开展得有声有色。

百姓在社会文化中得到欢乐。

社会在百姓欢乐中实现稳定。

何乐不为？

无论是广场文化和宗祠文化、乡土文化，都在临川的社会管理和社会建设中，显示了不小的功能，起到了应有的作用。"歌舞升平"中，欢声笑语里，社会氛围在不断向好，人际关系在不断改善。

古话说：乐极生悲。这是因为乐"极"了的原故。乐而无度、乐而无边，当然不免"生悲"。让人们乐适其度、乐适其时，不防常乐。我在临川采访中，听到了不少"乐及生和"的故事。

在一个小区的一幢楼房里，有两个相邻的中年主妇，因为孩子的吵闹而造成两户"断交"。"断交"多年，似有恨怨，出门相见，邪目沉脸。事有蹊跷。前两年间，小区要组织歌舞队参加社区文艺演出，两位主妇不约而同都加入了舞队。在一次排练中，舞队教师发现这两个主妇都跳得不错，于是叫她们俩结对示范表演。老师不知道她俩已是"冤家"，不由分说将她俩拉在一起。师教师道，必须遵照。二位冤家按照老师的口令跳将起来。示范完毕，掌声四起，队友夸奖，老师表扬："你们俩配合得很好。看来，你们是很有缘分的一对。"二人一听，一阵脸红，继而相对一笑，握手言好。在场的谁都不知道，她俩这是"历史性"的一握，宣布"复交"。

还有两个老汉，个性都很倔强。二人都是棋迷。棋局之中，每子必究。有一次，因一脚"马后炮"的争议，造成二人三年的隔离。事又很巧。在2012年的新春棋赛中，这两老汉恰在一组，不由自主，又成对手。围观者众。二人心无他念，沉入战局，你驾炮，我跳马，你拱卒，我出车，杀得难分难解。一场对搏，几个回合，却无胜负结果。二人下成了一盘和棋。二人不分上下，观者众口齐夸。二老汉也不由得当场大发感叹，互相伸出拇指："三年不见，你棋艺大有进展。"

这两个故事都是小事情。但小事情之中却能悟出大道理：文化的确有种潜在的功能在作用于我们的生活、我们的社会。妇人在舞步中"复交"，老汉在"和棋"中和好，不正是小事情在解读大道理吗？

"无不顺治在民富，无不和静在民乐"。

高见！

时下，正是深秋。我借深秋天气的清凉去感受临川社会的清明。在清晨的阳光里，在夕晚的灯照中，在宽阔的广场上，我听见了嘹亮的歌唱、我看见了纵情的舞蹈。在一个不知其名的广场上，我走近一群正在跳扇舞的妇人。

"你们天天都来吗？"

"我们天天都来。"

"你们天天都这样开心？"

"我们天天都这样开心。"

她们眉开眼笑回答着我。

她们回答得很开心。

开心就好啊！

看着她们开心的模样，我也很开心。

我想：历史不一定写在书本上，刻在石碑上，历史首先是写在人民的脸上。我爱看写在人民脸上的历史……

第八章
一个城区与一座城市

在科学的坐标上找准位置，
用明天的眼光看清标尺；
当每栋楼宇都成为时代的方块字，
一个城区便是一座城市的标志……

信心比黄金更宝贵

临川的 8 月,尚为酷暑季节,天气火一般的炎热。

2011 年 8 月 4 日,刚上任 3 天的抚州市委书记和市长,一同顶着烈日来到了临川区。

作为新上任的市委书记和市长,百端待举,公务繁忙,这是可想而知的。为什么急匆匆抽身来到临川区?

书记与市长的心思,当然只有书记与市长自己清楚。

"这是我与市长依据四个特殊作出的决定。一是区位特殊。临川是抚州市的政治中心,是市委市政府的工作地。市区两级同在一地,唇齿相依。这决定了临川区与市本级的特殊关系。二是地位特殊。临川是全市 11 个县(区)中唯一一个区,也是一个人口超百万、人口位列全省县区第三位的区。一直以来都是引领抚州县域经济发展的龙头。所以,对抚州而言,无论怎样说临川区的地位重要都不过分,无论怎么支持临川区都不过分。三是时段特殊。目前是临川区化解"5·26"事件基本进入平稳工作状态之际,也是我与市长到抚州刚刚开始工作的时候,所以这个时段尤为特殊。四是责任特殊。临川区委、区政府的责任,就是不同于别的 10 个县的责任。大家仔细想想临川的前三个特殊,就可以充分认识到这一点。正是因为这四个特殊,所以我们下车伊始就来到了临川。今天,我们想借这个平台,对临川,也是对全市传递一些信息、传递一些信号。"

这是市委书记在当天临川区干部座谈会上的开场白。

选在关键的时间节点，向关键的团队和群众传递"信息"，发出"信号"，这是我们国家各级领导最为高明的一招。而这些"信息""信号"往往是指示性精神、指导性意见、指标性要求。市委书记此时说的"传递信息""传递信号"，在一定程度上是一个谦词。他与市长刚一上任，就秉承"四个特殊"的情由来到临川区"传递信息""传递信号"，在场的所有干部一听，心里都知道：这"信息"，这"信号"，就是"指示性精神、指导性意见、指标性要求"，肯定十分重要。

会场里坐满了临川区委、临川区政府的各级负责干部。会场一片寂静。与会者表情持重。市委书记、市长毕竟是富有经验的领导人，一看会场气氛，便知"5·26"的阴影在大家的心里尚未散尽。

事实的确如此。

"5·26"事件发生之后，临川区委、区政府新一届领导班子，带领全区干部和广大群众，付出了大量的心血和人力、财力、物力，很快结束了临川历史上前所未有的不稳定状况，迈过了一个大坎。但是，由于事件来得太突然，影响面太广泛，后果不容低估。人心受到很大挫伤，社会受到很大影响，经济受到不少损失。一个抚州市经济发展速度最快、状况最好、效益最高的"龙头"，从全市位居第一位很快下行到第二位。尤其值得重视的是，干部的精神状态不振，焦急情绪、畏难情绪、埋怨情绪，不断漫延。临川确实存在诸多困难。临川确实还有不少麻烦。这时候，临川最需要什么？需要思想的梳理，需要精神的支撑，需要意志的统一、人心的振奋。

这就是市委书记、市长选择的时间节点。

他们是打气来了。

他们是鼓劲来了。

市委书记说明来由，便敞开肺腑，向在场的临川干部，作思想上的动员，作精神上的鼓呼。他极有针对性地为临川出招术。他站在哲学的高度，以充满哲思和富有哲理的语言，谈稳定与发展的关系，谈目标与措施的关系，谈全局与局部的关系。举证实在，话语简朴，道理清楚。他特别强调、特别要求大家，要切实认清困难与信心的关系。他在临川的困难面前，呼唤信心，呼唤勇气。

市委书记的声音，继续在会场里回荡——

"……在这个特殊的时段，我要提请同志们注意：信心比黄金更重要。"

"信心比黄金更重要"，是温家宝总理在全国人大会上谈到应对国际金融危机时所说的一句话，这句话国人记忆犹新。临川在经历了"5·26"事件之后，同样需要的是信心，需要的是勇气。千万不能因为"5·26"事件背上精神包袱啊。

于是，市委书记掷地有声地说："在这个时候为什么强调信心呢？因为我确实希望部分或者说少数同志能够从'5·26'阴影当中尽快地走出来。什么阴影？一是'怕'字当头。最近几年出的一些事，比如临川'5·26'事件、宜黄'9·10'事件等等，使得一些干部怕这怕那，不敢开拓，不敢创新，不敢搞建设，不敢搞发展。二是'怨'字当头。现在有些同志坐在办公室怨声载道、怨天尤人，不是埋怨老百姓不讲道理，就是埋怨上面逼得太狠。三是'难'字当头。困难确实是有，但不能因为有困难就认定发展经济太难了，搞好稳定太难了。希望大家增强发展的信心，增强维稳的信心，尤其是希望大家能够变坏事为好事，真正把化解'5·26'事件时开展维稳工作的劲头用来开展下一步的稳定以及发展工作。我们没有理由不相信临川的明天将会更加美好，早日赢得应有地位的目标一定会实现。我们同顶一片蓝天，同踩一片热土，同喝抚河之水，只要我们心往一处想，劲往一处使，就一定能把临川、把抚州建设得更好。"

这就是思想的信息。

这就是信念的信号。

有明确的思想、有坚定的信念，什么目标不可以达到？

因此，市长也在会上发表了充满激情的讲话。他对临川的干部们大声疾呼：要坚定信念不动摇。要坚持稳定不动摇。要坚持科学发展不动摇。在三个不动摇的前提下，团结一心，鼓起勇气，鼓足干劲，努力实现进位赶超。

市委书委、市长都表示，一定会全力支持临川区委、区政府的工作，对于临川，市里会特别关照关切，会给予政策倾斜。

会议室里响起热烈的掌声。明亮的灯光中，与会的干部们，目光在闪亮。市委书记和市长的一席话，无疑是强心针，是振奋剂。时局降重任于斯啊，能不奋起？能不作为？

临川区委、区政府的所有干部为之振奋、为之振作。他们很激动，当即表示：决不辜负市委、市政府的期望，一定团结全区广大干部群众，"心往一处想""劲往一处使"，让蓝天下的热土、让抚河河畔的面貌，一天比一天变得更美好。

大胆的决策

中国的老百姓,将县官称之为"土皇帝""县太爷"。那是在"山高皇帝远"的年代,老百姓对仗势一方发号施令养尊处优的县官老爷们的贬词。现如今的县官,是处在一线的行政"命官"。有专家分析,在中国,在现行政治体制下,最难当的官就是县官,最重要的官也是县官。他们是既在百姓之上又在百姓之中。他们是政治舞台上,必须谨慎演出的政治角色。一方百姓的命运,一方土地的事业,都寄托在他们的身上。因此,如今的县官,不是"土皇帝",不是"县太爷",有百姓借其谐音风趣地说,是百业加身的"县太业"。

责任很大!

压力很大!

作为一个县级城区的临川区委、区政府的负责干部,肩上的担子,十分沉重。尤其是在这个"特殊时段",面对"特殊情况",肩负"特殊使命",不言而喻,压力就更大了。

一段时间以来,区领导者们基本上没有睡过安稳觉。市委书记、市长到任第三天就匆匆来到临川区,意味着什么,他们很清楚。市委书记、市长那番充满关切、支持和信任的表白,意味着什么,他们更清楚。他们心里十分明白,他们背负着前所未有的职责。上级的指示与要求很明确。人民的渴望与期待很明确。自己的使命与责任很明确。他们没有别的选择,只有横下一条心，铆足一身劲，将上级的信任化为信心，在省委、市委的领导下，依靠全区干部群众的智慧和力量，把临川的事情办好。

常委会议室，是党的领导集体智慧和力量的象征。

中国一切重大、重要的决策，都出自于各个政治层面的常委会议桌上。

临川区委常委会议室里的灯光，几度从白天亮到深夜。十三位常委一次次围坐在会议桌旁，分析形势，总结经验，探讨方略。他们一致认为，临川的基本条件很好，已有的基础很不错。一届又一届领导已经付出了很大的努力，作出了很大的成绩，打下了很好的基础。"十一五"期间，是临川发展史上极不平凡、极不寻常的时期。五年来，区委、区政府始终坚持以科学发展观为统领，坚持重大项目带动，改革创新驱动，统筹协调推动，大力推进新型工业化、城镇化、农业产业化，科学应对国际金融危机冲击，成功战胜各种自然灾害挑战，经济建设和社会发展取得了明显成效，民主法制和精神文明建设取得了丰硕成果，党的建设开创了新局面，较好地完成了"十一五"规划的各项目标任务。"十一五"末，全区完成生产总值203.5亿元，是2005年的2.5倍。财政总收入9.01亿元，是2005年的4.2倍。社会固定资产投资139.1亿元，是2005年的2.2倍。规模以上工业增加值16.97亿元，是2005年的2倍。社会消费品零售总额83.6亿元，实现五年翻一番。城镇居民人均可支配收入16633.4元，是2005年的1.9倍。农民人均纯收入8348元，是2005年的2.2倍。经济结构不断优化，三次产业比例由17.6：43.6：38.8调整为14.6：57.1：28.3，第二产业比重上升了13.5个百分点。五年来，临川先后获得国家、省、市先进荣誉70多项，其中2006至2007年连续两年被评为全市目标管理综合考评第一名。

但历史的车轮在加快驱动。

但时代的脚步在加速前行。

科学发展、创新发展、全面发展、跨越发展，是临川必需的、必然的选择。没有迟疑，没有犹豫，没有商量。眼下有一条，首当其要，就是在科学发展观指引下，找准创新发展的坐标，找准全面发展的目标，找准跨越发展的轨道。

这就是临川区委十三位常委精心研讨、悉心推敲的重大历史性课题。他们将忠诚与意志、胆气与才华、集体展示在会议桌上，将座下的职位、手中的权力，举在一切为临川、一切为人民的高度，大胆而又审慎地确立临川新的发展思路和战略决策。

2011年8月1日，在临川区第三次党代表大会上，区委、区政府，向全区人民庄重地宣告：

临川区要在邓小平理论"三个代表"思想和科学发展观指引下，唱响构建和谐社会、加快赶超、提速进位的时代主旋律，动员全区各级党组织、广大党员和干部群众，进一步解放思想，坚定信心，开拓进取，和谐奋进，为早日赢得临川应有地位、加快提高人民幸福指数而努力奋斗！

"早日赢得临川应有地位，加快提高人民幸福指数"。这就是临川富有标志性意味的信息和信号。这就是临川区委、区政府的发展战略目标。这就是临川区委、区政府的工做主旨、主题和主线。

这不是主观臆想的结果。这是客观性与可能性统一的结果。这是科学态度与进取精神统一的结果。

围绕这一战略目标定位，临川区委有一整套战略思考。他们将充分发挥临川城区和城郊两大优势，推动临川赶超力度。注重发挥好临川作为抚州市政治、经济、文化中心的区位优势，充分利用好信息、人才和市场等资源优势；注重发挥好临川作为农业大区的优势，充分利用好农业生态资源、充足的劳力资源和广阔的发展空间，实现城区和城郊优势互补。他们将全力抓好新型工业化、新型城镇化、新型农业产业化三大产业，突出"两个园区"建设，以工业化促进新型城镇化，以城镇化带动工业发展，并坚持以工哺农，以城带乡，推进农业农村现代化。他们决意认真落实项目、环境、民生、党的建设四项保障，通过加快项目建设，优化发展环境，切实改善民生，加强党的建设，促进和保障早日赢得临川应有地位，加快提高人民幸福指数的目标顺利实现。

这决不能是口号。

这决不会是口号。

临川区委、区政府向全区人民承诺，经过5年的拼搏，要将一连串的数字变成真切的现实：

今后五年，全区生产总值达到550亿元，年均增长18%，人均生产总值达到4.8万元；社会固定资产投资年均增长30%；规模以上工业增加值年均增长25%；财政总收入达到22.4亿元，年均增长20%；利用外资年均增长20%，外贸出口年均增长50%；城镇人均可支配收入达到2.5万元，年均增长12%；农民人均纯收入达到1.1万元，年均增长10%；人口自然增长率控制在8‰以内。水、电、路、城镇等基础设施更加完备，生态环境明显改善，社会建设进一步加强，人民生活显著提高，力争主要经济指标在全市第一，经济综合实力跨入全省十强。

有气魄！

有胆量！

数字很枯燥？但这些数字，却是临川人雄心壮志的真实写照。

看来，临川的当政者们，很有底气、很有信心。因为他们认为，他们必须这样做，他们也可以这样做。

为什么说必须这样做？

临川地处抚州市中心城区，全市的政治、经济、文化中心，临川更是一个拥有100多万人口的大区，人口总量排位全市第一、全省第三。但临川是个农业大区、工业弱区、财政穷区。受2010年唱凯决堤和"5·26"事件的影响，2012年综合经济实力排在全省28位左右，财政收入去年在全市落后于东乡，在全省排第25位，已失去全市"龙头"的地位。这与人口大区、市中心城区的地位是极不相符的。临川是"才子之乡""文化之邦"和"教育之乡"，在全国也只有临川无愧于这个称号。他们说赢得临川应有地位，就是要争全市第一，就是要争全省十强，各项事业跨入全省先进行列。

为什么说可以这样做？

未来五年，临川既面临难得的发展机遇，更有多方面的有利发展条件。

第一，有良好的政策支持环境。国家扩大内需，促进中部地区崛起、推进鄱阳湖生态经济区建设的区域环境十分利好，临川列入鄱阳湖生态经济区和海峡西岸经济区，左右逢源，是发展难得的历史机遇。第二，有抚州得天独厚的区位优势。临川城区与城郊兼得，城市与农村互补，这一优势在全市是独一无二的。第三，有优越的交通优势。这几年临川的交通条件不断改善，毗邻省会南昌，福银高速穿境而过，抚吉高速将破土动工，向莆铁路即将通车。通江达海的交通区位优势已经形成。第四，有坚实的发展基础。经过改革开放30多年尤其是"十一五"以来的快速发展，通过大力实施项目带动战略，全力主攻"两区"，建设"两城"，抚北工业园区初具规模，上顿渡城区框架已经拉开，重点城镇蓄势待发，改革发展积累的经验和财富为加速赶超奠定了扎实的基础。

这就是他们敢承诺敢担当的依据。

这就是他们有底气有胆量的依据。

惊人的气魄，科学的决策，必将为临川带来新的一切。生"才"的土地，必定是生"财"的土地。有理由相信，临川抓住这些有利条件，敢于谋势而动、善于抢时而上，坚定信心抓好发展，迎着困难推动发展，抓住机遇加快发展，临川一定会在激烈竞争中冲出一条新路，在竞相发展上创造一流业绩，在负重前行中迎来快速发展的春天。

"三大战役"的主战场

正当临川的大街小巷,唱响"早日恢复临川应有地位,加快提升人民幸福指数"的强音、掀起经济社会建设高潮的时候,抚州市委、市政府吹响了"三大战役"的号角。号召全市人民开展工业强攻战、县域经济发展大会战、跑项目争资金攻坚战。这是抚州市委、市政府审时度势,依照发展之所需、形势之所迫、民心之所向而作出的重大决策。对于正在经济社会建设的层面上开始发力的临川区来说,这无疑是送来了一桶车头的油,吹来了一股帆上的风。这是临川借力借势的大好时机。

毫无疑问,临川区是抚州市"三大战役"的主战场。临川区委、区政府决心在自己的战场上,打响、打好、打赢"三大战役"。

反应敏捷,行动迅速,政治领先、思想动员,这是绝对有效的经验。

2011年10月14日,即区委、区政府向全区人民表述"早日恢复临川应有地位 加快提升人民幸福指数"的战略目标定位后的第十天,区委、区政府举行了声势浩大的全区"三大战役"动员誓师大会。区长作了动员报告,很有针对性、指导性、操作性地部署了战役意图。要求各级干部面对竞争强烈的形势要有清醒的头脑,要有发展的眼光,要有挑战的精神,居安思危,居危思进。要敢打敢拼,打则必胜,一拼到底。区委领导在动员大会上讲话,再一次号召全区各级党组织、各级干部和广大群众,积极响应市委、市政府的号召,全方位、全天候、全身心地投入"三大战役"。坚定不移实施工业强攻战、乡镇经济大会战、跑项争资攻坚战。"天时"于我正其时。"地利"于我正有利。"人和"于我正当和。临川已经具备了打赢"三大战役"的条件。要以志在必得、志在必胜的气概和气势,夺取"三大战役"的全面胜利。

区委、区政府领导的讲话,很有煽动力和鼓动性。在场所有的干部,心潮澎湃、热血沸腾。心如江涛海浪,意如风走云扬。全区的干部发动起来了。全区的人民触动起来了。全面的局势搅动起来了。"三大战役"如火如荼地开展起来了。

"三大战役"是一场发展的硬仗。临川区在三个主阵地上同时展开。

临川的干部一致认为:工业不强则临川不强,工业强则临川强。工业强攻战,势在必行。这是"三大战役"的关键之战。临川区的决策者们,大胆却又审慎。他们的主攻意图不是凭心血来潮,心血来潮是胡闹。他们的主攻措施,不是凭灵机一动,"灵机"一动,那是瞎搞。敢作为必须慎作为、善作为。临川不打无准备之仗;临川不打无把握之仗;临川不打无效益之仗。他们经过反复研究和论证,明确了工业强攻战的主攻点。主攻点就是工业园区。决胜点也在工业园区。因此,对工业园区的需求,对工业园区的服务,十分给力。全力以赴完善服务功能。园区需要的政策、功能、权力,该给的,能给的,区委、区政府全部放行到位。加快完善基础设施、配套服务设施,切实提升园区的承接能力。与此同时,不断拓宽工业发展空间,决定再造三个工业园区。在抚八沿线建一个高科技新型产业园,在抚吉高速挂线建一个万亩工业园,在抚州电厂周边建一个电厂配套产业工业园。在园区中,一手抓大中型企业、一手抓配套的小企业。在临川工业刚刚起步的阶段,在还没有明显的产业支撑的前提下,什么企业都要,前提是必须要有效益,大的要、中的要、小的也要,关键是要规划好、配套好、发展好,真正做到既有"一轮明月",更有"满天繁星"。

人们期待着"明月"当空、"繁星"满天的时日早日来到。

第二个战役是乡镇经济发展大会战。这是切实加快城乡一体化进程的一场大仗。临川的区域经济弱,乡镇经济尤其弱。临川是个农业大区,如果乡镇经济不发展，临川永远赢不到应有地位。于是，面对乡镇，区委、区政府纷纷出招。一方面给乡镇松绑，另一方面给乡镇加压，在全区迅速开展一场全面、深入、持久的乡镇经济发展的总攻击。目标明确：实现财政总收入、规模以上工业增加值、固定资产投资等重大指标的高效率增长；内容明确：实行纵比"增幅"、横比"份额"、内比"人均"、外比"排位"、综比"质量"；措施明确：每年组织一次各乡镇发展"巡回看变化"，促成比、学、赶、超的浓厚氛围，使乡镇在"三大战役"中重新洗牌，争先进位。

第三个主阵地是跑项争资攻坚战。这是为不断提高投资总量和效益的一场苦仗。区委、区政府把这一仗称之为"一把手工程"，作为各地各部门重要工作和"政绩工业"来抓。"动之以言者，其感不深，动之以行者，其应必速"。各级领导必须"早作而夜思，勤力而劳心"，吃苦在先，冲锋在前，紧紧抓住国家进一步扩大内需的机遇，在策划项目、包装项目、申报项目、招引项目上下苦功。在采访过程中，我不止一次听见区里的领导们说："要用干部的辛苦指数提升群众的幸福指数。"干部必须带头去"跑"去"争"。项目在全国各地，资金在五湖四海。不跑商客会不请自到？不争资金会自动上门？临川的经济"腿短"，但临川的人腿长！去争！去跑！去找！区长说："我们坐不住了，等不起了，慢不得了。我们要千军万马招项目、千山万水找项目、千辛万苦攻项目、千言万语谈项目、千方百计促项目，形成领导带头招商、全民参与招商的浓厚氛围。"

临川有个"五子"谣。老百姓伸出拇指称之为"呱呱叫"。这便是临川各级领导干部在跑项争资中要切实做到"放下架子、不顾面子、开动脑子、迈开步子、多进票子。"请不要以功利主义和实用主义去评判"五子"的内涵和实质。这"五子"旗号，是临川各级各部门领导在"三大战役"中忠诚的宣告、精神的写照、意志的彰昭。在"五子精神"的旗号下，所有的大小领导带头"争"、领前"跑"。特别是区四套班子成员，他们以"钻"劲、"黏"劲、"挤"劲，带头践行"五子"精神，冲在跑项争资的最前头。

人民，只有人民才是真正英雄。临川的"三大战役"光靠干部冲锋陷阵是不行的，必须广泛发动人民大众。"三大战役"的主旨，就是为人民谋福祉。要把"三大战役"演绎成人民拥护、人民参与、人民支持的"人民战争"。基于这种认知和认同，区委、区政府决定在全区范围内开展"鼓士气、顺民心、树新风"的主题教育活动，通过有效的群众工作，让蕴含在群众中的创造活力充分迸发，形成合力，广泛凝聚，最大限度地调动全区广大群众一同参与"三大战役"、全力支持"三大战役"。最大限度凝聚群众的智慧和力量。各级干部行动上，与广大群众坚持"面对面"，思想上保持"零距离"。真诚倾听群众呼声，真实反映群众愿望，真情关心群众疾苦。始终站在群众的前面引领群众。通过宣传、组织、教育，启发群众，使"三大战役"变成全区人民自觉自愿的行动，最大限度地把积极因素凝聚为发展动力。

请看"三大战役"全民关注、全民支持、全民参与的真切与生动的写照．

有的群众，利用自己与客商走亲戚的机会，为"三大战役"的项目"拉关系"；

有的群众，利用自己在发达地区务工的机会，为"三大战役"的项目"送情报"；

有的群众，利用自己在国外旅游的机会，为"三大战役"的项目"借东风"。

这就是民众的智慧。

这就是民心的力量。

这就是"最大限度地把积极因素凝聚为发展动力"的确切解读与诠释。

"三大战役"已在临川的主战场上全面打响。全区广大干部和群众，在"三大战役"中，展示出奋发勇为、昂扬向上的风貌和风采。有多少感人的人和感人的事，书写着"三大战役"的感人篇章。

"多练人谋天下雄"。"练人谋"者，用今天的话说，就是练道德法纪，练工作作风。不错，临川决心在"三大战役"中，谋求干部作风、行政效益，都有很大改变。在一定意义上说，这一点恐怕比一些阶段性的数字成果还更重要。"群众是真正的英雄"，"干部是决定的因素"。决定的因素过得硬、放得心，一切都有希望。

有人说，人的社会分工总体有两种，一种人做官，一种人做事。有的人会做事却不会做官，有的人会做官但不会做事。这是一种社会悲哀。共产党自成立之始，就决心革除这种社会悲哀，做官的必须会做事，而且是为人民做事。毛泽东的"为人民服务"五个字，把共产党的思想核心，如阳光般昭告于天下。我国古代也有明君有过"洽于民心""恭承民命"的训示，主张把"民心"抬在比"天命"还高的位置。但实际上做不到。只有今天的中国共产党人，才能真正一心一意为人民做事，为人民服务。党的十八大明确指出，要把人民放在心中的最高位置，要牢固树立为人民服务的宗旨。干部有"宗旨意识"，才能又会做官，又会做事。

因此，临川在"三大战役"中，把干部的"干"字看得很重。

临川区委组织部的负责同志说：我们区委立了一个选拔使用干部的基本原则：干部干部重在一个干字。愿干事，敢干事，善干事，干成了事，才是好干部。做官不会做事的，坚决不能做官。当然，干部必须德才兼备，德为首。"取士之道，当以德行为先。"司马迁说："才者，德之资也；德者，才之帅也。"德为主，才为次。德是基础，才是条件。而且必须是真德真才能。"德必核其真，然后授其位"，"能必核其真，然后授其事"。有为人民做事的干才和干劲，才是人民信得过、放得心的好干部。

临川有不少又会做官又会做事的人。临川区委下决心要打造一支人民满意的德才兼备的干部队伍，建设一个为人民服务的"阳光政府"。"用干部的辛苦指数提升人民的幸福指数"这句话，就高度概括了、明确宣示了他们的执政观和政绩观。在"三大战役"中，他们正是秉承这种执政观和政绩观不倦地付出、不息地努力。

建设抚北工业园区，是临川的重中之重。这个重中之重的重担，搁在区委常委、园区党委书记和园区管委会主任的肩上。自从区委、区政府把这付担子搁在他们肩头之日起，他们就有寝食不宁、坐立不安之感。按照园区党委书记的话说："我有时候拿着筷子没夹菜就往嘴里送，真是心不'菜'焉呀！"他们面前有很多难题。最大的难题也是最急着必须解决的难题，就是"三通一平"。按照规划，抚北园区总面积有20至30平方公里，涉及到五个乡镇。

要在这么大的范围内建设工业园区,光征地、平地工作的难度,就自不待言。何况有的项目,是"限期完成"的"死命令"。比如广银铝业,限在20天内完成征地工作,两个月内完成平地任务。这是一个50亿的重大项目。区领导人说:"这是一条大鱼,这是一块肥肉,谁误了事拿谁是问。"他们盯死了这个项目。他们围绕这个项目,前前后后开了30次调度会,不断地给园区负责人打电话,不断地到园区视察。有时,一个领导上午刚走,一个领导下午又来。园区负责人压力之大就可以理解了。园区管委会主任说:"领导这么重视,我们确是只有拼命了。"

且看他们如何拼命。

征地工程是一件十分复杂的工作。因为要牵涉到群众利益,思想工作难度大,而且必须实地操作,业务准确度要求高,一点也不能马虎。在规划中的征地范围内,有600多座坟地,有数不清的林木。600多座坟地,要一处一处去用尺丈量,数不清的林木,要一株一株地去实地清点。时间,就限于20天。任务重不重?时间紧不紧?园区负责人急不急?全园区的工作人员只有17人。他们急得像热锅上的蚂蚁!

必须抓紧每一天、每一时、每一刻。

时当四月,梅雨季节。600多座坟地和零零整整的树木,都分散在众多个山头上和杂地上。许多坟都是古坟,处在荆棘杂草深处。许多树夹在灌木丛中。天气渐暖,正是毒蛇出洞之时。在这种条件下,必须扒开荆棘杂草,俯身伏地去辨识一座座坟地,去牵直皮尺一寸寸计算面积,把一棵棵树分类登记,立据造册。难度确实很大啊。

这天,天气燥热,下着闷雨。一位园区副主任带着园区的工作人员一大早就来到了孝桥镇的一座坟山上实地量地。他们脚穿雨鞋,身披雨衣,扒开荆棘,踏着荒草,攀援树枝,在山头上忙碌。有的,手被荆棘刺破了;有的,脸被蚊虫叮红了。谁顾得了这些?他们在风雨中仰俯,他们在泥泞中来回,没有片刻停息。雨水与汗水在脸上流淌,在身上浸泡。已是午后两点多钟了,他们没有带干粮,午餐就只有"喝西北风"了。累无怨,饿何妨?他们身边还有乡镇干部、村民代表和坟主后人在注视着他们的作业状况,等待着他们的计量结果。区领导一再交待,征地一定不能伤害群众的利益,一定要让群众满意。因此,有的坟地要反复丈量,反复核算。

时近黄昏。眼看一座坟山行将丈量完毕。事生变故。有个老人看了一座坟地测量结果后,认为丈量不妥,不予认同。没有商量,从头来过。一番重复劳作,有了新的结果。老人一看,又摇脑袋:"还不准确"。没有话说,再次重新来过。左量右丈,前测后算,应当说,核算公平确凿。但老人还不满意。再量第四次。再量第五次。这时,天色已晚,风雨更大了。但老人还不肯离开坟山,似乎还有疑虑。在场的园区副主任想:有一个人不满意,就是我们没有负责到底。于是,他叫测量员第六次拉开皮尺,在老人的眼下,精细地丈认。最后,老人认定:"你们丈量没错。"

园区的工作人员在风雨中、在泥泞中、在饥饿中累了十几个小时,没有谁叫苦,没有谁叫饿。20天就都是这样在劳苦中度过。百姓认可,便是他们最希望见到的结果。其时分管园区的一位区委常委、常务副区长听说了这种情景,十分感动,他为有这样的干部队伍深受鼓舞。

如果说园区干部们十分辛苦,那么统计局的同志就是十分心苦。这是一场不见风雨却是用尽心血的苦仗:数说临川。"数说临川"这个词不是我说的,是临川区统计局局长用心血写成的"作品"。他用数字描写临川;他用数字叙说临川;他用数字论证临川。他说,要用数字展示、解读一个真实的临川。

不必隐瞒,众所周知,当下,我们国家有些地方有些部门有些干部,很有一套弄虚作假的戏法,他们很会玩数字游戏。他们不是"与时俱进",他们是"与数俱进",他们希望自己与不断"上扬"的百分比同步高升。靠假话、靠假账、靠假相获得上迁的实职、实权、实利。临川有没有这种现象?我没有调查,我没有证据。我不敢也不能作不负责任的猜度。但临川区统计局长要在"三大战役"中,用数字展示、解读一个真实的临川,我十分赞赏。我对他的"数说临川"很感兴趣。数字应当是科学的真实告白。如果数字不真实,那就是官方最虚假的语言。

"你的'数说临川'真的是真实的临川？"

我问。

"绝对是真实的。"

他说。

"谁要你编写'数说临川'？"

"我们自己。"

"你为什么要编写'数说临川'？"

"我们要对领导负责，也是对全区的人民负责。"

那是 2011 年 6 月，其时正逢年度过半，基于高度的事业心和责任心，统计局长决定拿出一套能真实反映临川上半年发展现状的全盘化数据报告，上报给区委、区政府。依照惯例，统计局都是依据来自四面八方的报表分析数据、统计数据、上报数据。上报的数据中，有没有虚报？有没有瞒报？有没有误报？谁都不能担保。依照统计局长的经验，这些疑问，恐所难免。然而，要做到每一个数据都绝对真实可靠，决不是轻而易举的事。该做的事，再难也必须做。马虎不得呀！必须以科学的态度，真实的精神，严谨的作风，计算出一个真实的临川。

临川统计局的会议室里，局长的声音，像数据一样明确而简短：请大家细致、严谨、精准地反复核实所有报来的报表，为区委、区政府的决策部署，提供可靠的依据。在场的干部都知道，这将是一场"大考"，这将是一场苦战。

夏日的临川，正是大热天。临川统计局，成为一个繁忙的空间。每一个案头，都是一个用"心"工作的画面。鼠标在不断地跳动，计算器在不断地运转，各种报表在不断地查验。数据如麻。工作量太大。光工业系统规模以上的企业就有 73 家。每一家的生产经营状况，每一家的财务状况，每一家的票面单据，都得逐一核查、核对、核实、核审，一个小数点也不能放过。不能放过的，决不放过！全局干部，竟日在岗，埋头伏案，有时深夜不归。苦战半月之后，"数说临川"，订定成卷，而且搞了两个版本。一个是按报上来的数据统计成册，一个是以核查后的数据如实上报。两个版本，两个临川。

统计局长敲开区委领导办公室的门。他真的如同"大考"过后一般向区领导交上了两份答卷。他将两个"数说临川"的不同版本送到领导案前。

领导一看，随口便问："你们为什么要搞两个材料？"

统计局长如实地向他说明了情由。一种是惯例，下面怎么报，统计局就怎么统怎么计；一种是破例，依照报来的数据核实了再统，验证了再计，要给区领导看到一个真实的临川。

听统计局长一说，区领导正颜厉色，斩钉截铁："统计工作必须对党、对国家、对人民高度负责。一切统计只有一个结果：真实确凿。你们必须真实地反映临川发展现状。不要怕面子难看，不要怕影响领导政绩。你们在今后的一切统计项下，都不许有半点虚假。"

统计局长心中很有感慨。两个"数说临川"的版本就是两份教材。从今以后，必须让全局干部都牢牢记住：一切统计只有一个结果：真实确凿。

2011年下半年，随着"三大战役"的深入开展，临川区统计局收到的数据一天天在演变。转眼之间，2011年临川区各乡镇、各企业全年数据都汇总在统计局。经过反复运算和验算，2011年，全区实际产生的经济总量与计划要求相差8个亿，这就是说，2011年，临川区没有完成计划。年度计划，事关重大。怎样上报？又是一次过考。有的同志担心，如果按实际完成数上报，恐怕对区委、区政府领导班子不利，会给领导同志脸上抹黑。主张按计划数上报。持这种主张的同志认为，2011年没有完成任务，情有可原，谁都知道，"5·26"事件造成的影响是主要原因。统计局长理解持这种意见的同志的心情。但他坚决反对这样做。假如不按实数上报，那才真是给领导脸上抹黑。

统计局长将自己的想法报告给区委、区政府的领导。区委、区政府一致认可。2011年，临川区就以8个亿的差额上报市委市政府，让市委、市政府看到了一个真实的临川。只有真实的临川，才是有希望的临川。

临川有许多风清气正的干部感动过我。他们行事磊落，敢为善作，本着全心全意为人民服务的执政理念，默默地忙碌着、奉献着。

我认识一个区政府分管民政、信访等方面工作的同志。他的岗位，他的职责，注定他是直面、直身于人民群众中的角色。按照现在的官方要求，这样的政治角色很不好当，必须畅通"地气"，尊重"民气"，注重"风气"，必须"洽于民心"，"恭承民命"。要有强烈的、坚定的人民观和群众观。古人说："民可近，不可下。民惟邦本，本固邦宁。"民政工作，最重要的一点，是亲近群众，尊重群众，关心群众。无论在什么情况之下，都要记得"民惟邦本"，都要确保"本固邦宁"。

他说："我本来就是来自基层。我是一个平民百姓。为百姓大众做事是我的本分。"他天天在为"本分"奔忙。有时穿街过巷，哪怕有一盏路灯不亮，他都要马上联系有关方面让黑灯亮起来，这是他的"本分"；有时，他上户串门，访贫问苦，广接"地气"，这是他的"本分"。他要尽自己的力量为民众、为百姓排忧解难。在排忧解难中，却有一件事，使他颇为忧很为难了。

这天一早，他刚到办公室。桌上电话铃响了。他刚拿起话筒，忽有一位老大娘气冲冲地走进办公室来。

"我要喊冤啊！"

他一听，大吃一惊，随手放下电话筒，立马起身，恭请老大娘入座。

"你老人家有什么纠心的事，请坐下慢慢说。"

"我的房子被拆掉了，你们政府赔偿不公，我是来讨钱的。"

"啊，有这事？"

"没有这事，我这么大年纪跑来做什么！"

接下来自然是一番细话。这位副区长耐心地问明老大娘的情由和要求。答应说："请你老人家先回家去，我了解一下情况后再答复你。"

"那我明日再来"。

老大娘沉着脸走了。

这位副区长送走老大娘后，立即与有关方面联系，询问实情，查阅证据，断定这是已经处理好了的事情，法规程序清楚，赔偿金额妥当，而且已是悉数到位。可以断定，这是一宗无理的"闹案"。

第二天，老大娘果然又来了，脚一踏进副区长办公室，开口就问：

"什么时候我能拿到钱？"

这位副区长请老大娘坐下后，直截了当地告知老大娘：

"这个事情早已办妥了，不存在任何遗留问题。你不必再为这事操心了。"

老大娘一听，马上就在地上打滚，呼天喊地，大有不要命的架势。

这位副区长毕竟是一个守"本分"的干部。一不急，二不躁。他先是礼到，再是理到，一番苦口婆心的劝告，好不容易将老大娘送走了。

但闹剧这才刚刚开了个头。

第三次，老大娘又来了。

同一间办公室出现了同一种场面。

第四回，老大娘又来了。

同一间办公室重复着同一种情景。

我佩服这位副区长的耐心和忍性。我更佩服他的冷静和清醒。"民可近，不可下"。他恪守他的"本分"。在一切民事纠纷的处理过程中，都必须尊重群众，以情、以理、以法服人。后来，他知道老大娘有心脏病，就更是要以"柔"克"刚"，以情动人。但让"闹案"如闹剧一般一直这样演下去行吗？问题必须解决，闹剧必须落幕，必须让不讲理、不懂法的老大娘在情理、法理面前收敛自己的行为，变被动为主动。把情理、法理送到老大娘家里去！

他把上老大娘家作家访的任务交给了信访局长。

这天，信访局长来到了老大娘家。进门四顾，心中不由涌起一阵酸楚。这是一个"家"吗？屋子里除了一张旧床和一张破桌之外，几乎一无所有。她一眼认定，这是一个典型的贫困户。作为信访局长，她有十分敏感的百姓情结。她应当了解老大娘的家境。屋子里没有虚席待她。她甚至是站着与老大娘攀谈。经过一番了解，这是一个没有劳动力的"纯女户"，的的确确是属于社会底层的弱势群体。

回到副区长的办公室后，信访局长把上老大娘家看到的、听到的和自己感知到的一一说了。听明情况后，这位副区长好一阵工夫没有语言。他在思考，他在感性和理性的交织中，寻找情、理、法的判定标尺。老大娘无理取闹是肯定不能同情、不能认可的，但老大娘是个困难户，就不能不管啊！老大娘闹是无道理的，老大娘有困难却是实情。必须以执政的道理去对待老大娘的无理，也必须以真情去对待老大娘有困难的实情。

他决心要帮这个"无理取闹"的老大娘解决实际困难。他与民政局、信访局、社保部门和街道一一商量之后，决定依照困难户的补助标准给老大娘家添置一套家具，并补助一笔现金。就在与我交谈的这天上午，他又见到了老大娘。他又一次信守他的"本分"，苦口婆心地讲情，苦口婆心地讲理，苦口婆心地讲法，并把帮助老大娘家解决实际困难的想法，告诉了老大娘。

老大娘沉默了……

事情究竟是一个什么结局，我在结束临川采访时尚不可知。但有一点我十分明白，这位恪守"本分"的副区长做到了他应做的一切。

作家善于联想。我从临川一些干部作为中所表现出的注重人民尊严、尊重群众利益的理念，我联想到我们党始终不渝地坚持的人民观、群众观的伟大力量。一心一意为人民，这是中国共产党始终不渝的核心价值观。这种"伟大力量"，这种"不朽的价值观"，就在每一个干部为国家、为人民排扰解难的平平凡凡的举止中和实实在在的作为中。这就是在践行"宗旨"。

我还认识一位临川的干部：临川温泉景区党工委书记。

在这位工委书记面前，也有一个他必须排的"忧"，必须解的"难"。

他有一句话说得很好："共产党人的一切行动，就是排忧解难，为人民排忧解难，为国家排忧解难，归根结底是为人民排忧解难。"这不是豪言壮语，这是他的一句心里话。

按照抚州市"三大战役"的总体部署，临川要建设22平方公里的温泉景区。这个任务交给了这位党工委书记。区里的要求是：给他20多个干部，给他22平方公里土地，给他五年时间，将温泉建设成一个5A级国际休闲旅游景区。区里的领导说："目前区里各方面都很困难，不可能给你提供很好的创业条件。一切都靠你自己想办法。"

他心里十分清楚,这个 5A 级景区,是一幅想象中的画,上级只勾出了几根粗线条。一切细节,都要靠他们去描写。20 多个人在 22 平方公里的土地上用 5 年时间托起一个 5A 级的景区,这个任务如同一座山一般压在他的心头和肩头。他"忧"了;他"难"了。但是,他没有在"忧"面前止步,没有在"难"面前叫苦。"共产党人的一切行为,就是排忧解难。"他毫不犹豫地接受了这个任务。有"忧"自己排,有"难"自己解。

自从接受这个任务之日始,他的晨昏错位,日夜难分。他的"生物钟"混乱了,但对温泉景区的"路线图""时间表"却十分清楚。他精心策划 22 平方公里的每一处,他精心计算 5 年时间的每一天。他带领他 20 多人的团队,天天在 22 平方公里土地上转。每一条水流,每一座山岗,每一个村庄,都在他们的脚下,都在他们的眼里,都在他们的心中。现在,他们已在全面规划。和工业园区一样,依照规划,温泉景区有复杂的征地工作。他们把宣传工作做在地头,把思想工作做到心头,对景区群众,晓之以理,晓之以利,充分取得了群众的理解和支持。20 多个人天天在外面跑,防止违章建筑,防止生态破坏,防止环境污染。他们用自己的足迹,在 22 平方公里土地上,描绘了一个 5A 级国际温泉景区的草图。他很有信心地对我说:"5 年之后,欢迎你来。那时,温泉景区已将理想草图变成了真实画幅。"

我说我信,我说我来。我可以想见,那时的温泉景区,既有鸟雀欢鸣、禾鸡唱晓、"万户炊烟绕绿野"的田园景象,又有霓虹万点华灯千树、"一池玉液飘脂香"的时尚风光。

我从临川许多干部的身上,闻见了一种质朴的泥土气息和强烈的时代气息。这种泥土气息和时代气息的混合,就是新时代的公仆气息。我有一种感觉,在我接触到的临川干部中,他们既有为事的锐气,也不乏为事的才气。才子之乡有才子来当干部,才子之乡就更有希望了。有一位干部说得好:我们不能说是才子,但我们必须是赤子。我们一定做临川人民的赤子。我们要以赤诚的意志,以赤热的情怀,以不断提升的辛苦指数,去不断提升人民的幸福指数。

这使我想起了一副古联。联曰:"得一官不荣,无一官不辱,勿道一官无用,地方全靠一官；穿百姓之衣，吃百姓之饭，莫以百姓可欺，自己也是百姓。"这是清康熙年间河南一知县自书的一副楹联。文采不怎么的，但意思、意义很好。这说明这位知县的"官念"是与"民念"相连相通的。临川的干部们有意做临川人民的"赤子"，"赤子"之心就是"金子"。如果临川的干部们真正怀有赤子之心，临川人民"不断提升幸福指数"不是顺理成章的事吗？

可期。

可待。

初战告捷

"三大战役"是临川改变命运、改变形象、改写历史的历史性征战。这当然是我采写的一个重点。我要看看,"生才"的土地上是怎样"生财"的。

我是在临川擂响"三大战役"的战鼓声中开始临川经济建设的采写工作。我似乎是临川"三大战役"的"战地记者"。在2121平方公里的土地上,耳听着120万人民誓从低谷实现跨越的呼唤,目睹着每一个个作业面上你追我赶的情景,感受着"三大战役"的阵地上干部群众拼命一搏的决心。所闻所见,深受感染。临川,的确在大步跨越、在加速向前。临川,热火朝天。临川,捷报频传。我记录本上的数据,天天在演变。怪不得老百姓神气十足地说:"我们临川,现在是孙悟空翻筋斗,航天人坐火箭!"

好形象的比喻。

好朴实的抒写。

翻开区委、区政府提供的"最新战报",证实老百姓的话不是凭空臆造。

官方资料这样评说:

"三大战役"初见成效,开局良好。经过理思路、改项目、建机制、治环境、抓落实,全区经济社会建设驶入科学发展的轨道。经济发展有个好势头,和谐稳定有个好局面,干部作风有个好转变。

初战告捷的成效,最为显眼的数据表现在经济层面。主要指标快速增长,综合实力显著增强。增量之大、增速之快、增效之好,均出于意料。

精确的数据是官方通用的权威语言。

精确的数据也是最具说服力的简明字眼。

不妨耐心研读临川120万人民用汗水写就的一长串数据：

三条战线，火力十足，势头很猛。数据表明，处处有进展，天天见成果。这是我采访时拿到的报表：

2012年上半年，全区完成生产总值120.36亿元、增长11%，比上年净增16.4亿。截至7月，完成财政总收入10.42亿元，占全年计划的66.9%，比2010年全年总量多1.24亿元；规模以上工业增加值完成16.72亿元，是去年的1.8倍；完成固定资产投资95.44亿元，净增36.3亿元。以上指标总量均居全市第一。1至7月，财政总收入、固定资产投资、规模以上工业增加值分别比去年同期增长42.5%、38%、54.2%，增幅均居全市第一；其他各项经济指标全市也由上年的"后三变前三"，在全省位次较大前移。上半年，生产总值全省排第5位，比上年前进了4位；增幅排第47位，前进了22位。规模以上工业增加值全省排第9位，前进了13位；增幅排第18位，前进了28位。固定资产投资全省排第4位，前进了9位。财政总收入全省排第20位，前进了5位；增幅排第31位，前进了21位。全市县域经济大会战"五比"（纵比增幅、横比份额、内比人均、外比排位、综比质量）考评中，临川列全市第一。1至7月，全区税收收入完成7.69亿元、增长53%，高于财政总收入增幅15.3个百分点，税收占财政比重提高了7.6个百分点。

这一切都在动态中。

这一切都是进行时。

强攻工业是决定临川走出困境、建设幸福临川的生死攸关的首要战役。开战伊始，便气势不凡。区委、区政府决定倾其财力、物力、人物，夯实发展平台，拓展发展空间，拉长主攻战线。在财力吃紧的状况下，投入2亿多元，重点推进抚北园区路、水、电等基础设施建设。加大政府、企业双向履约清理力度，共清理出土地1000多亩。制订完善工业考评机制，进一步理顺和健全了园区管理机制，完善了园区服务功能。在全力提升抚北园区的同时，积极筹建新平台，在抚八线收费站至崇仁段规划1.2万亩建设第二工业园区。

产业聚集效应也十分明显。随着广银铝业的落户，食品、药品等特色产业结构初现端倪。

临川到底是才子之乡。临川人的智商果真不低。他们想要办的事情，就千方百计办成。不出几个月的时间，他们从四面八方引来了大批客商。资金一批批注入在他们的账上。引上项目数量多、质量高。"五子"在魔幻般不断地变成"金子"。2012年前7个月，全区入库项目247个，是2011年全年的2.5倍。新引进5000万以上项目29个、进资18.82亿元，其中亿元以上项目18个、进资12.2亿元，分别比去年同期增长213%、350%。特别是引进了投资50亿元的广银铝业项目，引进了四特酒与临川贡酒合作项目，投资6亿元的自立铜业二期，投资1.5亿美元的青莲山风力发电等大项目，提前半年完成了全市"招大引强年"目标任务。尤其是广银铝业项目的引进填补了临川区没有全国500强和行业10强以及上市公司的三个空白。开工项目建设快、进展好。2012年4月17日，全区集中开工51个重点项目建设，开创了临川区一次性开工项目数量最多、投资最大、规模最高的历史。新开工项目推进速度快，广银铝业项目仅用20天就完成了2047亩征地任务，2个月时间全部完成土地平整，一期1100亩土地已交付使用。顺泉科技、自立资源二期、今日电气、普菲特实业等工业项目都进展迅速，有的已试投产。跑项争资力度大、成效优。全区向上申报批各类项目49个，争取上级各类资金3亿多元，比上年同期增长230%。

日前，我在一位园区党委负责同志的陪同下，驱车参观了抚北工业园区。在25平方公里的园区中，道路纵横，厂房林立。一处处工地作业面上，机声交响，车笛飞歌。随着园区书记指引，我的目光在广西铝业的施工现场，四顾不暇。这个占地2000亩的厂区，拥有一条1000米长、200米宽的中央大道。整个厂区将如一座现代化的城市。在尘土飞扬中，我仿佛看见了这个未来的临川标志性大型企业的煌煌景观。

乡镇经济大会战，也不断传来佳音。

我在一份份来自近30个乡镇的报表上，可以想见临川乡镇经济必将张开腾飞的翅膀。区委有关负责同志兴奋地说：现在，村有产品，乡有产业，镇有工厂的发展格局，宣示特色经济已有基础，特色产业已初具规模。在抚北镇混凝土的搅拌声中，在唱凯镇制伞业的作坊里，在大岗镇医疗器械的生产车间，在展坪乡的物流线上，呈现出一派派热气腾腾的景象。曾为人们不肯及目的乡村，如今十分抢眼。蓝天白云下，山丘田野间，清水华木，瓜果菜蔬，婉如一幅幅多彩的画图。在稳定粮食生产的同时，加大产业结构调整，突出抓中药材、南丰蜜桔、商品蔬菜、西瓜、生猪等优势产业基地建设，其中中药材基地面积达19万亩、蜜桔8.1万亩、蔬菜9万亩、西瓜12万亩、花卉4万亩。农业产业化进程加速推进。大力发展龙头企业，全区48家农业产业化龙头企业实现销售收入大幅上升。农民现金收入增长19.8%，由全市倒数第一跃名列全市第二。农村基础设施建设步伐大大加快。农业生产综合保障能力大为提高。建设新农村，卫生要先行。每个乡镇都在大力推进农民清洁工程，使343个村点和10个乡镇集镇的垃圾实现无害化处理，农村清洁工程成效显著，获得全省先进称号。

经济价值只有与公益价值和社会价值相统一，才能体现社会主义的核心价值。民生为大、民生为重、民生为先，是临川区委、区政府坚定不移的执政理念。在"三大战役"中，他们大力推进民生事业，保障社会稳定。他们坚持将新增财力向民生事业倾斜，推进了一大批民生工程，办好了一大批民生实事。仅2012年上半年，全区财政用于教育、社会保障和就业、医疗卫生、城镇社区事务、保障性住房建设等民生工程的支出共计高达7.74亿元，占财政总支出的59.7%、同比增长37.5%。在全区范围内，加大了群众工作力量，信访维稳形势令人振奋。通过抓好领导干部接访、信访积案化解和体制机制创新三项重点，全区信访维稳工作呈现出稳中趋好，总量大幅下降。同时，加大综合治理，群众安全指数不断提高。公众安全感测评明显向好，安全测评名列全省18位（区一级第1位），比2011年的95位前移77位。

这一切都来之不易。

这一切又都确实来了！

临川"三大战役"初战告捷的成绩单上,有一项不见数据的成绩,十分令人欣喜:提升了执政水平、改进了干部作风、优化了发展环境。自"三大战役"打响之日开始,区委、区政府就十分强调,借"三大战役"的抓手为改进工作作风、改善社会环境的推手,努力打造"阳光政府""高效政府",杜绝"暗箱操作",实施"阳光政务"。一切政务信息都要"阳光公开",而且要构建"大公开"的格局,推进"实公开"的进程,确保"常公开"的实效。首先是人事信息要阳光公开。把选拔干部全程公开,提高选人用人的透明度和准确性,树立良好的选人、用人导向。2012年上半年,全省干部选拔任用工作群众满意度评测中,临川名排全省第四,全市第一。在打造"阳光政府"的要求下,在全区范围内深入开展了"百日整治"和"五问五治"的专项行动,对干部作风进行了有方、有力、有效的整治,使全区干部的责任感、事业心和执行力,都有了明显的增强。这是"三大战役"中宝贵的成果。

临川区"三大战役"的初步战果和收获,可喜可贺。我是一个老报人。在"三大战役"推进的"线路图"和"时间表"上,我发现了许多新闻兴奋点。一年来,临川区先后荣获全国粮食先进县(区)、全省利用外资先进县(区)、全省外贸出口先进县(区)、全省农田水利建设先进县(区)、全省油料作物生产先进县(区)、全省体育后备人才培养优秀县(区)以及全市财政收入先进县(区)、全市农业发展先进县(区)等十多项荣誉。我采访了许多在一线没日没夜征战的人物。他们脸上的表情,充满喜悦,充满信心。但区里的领导同志都十分低调。在成绩面前,不张扬,不炫耀,保持清醒的头脑,这或许正是每一个成熟的领导者应有的精神风貌。他们面前的困难还很多,他们肩上的担子还很重,他们要实现的目标还很远。他们必须团结一致,齐心协力,一鼓作气,一拼到底,夺取全面胜利。

第九章
临川新梦

将世代的梦幻编织成理想,
便是共同追求的希望;
用时代光照的临川之笔,
尽情抒写新的"梦都"篇章。

临川第五梦

才子多情。临川多梦。

临川是一个梦之都。临川有许多景点，似乎都是梦的载体。诸如：梦湖、梦山、梦桥、梦岛等等。临川在梦中！

有梦幻就有理想。有理想就有希望。有希望就有力量。

在这块充满才情、充满灵气、充满风雅的土地上，有一种大文化的自信，有一种大文化的憧憬，有一种大文化的气象。光照临川之笔，史载临川之梦。一代代风流才子、一代代仁人志士、一代代官家政要、一代代平民百姓，都在这里留下了不同的梦幻。

临川多梦啊！

古代人的梦，美好却又悲怆。

现代人的梦，雄浑却又艰辛。

当代人的梦，遥远却又现实。

梦将如何啊，有的梦只是梦，有的梦却是真。

世人皆知，汤显祖曾在这里大梦不醒。他是一个梦的化身。他以"临川四梦"迷惑了世界。他以梦发泄他的才情，他以梦宣示他的价值，他以梦解读他的人生。他从梦中来，又到梦中去，所以，他的梦终归是个不醒的梦。

王安石也在这里有过梦。而且从这里的梦出发，做过一个大梦。他的梦很大胆，很勇敢。他胆敢与天子谋法，他胆敢与权贵叫板。他先我辈之六百年做"改革家"的梦。他似乎早于我们便有"人本意识",居然大声疾呼要"还惠于民"。据《宋史·司马光传》记载:北宋神宗时期,围绕财富的问题,主张变法的王安石与主张保守的司马光有过一次舌战。王安石说:"国用不足,非当世急务,所以不足者,以未得善理财者故之。"司马光辩驳说:"善理财者,不过头令箕敛尔。"王安石又反驳说:"不然,善理财者,不加赋而国用足。"二人的话不多,二人的分歧却很明显,王安石认定:国家之所以不富足,主要原因是因为没有启用善理财的人。如果国家能善用善于理财的人,就用不着增加老百姓的税收、增加老百姓的负担便可以使"国库实""国用足"。针锋相对,各持其理。两人争论的焦点,用今天的话说,就是财富的生产与分配的问题,也就是治国理政与民生民惠的问题。然而,王安石的这种惠民意识,也只是一个梦。对他来说,这是一个千古不醒的梦,却也是一个千古不朽的梦。

  无产阶级革命家李井泉也在这里有过梦。他的梦不同于汤显祖的情情爱爱,也不同于王安石的是是非非。他的梦是开天辟地的梦;他的梦是改朝换代的梦;他的梦是一个真实的梦。他怀抱着崇高的理想、伟大的志向,为国家和民族的命运而奋斗。他为实现人民当家做主、国家繁荣富强的愿望,三过草地而不倒,历经险境而不死。因为他的大志不可灭精神不可挡。最终,他在共和国的政治舞台上,演绎了一出出人生的大戏。他梦想成真了。

  而今的临川人,已经进入了一个好梦连连的时代。

  梦之都,展示出一幅幅不是梦而又胜似梦的梦幻画卷。

  共和国成立之后,中华大地,日新月异。长城内外,大江南北,到处呈现出社会主义革命和社会主义建设的热烈景象。临川的才子们,一批批走出抚州,走出江西,在广袤的国土上,以其不凡的才志、才情、才华,为人民、为民族、为国家不断走进理想的境界。才子得志,时代更新,江山添彩。

  作为共和国的才子摇篮,临川气象若何?

  因为有才,理当添彩!

  毫无疑问,临川也发生了翻天覆地的变化,有位远在他乡30年的临川才子，2012年回到临川，所闻所见，沧桑巨变，感慨万千。是日，他在梦湖畔来回碾转，心潮起伏，当即吟诗一首：

卅载光阴去又逢，

又回汝城喜且惊。

大道远去争时速，

层楼直上挤碧空。

日闻车笛千声劲，

夜眺华灯万树明。

红男绿女同歌舞，

敢邀汤翁做五梦。

诗艺如何？不必评论。但"敢邀汤翁做五梦"一句，在下以为，上好。尽此一言，道出今天的临川和今天的临川人民充满理想、充满智慧、充满信心。恰在此后不几日，江西日报一版头条，发表了一篇报道抚州市和临川区广大干部群众打响"三大战役"，全力、全面推进经济社会建设的通讯，标题就是《临川第五梦》。这正好与"敢邀汤翁做五梦"的诗作不谋而合。足见今之人都爱以"临川五梦"畅想临川的今天和明天。

"临川五梦"系何梦？

  是小康梦。

  是和谐梦。

2013年，我在临川区委的一份报告中，读到了一段描写临川未来愿景的文字。意思是今天临川的干部和人民，要朝着现代化新型城市的目标，把临川建设成生态之城、文明之城、和谐之城和幸福之城。这大概就是"临川五梦"这幕时代大戏的主基调和主旋律。

我想找区长谈谈"临川五梦"的梦境，但此时他已调他县做县委书记了。我见到了新任的区长。这位区长善干善思而不善谈，他走上区长这个岗位后，就决心为实现"临川五梦"而奉献自己的全部。他说，"临川五梦"就是临川人民对未来美好期盼的梦境，就是在"文化之邦"以社会主义先进文化、在"才子之乡"用人民群众的智慧才华,去描绘一幅社会有安全感、人民有幸福感、政府有成就感的美好图画。

现在,"临川第五梦"序幕已大幅度地拉开,序曲已雄浑地奏响。

美丽临川

按照抚州市委、市政府的要求和临川区委、区政府的设想，临川要建设成宜居、宜业、宜游的城市。这个要求，看似不高，几乎全国各地的城市广告牌上，都是以乐土宜之于居、沃土宜之于业、绿地宜之于游的"三宜"宣示自己城市的亮点和魅力。每个城市，无论大小，似乎都很有底气，很有自信，说自己的城市是"非去不可"。凭什么说"非去不可"？临川人不这么说，没有底气？没有自信？天底下谁不说自己的家乡好？临川人知道，现代人讲生态、重环保，上有蓝天白云，下有清水华木，这就是天然的广告。以青山绿水向世人相邀：临川，值得您来瞧瞧。

临川位于江西省东部，抚河中游，建政于东汉和帝永元8年（公元96年）。1995年4月由原临川县和原抚州市合并为临川市。2000年10月改市为区。这是一个天地和美、山水兼优的生态城区。境内山丘连绵，绿地万顷，且河流纵横，水网交错。河流总长371.5公里，可利用水资源总量达25亿多立方。且有被神化为"仙水"的地下水。其中，最著名的临川温泉被称为"中国疗养胜地"，常年水温约60至70摄氏度，含有20多种微量矿物元素，具有很好的疗养保健功能。目前，临川正在着手打造5A级国际旅游、休闲、疗养景区。

临川是不是值得瞧瞧？

历代的文人墨客说：是。

临川没有什么名山大川，却有不少美好的山水景致。"山为翠浪涌，水作玉虹流","湖河别样鲜,都在青红黄绿间"。文人墨客最好山水。文人墨客是山水的形象大使,是山水的宣传义工。他们登山则情满于山,他们涉水则智溢于水。哪里有好山好水、哪里就有文人墨客;哪里有文人墨客,就说明哪里有好山好水。临川,正是历代大文人、大墨客"非去不可"的地方,也正是他们"宜居""宜业""宜游"的地方。唐宋八大家,临川就有两家,王安石、曾巩是也;宋词四开祖,临川就有二祖,晏殊、晏几道是也。大戏剧家汤显祖,大书法家王羲之,大文学家欧阳修,山水诗鼻祖谢灵运,以旷世的人文成就和文化影响力,在临川最先打造了中国的"才子之乡"和"文化之邦"。临川的山水好不好?临川的风水好不好?一代代文人墨客的足迹,早就为临川作了昭告于天下的公益广告。

重要的不是怎么说,重要的是怎么做。当代的临川人,为了不辜负大自然的天造地设,为了不辜负先贤者们的口歌笔画,他们立誓要书写环境保护、生态文明的时代新篇章,要实施生态立区,把临川建设成真正的生态之都。要使天是蓝天,要使地是绿地,要使水是清水。

党的十八大向世界高调推出要建设"美丽中国"的文化品牌。全国人民大受鼓舞。960万平方公里的国土,都必将成为美丽的版图。临川当然在美丽之中。临川必定是要成为"美丽临川"。

然而,要"美丽",不容易。有大多的工作需要做啊!

"美丽临川",要有三个美丽空间:生态空间、生产空间和生活空间。而与这三个空间都有关的是,治理和防止污染。首当其要的是实行污染物排放总量控制。在这个方面,临川是立下了铁的规矩、使下了铁的手段、下定了铁的决心。自2006年开始,临川多措并举扎实推进主要污染物总量减排工作。重要的是实行结构减排。他们出手狠、力度大,一口气关停了17家工艺落后、产能落后的企业。对于经济滞后的临川来说,这无疑是一种忍痛的割舍。舍不得也得舍!减排还必须坚持工程减排,建设污染防治设施,减少污染物排放量。这十分重要。至今全区已共落实工程减排项目7家。共实施农业减排项目6个。生活污水不能放任自流。上顿渡城区生活污水处理厂于2010年

4月建成并投入运行。通过采取"控增量、调结构、上工程、强监管、保运行"等措施,统筹推进工业、农业、生活等领域的减排工作。临川各年度减排达到了总量控制目标。

坚持生态立区、绿色发展战略,是另一项重要举措。这是一个总原则,这是一个大动作。加快生态建设步伐,必须积极启动和开展生态区、生态乡镇、生态村和生态工业园区创建工作。通过生态创建,带动"绿色生态工程"实施。

于是,临川大力实施生态保障工程,按照江西省要求,不断提高森林覆盖率和城镇绿化水平,加大自然保护区、饮用水源保护区等重要生态功能区的生态建设力度,维护生物多样性,促进生态平衡。

于是,临川的环保工作者,天天行动,处处奔波。坚持强化资源监督管理,切实抓好土地、水体、矿产、森林等资源的开发利用规划,形成了统一规划、全面布局、有序开发、集约利用、有效保护的资源管理局面。

于是,全面加大生态环境监管力度,严格执行有关生态保护区的管理规定,清理整顿破坏自然资源和环境的开发建设活动,生态保护区实行最严格的环境准入标准。

于是,把生态创建工作纳入年度乡镇环境目标管理考评重要内容,积极开展生态乡镇、生态村建设。近年来共有4个乡镇评为省级生态乡镇,5个村评为省级生态村,1个镇申报国家级生态镇,2个村申报国家级生态村,临川抚北工业园区评为省级生态工业园区。

生态立区的最大目的,是要确保人民群众在健康环境中生活。让人民大众吹清凉的风,喝清洁的水,呼吸清新的空气。临川在全区范围内连续开展整治违法排污企业保障群众健康环保专项行动,整治重点行业、重点企业环境污染,加大污染减排重点企业的监管力度。现在,人们十分看重一个"绿"字。绿色环境,绿色食品,绿色家园,似乎有一个"绿"字在前,就放心、就称心、就欢心。这是人之常理,这是人之常情。临川人十分看重这个"绿"字,在"绿"字上做了很多文章。他们全力开展"四绿"环保专项整治,即:开展保护辖区内抚河"绿水"专项整治,重金属污染防治"绿地"专项整治,大气污染防治"绿风"专项整治，农村污染防治"绿野"专项整治。绿是春天的象征。绿是美丽的色彩。其中，抚河整治是抚州市委、市政府整治的重点。水，泽被苍生；水，滋养文明。认识水、治理水、开发水、利用水、保护水，是何等的重要啊！因此，抚州市和临川区要不惜代价，临川区决心在抚州市领导下，配合对抚河在抚州境内的流程和流域进行"手术式"治理，来一番梳妆打扮。要使抚河的水面，上可见云游，下可见鱼游。

的确，充分发挥环保部门监督管理职能，积极落实水环境安全措施，确保饮用水安全，是建设生态临川、美丽临川的要务。一刻也不放松认真做好饮用水源监测工作，加大监测频次，确保水质稳定达标。临川水务部门对饮用水源一级、二级保护区做到经常性、定期或不定期执法检查，禁止保护区内设立排污口。每逢抚河汛期，对饮用水源环境安全保障开展环境隐患排查。他们认真地建立了饮用水源地环境管理档案，严格地设立了保护区标识。

前面已有章节提到，临川为了迅速改变经济滞后的面貌，正在千方百计加快招商引资，在大力开发新的经济发展项目。但有一个基本原则，区委、区政府态度十分坚决，话说得十分明白：招商不能招灾、立项不能立害，决不能负罪于子孙后代。对环保不利的项目，即使是金山银山也不要。临川区环保部门对建设项目的环境监管一丝不苟，严把新建设项目环境评测"准入关"，坚持"先评价，后建设"的原则，严格项目环保审批，确保新建项目环保率达100%。

此外，临川还在努力为美丽的临川打造一个安静的环境。根据抚州市环境监测站对城区区域环境噪声、交通噪声、功能区环境噪声监测结果，城市区域环境噪声达到2类区标准，城市道路交通噪声达到4a类区标准，城市各功能区噪声分别达到所执行的噪声环境质量标准。临川，没有分贝的狂飙，没有噪声的喧嚣，没有耳旁的烦恼……

保护生态文明，可以说，是一种人与自然对话的生命艺术。生态既是"景面"，也是"文心"。"景面文心"就是人与自然对话的文化和哲思的表达。生态文明，是有内涵的、有文心的、有灵魂的"天人合作"。天人合一，自然一体，是人与大自然相存相依的共同期冀。生态文明，是人类社会共同的、理想的生存追求。现在有一种说法："向生态要'幸福生产力'"。临川的领导者们决心：努力培植、创造、提升这种"幸福生产力"，一抓到底，决不放松，坚持不懈，久久为功。临川人在畅想着生态文明的美好前景。激情在理想的追求中不断喷涌。

朝向文明之城的"耐力跑"

文明这个词,在旧时的中国,系指有西方现代色彩的风俗、习惯和事物。现在泛指社会发展到较高阶段和具有较高文化。我们现在说要建设文明社会、文明城市,当然包括有现代色彩的风俗、习惯、事物在内的社会较高阶段和较高文化。中国是文明古国。说明中国古代曾有过社会发展到较高阶段和具有较高文化的辉煌时期。现在,我们要建设中国特色社会主义文明社会,依想,社会发展的"较高程度""较高文化"的较高水准就更高了。有资料显示,全国文明城市评测体系,涉及9个大项目,100多个指标。主要衡量人的发展环境,反映人的全面发展水平。依照这个要求看,毫不客气地说,我国许多城市甚至是大多数城市要建成一个真正意义上的文明城市都任重道远。

临川当然不例外。

建设文明社会、文明城市,在我们这个星球上,有许多国家的经验值得借鉴。新加坡就是一个典型。新加坡是世界上知名的文明国家也即是文明城市。我于上世纪90年代初踏访过这片国土。对于这个国家也就是这座城市的文明程度,我的确很有感触和感悟。在几天的行程中,我没有看见街面上有一口痰迹和一片垃圾。我因之而不避有美化资本主义社会之嫌,居然写了几首赞美诗并带回国内见诸报端。据说,新加城的文明是法律专家出身的总统李光耀用"鞭子"打出来的。最近又有媒体指出,新加坡的文明是重罚吓出来的。不管怎么个说法,总之,在一定程度上,新加坡是以"惩治不文明"来求得文明。

我们国家有不少城市也想仿照新加坡的做法。有消息说，深圳也想搞一个"惩治不文明"的条例。这当然是一件好事。但有的专家并不看好。国情、社情、民情不同，效果可能也不同。试试看又有何不可？

临川该怎么做？

有人说："文明，就是停下来，想一想。"

临川人如何"停下来，想一想"？

有一点可以肯定，"教育之乡"当重在教育。"文化之邦"当重在文化。没有迹象表明目前临川会走以"惩"求"治"的"捷径"。临川以罚构建文明城市，现阶段恐怕还不是时候。

要使临川成为文明临川，是120万临川人的一场"耐力跑"和"接力跑"。能跑多久？能跑多远？有没有理想中的"终点"？临川人心中有数。现任的区委、区政府领导班子，决心很大，信心很足。据我的了解和观察，他们已着力在四个方面下功夫。一是夯实创建文明城市的基础，加强基础设施建设。二是如前面所说努力提升幸福指数，千方百计为实现民有其业、民有其居、民有其安、民有其乐的目标而努力。三是要多管齐下提高市民文明素质。树立与"才子之乡""文化之邦"相称的人文形象。加强公民思想道德建设，深入开展"讲文明树新风"等社会活动，弘扬"才子之乡"和"文化之邦"的文化精神，广泛开展"文明社区""文明单位""文明村镇""文明家庭"创建工作，完善公共文化服务体系，丰富市民文化生活内涵。四是健全创建工作长效机制。各级领导者要履行"第一责任人"的职责，确保各项创建任务落到实处。

一事当前，舆论在先。区委宣传部一位负责文明办工作的同志说：我们正在拟订详细的文明城区创办规划，要开展强大的宣传攻势，举办多种多样的"做文明人，建文明城"的文化宣传活动，大造声势、大造舆论、大造气氛。日前，我国有社会学者说，在世界面前，每个中国人都是一个"中国读本"。面对国家说，每个地方的人都是一个"地方读本"。以此推理，每个临川人都是一个"临川读本"。每个人都是一本书。从每个临川人身上的个人修养，可以看清临川的文明素养、文明水平。在采访过程中,我已强烈地感受到了这种重视个人文明修养教育的气氛。在创建文明城区中,他们特别注重发挥"临川教育""临川文化"的强劲优势。从城区到乡镇,几乎在所有的校园里的"走廊文化""课堂文化""楼道文化""墙壁文化"上,都可见到"做文明人,建文明城"的内容。在社区、在街道、在广场,也有各种样式的主题宣传活动。

已经大张旗鼓,便有精彩演出。现在全区已创建国家、省、市、区级文明村镇30多个。有几十个社区创建了示范点。人们期待,人们相信,临川这个"才子之乡""文化之邦",在经过一场文明的"耐力跑"和"接力跑"之后,将来一定会成为文明之城。

和谐临川的畅想曲

　　与全国各地一样,临川好些年前就提出建设和谐临川的理想目标。自从"5·26"事件之后,临川的广大干部群众,对于和谐社会的认识和期望,就更为深刻更为深切。他们明白:社会的和谐稳定,是顺利推进改革发展、保障人民安居乐业的重要基础和前提。社会不稳定、不和谐,什么事情都做不成,已经取得的成果也会失去。抓稳定,促和谐,是共同的责任和使命。区委区政府领导自到任之日起,就将建设"和谐临川"作为执政的战略任务,将追求和睦相处、融洽共存、齐心协力的社会状态,当作执政的价值追求。根据"民主法治、公平正义、充满活力、安定有序、人与自然和睦相处"的总体要求,在深刻地思考,在积极地行动,在热切地期待。

　　党的"十八"以后,"和谐"成了全国战略发展的社会主调。建设和谐社会,需要做的工作很多很多。临川由于有过"5·26"的伤害和教训,需要付出的努力就更大。临川当前正处于社会急剧转型的过程。转型期既可以是经济增长的黄金期,也可能是社会矛盾的高发期。为此,临川区委、区政府,站在全局和战略的高度,为增强临川和谐的直接因素,当下着重抓民生工程和社会稳定。

　　抓发展的最终目的,就是更好地保障和改善民生,让全区人民生活得更加富裕、更加幸福。谋划和安排经济工作,要坚持把改善民生放在更加突出的位置,扎实推进保障和改善民生的各项工作,切实办好涉及民生的大事要事,使改革发展成果更好地惠及广大群众，不断提高全区人民的幸福感。基于这种认识，他们切实抓紧实施江西省委、省政府确定的9个方面70件民生实事，以民生的改善来凝聚民心，增强人民群众战胜困难的信心和决心。

就业是民生之本、民生之首。保民生的首要任务，就是要实施更加积极的就业政策，采取一切可以采取的办法，全方位促进就业增长，确保就业形势基本稳定。临川区特别注重促进返乡农民的创业，促进城乡其他居民创业，把全民创业变为广大群众的生动实施。

另一个必须抓紧抓实的民生实事，是加快推进保护性安居工程建设。临川以公租房建设为重点，实行经济适用住房、廉租住房、公租住房"三房合一、租售并举"，2012年新开工建设公租房1000套、廉租房330套。进一步完善了保障性住房资格认定制度，确保分配公开公平公正。全面落实保障性住房工程建设质量终身责任制，切实加强质量安全监管，让老百姓住上放心房。

此外，区委区政府，采取多种举措，协调发展各项社会事业。"中国教育之乡""中国教育基地"理所当然要坚持把教育摆在优先发展的战略位置，进一步加大对教育的投入，合理均衡配置教育资源，缩小城乡、群体、校际之间的差距，加强教育管理，把教育办成人民满意的教育。深化文化体制改革，发展文化事业，壮大文化产业，弘扬优秀文化，不断提升文化软实力也当然是"文化之邦"的要务。加强精神文明建设，培育文明新风。健全公共卫生体系、农村医疗服务网络，加快医药卫生体制改革，实现人人享有基本医疗卫生服务。统筹抓好人口与计划生育、体育、老龄、妇女儿童、关心下一代等各项社会事业，也毫不例外地在加力推进之中。

所有这一切，都是人民大众关注的期待的民生实事。忽视不得啊！

和谐的大前提是稳定。临川区委、区政府，充分认识到维护社会稳定的极端重要性，时刻绷紧社会稳定这根弦。经过"5·26"后的全面施治，目前临川信访、维稳、治安态势总体是好的，但面临的稳定问题依然很大，稍有不慎、稍有懈怠，就可能会出现反复和不堪设想的严重后果。临川的干部对此特别敏感。有一位镇长对我说："我们晚上睡觉也得睁一只眼睛醒一只耳朵。"这是"一朝被蛇咬，十年怕井绳"的效应？我想，即便是也不是坏事，责任感比什么都重要！

临川维护社会稳定，严把三个关：

一是信访维稳。全区各级领导干部保持高度政治责任感和敏锐感，克服厌倦、疲倦的情绪。总结经验教训，探索新的社会管理方法，完善各项制度，逐步引导群众用制度和法制为主的方式来解决问题。以科学的态度面对现实，头脑才会清醒。临川大力推行科学决策，民主决策，避免因决策问题带来的不稳定问题。依靠科学的工作方法，及时主动排查化解矛盾纠纷，消除不稳定因素。

二是安全生产。安全才能安稳。进一步加大安全生产隐患排查整治力度，尤其是加大对烟花鞭炮、交通安全、建筑工地、危险化学品等行业的整治力度，落实各项安全生产措施，确保万无一失，是绝对必要的。

三是社会治安综合治理。全面推进社会治安综合治理,完善治安防控体系，确保临川良好的社会治安秩序，提高人民群众安全感。

有诗人说：和谐社会是一首多声部的歌。

有哲人说：和谐社会是一切美好社会现象的组合。

多声部的歌，美好社会现象的组合，就是和弦，就是和合。每一个人的言行，都当是一个音符唱响在这首歌的声部中；每一个人的形象，都当是一个符号展示在这种组合中。区委一位负责统战工作的同志认为，和谐社会是社会各界的共同追求。区武装部一位负责同志认为，党政军民、社会各界人士都当为其尽心尽力。人心相合，社会必和。"才子之乡"和"文化之邦"的人们，愿你们将"和谐临川"的畅想曲，奏响成临川的时代主旋律。

临川为何敢与幸福连在一起

幸福是天底下所有人的企愿。

什么是幸福？按照《现代汉语词典》的解释，幸福就是使人心情舒畅的境遇和生活。问现实社会上的人，答案肯定是因地而异、因时而异、因人而异。2012年国庆前夕，中央电视台派出庞大的队伍在全国各地的城镇，以"你幸福吗"为题，在街头向数千人作专题问答。答案自然是五花八门，千变万化。但细心听来，都没有脱离使人心情舒畅的境遇和生活之范畴。与此同时，在全国最先提出建设"幸福广东"的广东，也搞了一个"南粤幸福活动周"，以群众性、草根性、参与性为特征推出了"幸福我来秀""幸福手拉手""幸福我健康""幸福大集体""幸福大家谈""幸福新启航""幸福新社区"和"幸福农家乐"八大板块。这样做的目的，依想，是引导群众明确对幸福的理解，引导群众树立正确的幸福观，增强对幸福的自豪感和认同感。"国之兴亡，不由积蓄多少，唯在百姓苦乐"。足见人民的幸福感至关重要。现在，我们的党和国家一切努力的最终目标，就是为人民谋幸福。从中央到地方，都把幸福这最高指标性的生活质量追求，当作党政的执政目标。人民拍手称快。其中，当然包括120万临川人民。

临川党政领导班子明确地提出：加快提升人民的幸福指数。要把"才子之乡""文化之邦"建设成幸福之都，这充分显示出了当代临川人勇于担当的气魄和敢于建树的气度。临川是个小城，与其他地方相比，经济欠发达，生活水准不高。谈幸福是不是言之过急言之过早？我看，审时度势，正当其时。幸福生活需要一定的物质基础和物质条件，临川因之在加快经济建设，力争尽早恢复在抚州在江西应有的经济地位，力争尽早进入全省前经济十强。但物质基础和物质条件不能决定幸福指数。决定"人的心情舒畅的境遇和生活"不光是物质享受。幸福是一种感觉。这种感觉来自物质层面更来自精神层面。有权的人、有钱的人、有闲的人不一定就有幸福感。临川人以其才子之乡和文化之邦的灵气，能清楚地看清一种社会现象和人生哲理：高脚杯是易碎品。精神脊梁最坚固。凭借坚固的精神脊梁，去创造物质文明，即便是在困难面前也有幸福感。经济欠发达的城市，也可以成为幸福城市。吉林省长春市就是例证。长春偏居东北，为二线城市，GDP和人均收入全国排名中游，但已连续四年获得"中国最具幸福感城市"称号。原因就是因为它同时具备了主观和客观幸福的感知因素。人们在创造物质中才能获得真正的幸福。因为创造是最可能使人有心情舒畅的境遇和生活。临川正处在文化建设大气象中和经济建设大气象中，人们在这种时代的大气象中提升幸福感，自然而然，顺理成章。

　　一座城市的幸福感主要靠什么提升？有许多因素，诸如经济、人口、政治、文化等等。依照长春人的感受，除却物质因素之外，有三个社会要素不可或缺。一是城市要有文化根基，二是城市要有人情味，三是城市要有美好环境。以文化根基为最。从这三条看临川，临川的优势就突显出来了。临川人建设幸福城市就有底气有信心了。

　　文化是临川强劲的内在生命力。临川的历史时空中，满天文化星斗。光芒闪烁的人才星河，绚丽夺目的文化长卷，使中国甚至是世界许多三线四线城市无可比拟。就凭"才子之乡""文化之邦""中国教育基地""中国疗养基地""中国秘书之乡""中国西瓜之乡"和"建筑之乡""梦之都""情之都"这些称号，就彰显出不同凡响的文化气息和文化魅力。历史的人文景观，遍布临川全区。中国十一世纪的改革家的故里，东方莎士比亚的旧居，都是历代文人顶礼膜拜的圣地。在文昌塔下，在洗墨池旁，在"江南第一诗山"，文化的血液，文化的魂脉，使临川文化的生命千古不朽。古人建树了文化的临川，今人打造着临川的文化。"临川教育"是"临川文化"的金字招牌。一代代、一批批临川才子，将这块令世人仰慕的中国指标性教育品牌，高高地举向中国、举向世界。临川的大教育气象、大文化气氛，使临川人在"东南西北中"敢坦然地说：我是临川人。临川人的幸福感，首先来自临川文化的自豪感。

千真万确，文化是临川之魂，文化是临川之本。现在临川本着浓烈的文化情结，大力加强现代文化建设。临川现任的领导者们文化头脑十分清醒，他们在保持"临川文化"的独立性前提下，注重选择性、多变性、差异性的时代价值与时尚元素相交融，站在思想文化的高度，强调传承性与创新性、主导性与多元性、先进性与广泛性的和谐统一。新时代的"临川文化"有着以文育人、以文化众、以文昌明的时代特色。文化的临川，临川的文化，与临川的城市幸福感，同步上行。

人情味也是一座城市幸福感指数的要素。很可惜，很遗憾，在我们的国土上，现在似乎最缺少的就是人情味。陌生人社会现象，已不鲜见。邻里老死不相往来，路人见难不肯伸手相助。帮人之心少了，防人之心多了。这与我们的国家、我们的时代很不相符。所以我们要重拾道德教化。所以我们要呼唤古道热肠。所以我们要强化人情味。刘埔说：人情味不是偏私，而是博爱；不是施舍，而是关怀；不是表面的礼貌，而是内心的尊重。一座城市有博爱、有关怀、有尊重，就人情味十足了。

临川向来把人本、人性、人情的教育和培育，看得十分重，抓得十分紧。在每所学校，在每个居民社区，在每个乡镇村巷，忠孝仁义的教育，道德法纪的教育，扶贫济困的教育，早已常态化、具体化了。我每到一处，都看见诸如此类的文化宣传设施。这种人本化、人性化、人情化的教育成果，在前几年的一场罕见的冰雪灾害中和抚河决堤的水患中，得到了很好的验证。在那些日日夜夜里，一方有难，四方相助，一处有险，八方相救。当然，人情味更重要的是体现在日常生活中。人与人之间，心与心之间，以情相见，以情相处，便是最好的人情感受。在临川，我见到了、听到了许多以心换心、以心暖心的"古道热肠"的实事和故事。

我曾在街头采访中，遇见了一位环卫工人。这是一个炎日当空的午后。我看见这个满头是汗的持帚人正低着头在用力地反复擦人行道上的污渍。这只能在家庭见到的清洁地板的情景，居然出现在街头。我久久地凝望着他的背影，很为感佩。一位路人见我这神情，用手指着那位环卫工人说："这是我们临川有名的环卫工，他叫翁晓辉，是一个用汗水洗马路的城市美容师。""用汗水洗马路"？路人一句话，我一听很惊讶：这句话是夸张的描写，却又是形象的赞夸。我很想了解这位"用汗水洗马路的人"。

很巧，当日在一份名曰《临川讯》的小报上，我读到了有关翁晓辉的报道。翁晓辉当环卫工人已经20年了。自从他拿着扫帚那天起，几乎天天起早贪黑"用汗水洗马路"。他为自己制订了作业时间表．凌晨5时起身，5时30分上路作业，8时第一轮清扫完毕。8时30分用早点，9时上路开始第二轮保洁。12时用午餐，中午1时第三次上路保洁，晚7时整，一天作业毕。天天如是。年年如此。烈日下，风雨里，冰雪中，从未间断。细心的人一算就知道，正常情况下，他每天工作都在13小时以上。况且还有许多不正常的情况啊！每当刮风下雨，马路遍地积污积沙。这时，他就是24小时工作制了。扫沙、收沙、运沙，从天不亮到天将亮，一直苦在马路上，累在马路上。他不知苦？他不知累？他不怕苦！他不怕累！因为他知道这是自己的职责。他说："城市马路不亮，我们脸上无光。"

请记住这句话！这是一个普通环卫工人心灵的歌唱！当人们每天走在"用汗水洗亮"的马路上，都当看见：环卫工人脸上有光！

这又是一个用心灵歌唱的临川人。他是临川自来水公司110抢修中心副主任付军林。但凡搭上"110"、搭上"抢修"这两个字眼，这份差事就不轻松了。付军林的确没有轻松的日子。他长年处在风风火火、急急忙忙中。电话铃一响，拔腿就去"抢"。这就是付军林的工作写实。

付军林负责上顿渡地区维修工作。十几年来，他走遍了上顿渡的家家户户。维修了大大小小不计其数的下水管道，更换了成千上万个阀门。为了保证居民和企业用水不受影响，他和同事们经常是深夜零时停水维修。由于地下水位高，含沙量大，容易出水，容易塌方，地下管道作业深度在2至4米之间，工作条件恶劣，而且很危险。付军林总是冲在前，干在前。有时为了抢时间，他带水作业，污水浸泡，蚊虫叮咬，皮肤常受伤害。冬季冰水刺骨，手脚麻木，身上冻伤的伤疤今犹可见。2011年11月8日，由于晚上通宵抢修冷水浸泡，全身高烧。同事将他急送医院就医。刚打吊针，忽然得知有段水管破裂，造成一路居民全面停水。付军林拔掉针管就朝门外跑。在一旁照看的妻子一把拦住："你不要命啦！"他推开妻子，丢下一句话："药水回头可以再打，几万户居民用水决不能停！"话音未落，人已出门。妻子抹着泪水，久久地望着他远去的背影……

用赤诚的心去服务大众，以火热的心去温暖他人，能使一座城市的人心像阳光一样透明。临川供电局的邹光顺也是一个以赤心、以热心照亮人心、温暖人心的人。他长年守候在供电线路上，用满负荷的工作热情点燃城市、照亮城市。临川房管局的王高华是个退伍军人。他把从部队带回来的雷锋精神，充分展示在自己的工作和生活中。用许许多多乐于助人的故事，编写着自己的"雷锋人生"……

不要小看这些长年在社会基层用心作为的人。他们不是英雄。他们都很普通。他们不是才子，他们都是赤子。他们以爱赢得爱，他们以情赢得情，他们以尊重赢得尊重。

这正是厚重的人情味啊！

这正是可贵的人情味啊！

一座城市的幸福感要素，还要有一个美好的环境，使市民有安适感和安逸感。临川的城市环境，前面已有详细的叙述。这里不必重复。当下的临川人，已经用科学的态度、求实的精神、大胆的理念，描绘出了一幅打造生态之城、美丽之城的蓝图。他们不但要在山水上做文章，而且要用钢筋水泥绘图画。他们要使钢筋水泥有思想有灵魂，要使整座城市有性格有表情，使整个城市有美好生动的形象。从现在起，临川的城区和乡镇建设，都要求充分表现"才子之乡"的才气和"文化之邦"的文气。每一条街道都将成为一道风景线，每一个社区都将成为一个风景区，每一座建筑都将成为一幅作品，每一个村庄都将成为一个生态画廊。让2121平方公里土地成为一张画稿，以"光照临川之笔"涂抹绿化、美化、亮化、净化的浓彩重颜。

临川将是画中的临川。

临川将是梦中的临川。

临川人将在安逸舒适的美感中，过着清静安祥的日子。在清早的晨光中，在夕晚的灯照下，于梦湖之畔临风听涛，于抚河之滨结腕漫步，于文昌塔边踏歌起舞，于第一诗山吟诗唱赋。怡然自乐，悠哉闲也。

第十章
尾 声

认准了旗帜，就充满信心，
选择了道路，就步伐坚定，
凝聚了意志，就义无反顾，
看清了目标，就一往前行……

昨天的书写已在记忆中结束。

今天的篇章又在想象中开始。

这就是历史。

临川应当而且必定会以"光照临川之笔"书写一部更加美好的、更加绚丽的历史。

一切都似乎在梦境之中。

一切却又都在现实之中。

生态临川、文明临川、和谐临川、幸福临川，是现代版的"临川四梦"，是"富裕江西、秀美江西、和谐江西"和"殷实抚州、文明抚州、和谐抚州"的组成部分。临川这座以梦幻闻名的都城，富于理想色彩，重于现实精神。临川人在海阔天空地想；临川人在脚踏实地干。"临川第五梦"不是梦境，不是幻觉，而是120万人民团结一心共同奋斗的美好理想。他们无私无畏的派作不是雷人的帅气；他们敢想敢作的激情不是时尚的摇滚。举起了旗帜便满怀信心，认准了道路便步伐坚定，明确了目标便有胆量、有血性、有豪情。

"物不因不生，不革不成"，"变者，天下之公理也"。为了尽快地实现"临川第五梦"，临川区委、区政府现在每天都在思"革"、思"变"。遵照江西省委提出的"绿色崛起、实干兴赣"的战略，他们已经制定了明确的前进"路线图"和"时间表"。他们在修筑"快车道"。他们在谋求"加速度"。他们要打造"升级版"。临川在五年之内,要做五件大事:建设一座25平方公里的现代化新型城市,建设一个4万亩的工业园区,建设一个20平方公里的五星级温泉旅游景区,建设一个酒业生产基地,建设一个建筑业群体。从现在起,要实现五个突破:主攻工业,在发展壮大工业经济上求突破;跑项争资,在增强发展后劲上求突破;做旺三产,在培育城市经济增长点上求突破;建设"三个基地",在壮大乡镇经济上求实破;攻坚克难,在破解发展难题上求突破。我们可以断定:五件大事告成之时,便是"临川第五梦"成真之日。未来的五年,是临川跨越式发展的五年,或有标志性成就的五年。

五年的画卷,只是一部历史的封面。

现在,封面已经打开。人们将一定会看见临川新的时代华章。

临川是中国教育的一个基地。临川是中国文化的一个亮点。临川是中国的临川。临川的大教育情结、大文化气象以及大建设愿景,与长城内外、大江南北紧密地联系在一起。今天的临川,行万里得便捷,走天下无阻隔。高速公路,穿城而过,快速铁道,绕城而来,41条乡镇公路串连全区,连接四面八方。南对海西,北靠南昌,90分钟便可抵达机场。连闽粤,接楚皖,靠吴越,毗湘桂。诸路齐发,当日可达。今天的临川,可以尽情地向五湖四海放飞梦想。

顺天时,得地利,喜人和。党的十八大已经擂响了新的战鼓,吹响了新的号角。号召全国各族人民,团结一心,共同实现中华民族伟大复兴的"中国梦"。中华民族,多思多梦。梦想的羽翼比若大鹏,煽动八千里云月,抖动五千年时空。世世代代翻来覆去沧海事,祖祖辈辈辗转反侧桑田情,依稀总在梦魂中。但今天的梦不同了。今天的梦是富国强民的梦,是民族振兴的梦,是人民幸福的梦。"中国梦""临川梦",都是人民百姓的梦。"意莫高于爱民,行莫厚于乐民"。爱民乐民、为民惠民是共产党的宗旨。习近平同志说,人民对美好生活的向往,就是我们的奋斗目标。临川的当政者们,牢牢地记住了这个奋斗目标。什么叫作梦寐以求?什么叫作梦想成真?只有脚踏实地地干。功崇帷志，业广帷勤。临川的各级干部决心带领120万临川儿女，笃于志、精于业、勤于身、厚于德、诚于信、敏于行，在以习近平同志为总书记的党中央正确领导下和十八大精神指引下，全面建成小康社会，努力建设美丽、文明、和谐、幸福的新临川。让"才子之乡""文化之邦"演绎出历史的大戏，焕发出时代的光彩，谱写出崭新的华章。

梦之都的未来，不是梦！

2013年10月定稿南昌

后 记

为"才子之乡""文化之邦"临川写书，是我多年的心愿。早在上世纪80年代中期，我就在临川走访了许多时日，获取了许多令我也令他人十分感动的故事。近年来，特别是近两三年来，我又先后几十次走访临川，以集体采访、个人专访、街头询访、书面问访和电话采访的形式，采访了一百多人次，大获教益，大受感动。可以说，每一次采访都是一次文化的洗礼，都是一次文化的熏陶。我在感慨、感动、感悟之中写就了这部作品。但由于水平和精力有限，还有许多该写的人没有写到，还有许多该写的事没有写好，还有许多该写的道理没有写明了，深为遗憾，有负于、有愧于"才子之乡""文化之邦"。

在马拉松式的采写过程中，我得到了抚州市有关领导与临川区委、区政府的大力支持和热情帮助。有关人士向我提供了许多宝贵的资料。书中无法现场采访的个别章节中的事例，就是依据资料撰写的。另，李甫华先生参加了第一章的采写。谨此一并致谢。

作 者
2013年10月南昌